lonely planet

DE CERCA
NUEVA YORK

John Garry

Sumario

Puesta a punto 4

Arriba: Madison Square Park (p. 138).
Abajo: Brooklyn Bridge Park (p. 214).

Explora Nueva York...39

Guía práctica...237

★ Imprescindible

El viaje empieza aquí

Los neoyorquinos sienten nostalgia por la ciudad de antaño: los años sesenta de los *beatniks* y los hipersexualizados setenta, cuando los discotequeros se meneaban en Limelight y Times Square no era Disneylandia. Pero Nueva York es fiel a su nombre porque nunca envejece: vive en constante reinvención, redibujada por altísimos rascacielos y restaurantes que pronto lucirán estrellas Michelin, entretenida por artistas emergentes en los teatros del Off-Broadway y con nuevos espacios verdes cada primavera. Y aunque adoro los vestigios del pasado –los huevos de Pascua de la Edad Dorada, el *art déco*–, vivo aquí para disfrutar de una sorpresa tras otra.

John Garry *@garryjohnfrancis*
Escritor de viajes y profesor, John procede de los montes Catskill, en el estado de Nueva York. En el 2010 se marchó a la ciudad de Nueva York y hoy reside en Brooklyn Heights.

COLABORADORES

Rachel Chang *@rachelschang*
Dana Givens *@danawritesalot*
Michael Grosberg *@michael.grosberg.1*
Brian Healy *@bhealynyc*
Teddy Minford *@teddyminford*
Maya Stanton *@mayastanton*
Meena Thiruvengadam *@meenathiru*
Caroline Trefler *@carolinetrefler*

Empire State (p. 152) y perfil urbano de Nueva York.
MIHAI SIMONIA/SHUTTERSTOCK ©

LO MEJOR

Miradores

El vertiginoso bosque de acero neoyorquino pasma, pero es difícil apreciar su inmensidad desde los desfiladeros de hormigón de las calles: hay que ir a miradores, azoteas y parques para obtener perspectivas únicas del paisaje urbano.

Visitar el **One World Observatory** y su majestuosa introducción a New York desde el rascacielos más alto del hemisferio occidental. (foto; p. 50)

Tomar un Manhattan en el Panorama Room en la **Roosevelt Island,** con la ciudad desplegada a orillas del East River. (foto; p. 175)

Bajar por **Brooklyn Heights Promenade,** con unas vistas que abarcan desde la Estatua de la Libertad hasta más allá del Empire State. (p. 211)

Subir al **Top of the Rock** en el Rockefeller Center para ver la alfombra verde de Central Park tendida hacia el norte. (p. 155)

Rodear el **embalse Jacqueline Kennedy Onassis** para ver los rascacielos del Midtown coronados por las nubes en Billionaires' Row. (p. 196)

Conseguir una mesa de ventana en el **Laser Wolf** en Williamsburg para disfrutar de rica cocina israelí ante el perfil urbano de Manhattan. (p. 230)

Dcha.: Top of the Rock, Rockefeller Center (p. 155).

LO MEJOR

Espacios verdes

La llaman la “jungla de hormigón”, pero Nueva York rebosa de belleza natural, y no hay nada como ir a un parque o un jardín aculto para escapar del estrés urbano.

Desfogarse en **Central Park,** donde 341 Ha de prados, bosques y cursos de agua son escenarios de actividades al aire libre todo el año. (p. 192)

Cambiar el tráfico y los trenes por *food trucks* y un *spa* en **Governors Island,** a solo 5 min en ferri. (foto; p. 64)

Caminar por **Prospect Park,** donde los amantes de las aves buscan especies raras entre los árboles más vetustos de Brooklyn. (p. 218)

Entrar en los jardines comunitarios que salpican **Alphabet City** entre primavera y otoño, cuando florece el trabajo vecinal. (p. 101)

Hacer un alto entre los árboles y estatuas del **Elizabeth Street Garden,** una mancha verde en medio de las *boutiques* de Nolita. (foto; p. 80)

Jugar una partida de ajedrez, ver una película en verano o patinar sobre hielo en el **Bryant Park del Midtown.** (p. 156)

Izda.: Central Park (p. 192).

LO MEJOR

Experiencias junto al mar

Nueva York es una ciudad marítima nacida del comercio que floreció en sus muelles. Hoy, aquellos históricos puertos se han reinventado como magníficos parques litorales.

Pasear, pedalear, tomar el sol o cenar mientras se admira el perfil de Manhattan en el **Brooklyn Bridge Park,** un espacio industrial convertido en zona de esparcimiento. (p. 214)

Visitar **Ellis Island** para sentir la ciudad desde el punto de vista de un inmigrante. (foto; p. 48)

Caminar por los muelles del **Hudson River Park,** lleno de actividades recreativas, vistas fascinantes, arquitectura cautivadora y una excepcional zona de restauración. (p. 55)

Viajar en el **ferri del río East** entre Manhattan y Brooklyn admirando los perfiles de ambos distritos. (foto; p. 209)

Deambular por calles empedradas, navegar en una histórica goleta y comer en una moderna zona de restauración en **South Street Seaport.** (p. 53)

Unirse a un **crucero de Circle Line** para circunnavegar Manhattan mientras un guía relata la historia de la isla. (p. 160)

Dcha.: South Street Seaport (p. 53).

AMBROSE

144
VESELKA
COFFEE SHOP
VESELKA
67
WE
NY
SMALL BUSINESS
WE SHIP
VESELKA
НАЛИСНИКИ
blintz
FOR TABLE
SEATING
PLEASE GO TO
9TH
STREET
BEET

LO MEJOR

Gastronomía internacional

Factor clave para la fusión cultural, la inmigración ha definido durante siglos la Gran Manzana. El paladar del visitante es tentado hoy por un bufé internacional que abarca desde puestos callejeros hasta restaurantes de alta cocina, con un amplio intermedio.

Hincar el diente a *dumplings* al vapor, rollitos de arroz, *bao buns* y pato a la pekinesa en un periplo gastronómico por los mostradores de **Chinatown.** (foto; p. 70)

Hacer frente al calor estival del sur de la India con las "*dosas* de pólvora" untadas en *chutneys* del **Semma,** con una estrella Michelin. (p. 125)

Inspeccionar las **camionetas de tacos** de Williamsburg para decidir el relleno preferido, si *birria* o al pastor. (p. 226)

Viajar a Etiopía, Japón, Marruecos, Escandinavia y Ucrania en los restaurantes internacionales del **East Village.** (p. 99)

Instalarse en un reservado del **Thai Diner** para ver cómo Bangkok se fusiona con la Gran Manzana en los *disco fries* bañados en curri *massaman*. (foto; p. 82)

Conseguir asiento en **Le Bernardin,** templo del marisco que vende elegancia francesa desde 1986. (p. 163)

Izda.: Veselka (p. 102).

LO MEJOR

Museos

Los cinco distritos neoyorquinos suman más de 150 museos, por lo que resulta complicado decidirse. Lo mejor es visitar los pesos pesados como el Met y luego seleccionar colecciones más pequeñas.

Perderse en el **Metropolitan Museum of Art** y tropezarse con un templo del antiguo Egipto o *Washington cruzando el Delaware*. (p. 176)

Sumergirse en *Noche estrellada* de Van Gogh mientras se deambula por los 58000 m^2 del **Museum of Modern Art.** (foto; p. 150)

Aplaudir las obras de arte de mujeres y negros en el **Brooklyn Museum,** que se esfuerza por poner en valor la diversidad. (p. 220)

Ver qué hay en el **Leslie-Lohman Museum of Art,** el primer museo del mundo de temática LGTBIQ+. (foto; p. 79)

Explorar la colección permanente del **Whitney Museum,** con obras de maestros modernos estadounidenses como Hopper, O'Keeffe y Warhol. (p. 117)

Conocer el cine desde el punto de vista de un director en el **Museum of the Moving Image.** (p. 169)

Dcha.: Brooklyn Museum, Egyptian Galleries (p. 220).

255

LO MEJOR

Historia local

Los lenapes la llamaron “Manahatta”, los holandeses la rebautizaron “Nueva Ámsterdam”, que los británicos cambiaron por “Nueva York”, y desde entonces los estadounidenses la han ido remodelando a su gusto. Pasear por sus calles desvela muchas historias.

Seguir los pasos de los pescadores indígenas y revolucionarios estadounidenses antes de recordarlos en los cementerios de **Lower Manhattan.** (foto; p. 42)

Asistir a 400 años de transformaciones de Nueva York en una película de 28 min en el **Museum of the City of New York.** (p. 180)

Visitar los dominios de los genios de la era del *jazz* en **Harlem,** donde el renacimiento de la cultura negra conquistó la imaginación estadounidense. (p. 188)

Entrar en las casas de inmigrantes de los ss. XIX y XX en el **Tenement Museum** de Lower East Side (p. 92)

Pasar ante casas de piedra rojiza y entramado de madera por las calles de **Brooklyn Heights,** el primer arrabal del país, casi conservado en ámbar. (p. 210)

Montar en la Deno's Wonder Wheel de **Coney Island,** emocionante atracción de feria en activo desde la década de 1920. (foto; p. 234)

Izda.: Brooklyn Heights (p. 210).

LO MEJOR

Arquitectura

El paisaje callejero de Nueva York está en cambio constante, con torres nuevas que modifican su silueta cada año. Pero la arquitectura de esta ciudad abarca siglos, y vale la pena descubrir sus edificios fundamentales.

Cruzar el río East por el **puente de Brooklyn,** al que llamaron la "octava maravilla del mundo" cuando se terminó en 1883. (foto; p. 52)

Caminar por la **High Line,** donde cada bloque de viviendas diseñado por arquitectos célebres del s. XXI intenta eclipsar a sus vecinos. (p. 114)

Dar vueltas por **Madison Square Park,** flanqueado por torres del s. XX que en su día compitieron por ser las más altas de la ciudad. (p. 130)

Dcha.: Central Park, Billionaires' Row (p. 144).

Enamorarse de los detalles *beaux arts* del Ansonia mientras se pasa revista a los edificios de apartamentos más codiciados de **Upper West Side.** (p. 202)

Emocionarse ante las nuevas construcciones en el **solar del World Trade Center,** símbolo de renovación después del día más oscuro de Nueva York (foto; p. 50)

Estirar el cuello en **Billionaires' Row,** donde los más ricos de Manhattan otean la ciudad desde una sucesión de rascacielos vertiginosamente esbeltos. (p. 144)

LO MEJOR

Festivales

No importa la semana ni el mes: muy probablemente se celebre un desfile, feria callejera o fiesta de barrio. Se puede planear la visita para que coincida con algún gran acontecimiento y unirse al jolgorio.

Agitar la bandera arcoíris todo el junio preparando la **Pride March,** una de las mayores celebraciones LGTBIQ+ del mundo. (p. 242)

Jalear a las masas hambrientas en el concurso de comer perritos calientes de Coney Island antes de asistir a los fuegos artificiales del **Cuatro de Julio.** (foto; p. 234)

Comérselo todo en Mulberry St durante la **fiesta de San Genaro,** 11 días de septiembre que celebran todo lo italiano. (p. 77)

Ponerse un disfraz terrorífico el 31 de octubre para el carnavalesco **desfile de Halloween en el Village.** (p. 122)

Maravillarse ante los enormes globos que flotan sobre la Sexta Avenida durante el **desfile del Día de Acción de Gracias.** (p. 160)

Impregnarse del espíritu navideño que desprenden las decoradas casas de paseo por **Dyker Heights** una tarde-noche de diciembre. (p. 227)

Lo mejor para niños

Ver huesos de dinosaurios, alas de mariposas y galaxias remotas en el **American Museum of Natural History** en Upper West Side. (p. 200)

Montar en el **SeaGlass Carousel,** un tiovivo del Battery, y dejar después que los niños se desfoguen en un gimnasio ecológico en Lower Manhattan. (p. 55)

Pasar una tarde en el Children's District de **Central Park,** con juegos de mesa al aire libre y un enorme parque infantil junto a un zoo donde se puede acariciar a los animales. (p. 192)

Visitar las tiendas para niños del Flatiron District, con experiencias inmersivas en CAMP y la mayor **tienda temática de Harry Potter** del mundo, donde se puede tomar una deliciosa Butterbeer. (p. 136)

Asistir a un musical de Broadway apto para familias como *Aladdin* de Disney o *Wicked,* inspirado en Oz, antes de curiosear entre bastidores en el **Museum of Broadway.** (p. 154)

Lo mejor gratis

Saludar a la Estatua de la Libertad y sacar fotos de postal durante el crucero de 25 min en el **ferri de Staten Island** por el puerto de Nueva York. (p. 61)

Peregrinar al Tíbet con las pinturas en la casa del s. XIX que aloja el **Nicholas Roerich Museum,** donde también se ofrecen conciertos gratis. (p. 201)

Entrar en las **galerías** alrededor de 20 St de Chelsea para ver obras dignas de un museo sin apoquinar ni un centavo. De coincidir con una inauguración, el vino también es gratis. (p. 108)

Abrir un libro en la Rose Reading Room de la **New York Public Library** y visitar después con un guía este hito de la Edad Dorada del Midtown. (p. 156)

Sentarse en **Washington Square Park** para ver a músicos callejeros, ajedrecistas, paseadores de perros y ardillas. (p. 116)

Tres días perfectos

Nueva York es enorme. Es imposible verlo todo en unos pocos días: ni con una vida entera daría tiempo. Esta guía intenta servir para centrarse en lo esencial.

Estatua de la Libertad (p. 46).

DESDE IZDA.: TZIDO SUN/SHUTTERSTOCK ©, KAROLIS KAVOLELIS/SHUTTERSTOCK ©, NIELSKLIIM/SHUTTERSTOCK ©, FRANK ROCCO/ALAMY STOCK PHOTO ©

PRIMER DÍA

Si solo se dispone de un día

MAÑANA

Se aprende historia local en el **Museum of the City of New York** (p. 180) y luego se visita el **Metropolitan Museum of Art** (foto; p. 176). Tras admirar obras maestras egipcias y europeas, se cruza Central Park vía el **embalse Jacqueline Kennedy Onassis** (p. 196).

TARDE

Se almuerza algo típico de Upper West Side, p. ej. en el **Absolute Bagels** (p. 205) o una *pizza* en el **Mama's TOO!** (p. 205), antes de entrar en el **Nicholas Roerich Museum** (p. 201), en una casa del s. XIX.

NOCHE

Después de conseguir entradas para un musical de Broadway, se procesa el espectáculo picando algo en el **Bar Centrale** (p. 164). Los deslumbrantes neones de **Times Square** (p. 148) pondrán el merecido broche al día.

SEGUNDO DÍA

Un fin de semana

MAÑANA

Se empieza en Brooklyn contemplando las casas rojizas de Brooklyn Heights mientras se devoran pasteles en **L'Appartement 4F** (p. 211). Luego toca relajarse en el **Brooklyn Bridge Park** (foto; p. 214) viendo los rascacielos de Manhattan al otro lado del río.

TARDE

Lo siguiente es Williamsburg, adonde conviene llegar en ferri. Después de atracar, se recorren las calles para curiosear en **tiendas 'vintage'** (p. 228), pedir **tacos en 'food-trucks'** (p. 226) y entrar en el pintoresco **City Reliquary** (p. 224).

NOCHE

Se reserva para un ágape memorable en el **Lilia** (p. 230) o el **Bonnie's** (p. 231) y se sigue hacia el este en plan fiestero: baile en la **House of Yes** (p. 229), concierto en el **Elsewhere** (p. 229) o *drags* en el **3 Dollar Bill** (p. 232).

TERCER DÍA

Una escapada

MAÑANA

Se navega hasta la **Estatua de la Libertad** (p. 46) para comparar los ideales de la diosa verde con la realidad estadounidense. Después se visita la exposición sobre la inmigración en **Ellis Island** (p. 48).

TARDE

Se picotea algo en **Chinatown** (p. 70) de camino a Lower East Side en plan de tiendas por **Orchard St** (p. 100) y/o visitar el **Tenement Museum** (p. 92) en un ilustrativo circuito guiado sobre la inmigración.

NOCHE

Se cena al estilo sureste asiático en el **Thai Diner** (p. 82), antes de asistir a un espectáculo de cabaré vanguardista en el **Joe's Pub** (p. 79). Se remata el día con unos cócteles en bares tipo *speakeasy* como el **Attaboy** (foto; p. 104) o el **PDT** (p. 97).

Con más tiempo

Se pasea por la **High Line** (p. 114) mientras despunta el sol sobre edificios de arquitectos eminentes. No hay que olvidar adentrarse por bocacalles, curiosear en el **Chelsea Market** (p. 117) o subir a **Little Island** (p. 113).

Desde aquí se visita la colección permanente de la 7ª planta del **Whitney Museum** (p. 117), con obras de maestros estadounidenses como Cadmus y Rothko. Se explora el pintoresco laberinto del West Village (p. 122). Se consigue una mesa en la terraza del **St Jardim** (p. 126) para tomar un café o un vino contemplando la panorámica.

Se disfruta viendo a la gente en **Washington Square Park** (p. 116), se compra en **Union Square** (p. 133) y se ven las torres de principios del s. xx que rodean **Madison Square Park** (p. 130).

Se cena algo del prestigioso restaurador neoyorquino Danny Meyer en el modesto **Shake Shack** (p. 138) o el lujoso **Union Square Cafe** (p. 140). Por último, se regresa al Village para escuchar *jazz* en **Smalls** (p. 120) o desternillarse en el **Comedy Cellar** (p. 120).

High Line (p. 114).

UNWIND/SHUTTERSTOCK ©

Una excursión

Cuando el verano abrasa la ciudad hay que refugiarse en **Coney Island** (p. 234), a 1 h de Manhattan en metro. Se llega temprano para conseguir sitio en la playa o se pasea por el **Steeplechase Pier,** plagado de cañas de pescar. Con el sol en alto lo mejor es refrescarse en el recién renovado **New York Aquarium** y divertirse luego con los espectáculos del **Coney Island Sideshow.**

Después viene el *kitsch* estadounidense más puro: comida grasienta en **Riegelmann Boardwalk** (foto; un paseo entablado distópico y fantasmal que merece verse incluso en invierno), un partido de béisbol en **Maimonides Park** y una vuelta en la **Wonder Wheel,** iluminada de rosa por la noche.

En un día de lluvia

Paraguas en mano, se toma acomodo en el **Smør** (p. 99), con reconfortante comida escandinava. Se podría pasar todo un día en los cercanos **Russian & Turkish Baths** (foto; p. 100), pero quizá convenga acortar la visita para disfrutar del arte.

Se toma el metro hacia el Uptown hasta el **Guggenheim** (p. 180), brillante espiral blanca repleta de pinturas. A dos manzanas queda la **Neue Galerie** (p. 180), con arte austríaco en la planta alta y un café vienés en la baja.

Cuando anochece, nada como arrellanarse en una butaca del **Metrograph** (p. 97) para ver algún filme clásico de culto, seguido de un *hot toddy* allí mismo en el **Commissary.**

Prepararse

ANTES DE PARTIR

Tres o más meses antes Reservar para los **montajes de Broadway** (p. 154) y otros espectáculos, y también para la corona de la **Estatua de la Libertad** (p. 46).

Un mes antes Reservar en restaurantes de moda y caros. Comprar entradas para los museos.

Dos semanas antes Consultar las carteleras del *New York Magazine* y el *New Yorker* en busca de eventos como lecturas de escritores y exposiciones.

Costumbres

Las aceras son para ir de un sitio a otro, no para caminar sin rumbo. Los peatones circulan por la derecha; si se quiere parar hay que echarse a un lado.

En el metro hay que dejar salir antes de entrar y ceder el asiento a embarazadas y personas mayores o con discapacidad.

Entre los personajes curiosos de Nueva York hay seres disfrazados y estrellas de cine auténticas; no hay que quedarse mirándolos ni fotografiarlos.

Qué llevar

Capas de ropa. Los veranos son sofocantes, menos en los restaurantes con gélido aire acondicionado. Los inviernos son tremendamente fríos, pero los cines ponen la calefacción. La primavera y el otoño son caprichosos.

Calzado cómodo. Entre los recorridos por las calles y las escaleras del metro se camina muchísimo.

Los pantalones de chándal son aceptables para actividades al aire libre, pero no para restaurantes y clubes sofisticados.

Conviene saber

Efectivo Siempre hay que llevar algo. Casi todos los establecimientos aceptan tarjetas, pero los vendedores callejeros, tiendas pequeñas y restaurantes selectos solo admiten efectivo.

Vendedores ambulantes Los vendedores callejeros de circuitos probablemente cobren de más o pretendan timar. No hay que fotografiarse con los personajes disfrazados que pululan por Times Square: podrían ponerse agresivos para que les paguen.

Hablar con desconocidos Los neoyorquinos van a lo suyo: los saludos amables hay que reservarlos para los pueblos pequeños. Pero, por otro lado, ayudan encantados a encontrar una dirección; al preguntar hay que ser directos y breves.

Marihuana Los mayores de 21 años pueden llevar encima 3 onzas (85 gr) de cannabis para consumo personal. No se permite fumar en terrazas al aire libre ni en parques públicos.

PROPINAS

No solo se agradecen, sino que se esperan. Las propinas de los clientes forman parte esencial del salario de los profesionales de los servicios. Cuando el trato ha sido excepcional se puede incrementar la propina.

Restaurantes	Bares y 'pubs'	Taxis	Limpiadores en hoteles
18-25%	1 US$/ bebida	10-20%	2-5 US$/ día

PRESUPUESTO DIARIO

Económico Hasta 300 US$

- Viaje en metro: **2,90 US$**
- *Bagel* con *schmear:* **6 US$**
- Cerveza artesana: **11 US$**
- Entrada al Met Museum: **30 US$**
- Cama en albergue: **100 US$**

Medio 300-500 US$

- Capuchino y cruasán: **12 US$**
- Entrada al Empire State: **44 US$**
- Cena con una copa de vino: **60 US$**
- Entrada con descuento a un espectáculo de Broadway: **aprox. 80 US$**
- Habitación doble en hotel-*boutique:* **250 US$**

Alto Más de 500 US$

- *Brunch:* **35 US$**
- Carrera en taxi del Midtown a FiDi: **40 US$**
- Entrada al *spa* de QC NY: **98 US$**
- Asiento de palco en la Metropolitan Opera: **aprox. 300 US$**
- Alojamiento de categoría: **desde 700 US$**

Moneda
Dólar estadounidense (US$)

Idioma
Inglés

Hora
Hora estándar del Este (GMT/ UTC -5 h)

CONSEJO

El New York CityPASS (citypass.com) da acceso a cinco de las principales atracciones turísticas por 146 US$ (124 US$ para niños), lo que ahorra un 40%; pero solo compensa si se quieren ver las cinco.

Cuándo ir

Siempre es buena idea visitar Nueva York. La energía de esta ciudad es inagotable, con eventos especiales todo el año que añaden brillantez.

El verano (jun-ago) es la historia de dos neoyorquinos: uno que soporta las calles hirvientes y húmedas a cambio de conciertos gratis y playa, y otro que pasa los fines de semana en los Hamptons o el valle del Hudson huyendo de los olores misteriosos de las aceras. Los días templados, las noches frescas y las hojas rojas y doradas de los parques tientan en otoño (sep-nov). Las fiestas navideñas alegran diciembre, y los acogedores bares y restaurantes calientan los días más fríos del invierno. Entre marzo y mayo el tiempo es una tómbola, pero la alegría de Nueva York se galvaniza cuando los parques florecen.

Grandes eventos

Junio Es el mes del Orgullo, con concentraciones que van desde las aptas para familias hasta las más desenfrenadas. El remate es la **Pride March,** una de las mayores celebraciones LGTBIQ+ del mundo.

Julio El **Día de la Independencia** (4 jul) se celebra en toda la ciudad con barbacoas y el **concurso de comer perritos calientes** (p. 234) en Coney Island. El magno colofón es una exhibición de fuegos artificiales que enciende el río East.

Octubre Esqueletos y telarañas decoran todo el mes los pórticos de las casas desde el West Village hasta Cobble Hill, anticipando Halloween (31 oct), cuando los neoyorquinos se ponen terroríficos disfraces para el **desfile de Halloween del Village** (p. 122).

Noviembre Enormes globos de helio flotan sobre las Rockettes, bandas escolares y una multitud entregada en el **desfile del Día de Acción de Gracias de Macy's** (p. 160), inicio de la temporada navideña.

Clima

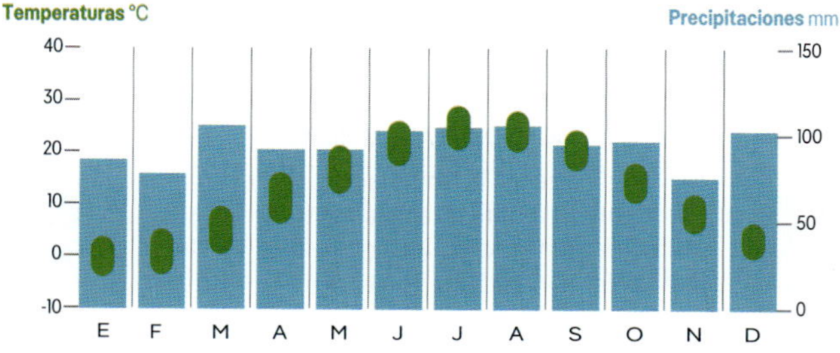

Concurso de comer perritos calientes en Coney Island (p. 234).

Locuras maravillosas

Junio-septiembre Los neoyorquinos que se quedan en la ciudad todo el verano tienen premio: los conciertos gratis del **SummerStage's** caldean los cinco distritos, y en Central Park actúan figuras internacionales de múltiples géneros.

Junio Una variopinta multitud se pone disfraces marinos para pasearse por Surf Ave durante el **Mermaid Parade** de Coney Island (p. 234), que celebra el solsticio de verano.

Septiembre Mulberry St, en Little Italy, se viste de rojo, blanco y verde para la **fiesta de San Genaro** (p. 77), una celebración de barrio de 11 días con comida clásica italiana (*zeppole,* albóndigas, *cannoli*) y una procesión en honor del patrono de Nápoles.

Octubre-enero Danza, música, teatro y ópera de vanguardia llenan la Brooklyn Academy of Music durante el **Next Wave Festival,** donde brillan los artistas más provocadores del momento.

CONSEJOS SOBRE ALOJAMIENTO

Los precios varían muchísimo según la temporada, con el pico entre Acción de Gracias y principios de enero. Las tarifas también se disparan algunos fines de semana de otoño y en períodos vacacionales. Las mejores ofertas se consiguen de enero a marzo y en julio.

Cómo llegar

El grueso de los visitantes llega a la ciudad por sus tres aeropuertos –John F. Kennedy (JFK), LaGuardia (LGA) o Newark (EWR)–, pero según la ruta, el autobús y el tren podrían ser alternativas.

Del aeropuerto al Midtown de Manhattan

Desde JFK

Metro Se sube al AirTrain (8,25 US$) y se toma el A desde Howard Beach o el E desde Jamaica, Queens (2,90 US$). Económico 60-90 min.
Tren Algo más caro que el metro es el Long Island Railroad desde Jamaica hasta Penn Station o Grand Central Terminal (13,25-15,25 US$).
Automóvil Se hace cola para un taxi amarillo (70 US$ sin suplementos ni propinas) o se pide un coche de Uber o Lyft.

Desde LGA

Autobús, metro y tren Se toma la lanzadera gratis LaGuardia Link Q70 hasta los trenes E, F, M, R o 7 en Jackson Heights (2,90 US$) o la estación del Long Island Railroad en Woodside, Queens (5-9,25 US$). El autobús M60 SBS conecta con los trenes A/C, B/D, 1/2/3 y 4/5. Económico 50-90 min.
Automóvil Un taxi desde LGA hasta el Midtown cuesta 30-40 US$ sin peajes ni propina.

Desde EWR

Tren Es lo más práctico: se toma el Newark AirTrain gratuito hasta la estación de trenes del aeropuerto de Newark y luego un tren de NJ Transit hasta la Penn Station (15,50 US$, aprox. 1 h).
Autobús La lanzadera gratis Newark Airport Express va también a Manhattan (18 US$).
Taxi Cuesta desde 50 US$.

Otros puntos de entrada

Grand Central Terminal

Los trenes de Metro-North Railroad y Long Island Railroad paran en este nudo de transportes del Midtown (p. 155), con acceso fácil a autobuses, taxis y las líneas 4/5/6 y 7 del metro.

Port Authority Bus Terminal

Por la mayor terminal de autobuses del país pasan a diario unos 7000 vehículos de las principales compañías. La zona (cerca de Times Square) es conflictiva; no hay que demorarse.

Penn Station

Los trenes de Amtrak, Long Island Railroad y NJ Transit paran en esta estación del Midtown, recién ampliada con el Moynihan Train Hall. Los trenes 1/2/3 van directos a la Penn Station.

Cómo desplazarse

El transporte urbano no se limita a los taxis amarillos y el metro, por muy símbolos de la ciudad que sean. El cambiante paisaje neoyorquino puede apreciarse también en bicicleta, barco y autobús, o uniéndose al vaivén de las aceras una manzana tras otra; al principio parece un caos, pero la coreografía de Nueva York es precisa.

A pie

El neoyorquino medio camina unos 4-7 km diarios. Un paseo tranquilo puede resultar muy romántico, sobre todo por el West Village y Brooklyn Heights, siempre que se respeten las reglas tácitas de la ciudad. La acera funciona como una minicarretera de dos carriles: se camina por la derecha –no más de dos personas– y sin pararse. Si se mira al cielo, se consulta el teléfono o se lleva un paraguas grande, seguro que se chocará con alguien. Los neoyorquinos avanzan con decisión: hay que seguir el ritmo.

Metro

El metro de Nueva York es el mayor y más transitado de Norteamérica, con 1,4 millones de pasajeros diarios, 462 estaciones y 1070 km de vías. Barato y eficaz, funciona las 24 h y proporciona una viva instantánea de la ciudad, utilizado por todo el mundo, estrellas de cine, mariachis, *drag queens* y familias jóvenes incluidos. Los vagones van a veces abarrotados, huelen mal y son incómodos; además, la

DESDE IZDA.: SERGII FIGURNYI/SHUTTERSTOCK ©, LITTLENYSTOCK/SHUTTERSTOCK ©

'APP' ESENCIAL

Aparte de Google Maps, la *app* de Citymapper trae planos detallados de metros, estaciones de bicis, ferris, etc.

señalización no siempre es clara, y los cambios de vía confunden incluso a los autóctonos. A partir de las 22.00 la frecuencia de los trenes se reduce y la mayoría de los servicios exprés paran en todas las estaciones.

Bicicleta

Con más de 2400 km de carriles-bici, alquilar una bicicleta es una manera rápida y divertida de moverse por la ciudad. Los principiantes deben circular por los carriles protegidos, porque el tráfico de las calles resulta intimidante. Hay que seguir las normas generales de circulación y llevar casco. El programa de bicicletas compartidas Citi Bike es fácil de usar, con estaciones en Manhattan, Brooklyn, Queens y el Bronx, así como en Jersey City y Hoboken (Nueva Jersey).

Taxi

Los taxis amarillos son un emblema neoyorquino, y seguro que se verán sorteando el tráfico en los distritos financieros al sur de Central Park y en Upper East Side. Para parar uno –la luz central del techo debe estar encendida– hay que bajar de la acera y levantar el brazo. Los taxis suelen ser más baratos que las *apps* de VTC como Uber y Lyft. Encontrar un taxi en el Midtown cuando llueve es cuestión de suerte.

Autobús

En Manhattan, las líneas de autobús suelen ir de norte a sur o de este a oeste. Ideal tanto para distancias cortas como para cruzar la ciudad, el autobús es también el mejor transporte público para aquellos a quienes les cuesta subir y bajar escaleras. Los trayectos suelen ser lentos y el servicio, impredecible.

Ferri

No hay comparación entre una travesía en ferri sintiendo la brisa y un viaje en un abarrotado vagón de metro; además, en los ferris hay minitiendas. Aunque no siempre es la mejor opción, si el destino queda cerca de una parada junto al puerto, hay que tomarlo: es una manera mágica de conocer la ciudad.

Tranvía

El tranvía elevado que une Manhattan con Roosevelt Island es la manera más práctica de cruzar el río East y ofrece bonitas panorámicas urbanas por el precio de un billete de metro.

IMPAGO DEL BILLETE

Saltarse el torniquete acarrea una multa de 100 US$.

Información práctica

PRECIOS

Viaje en metro o autobús
2,90 US$

Uso de Citi Bike
4,79 US$/30 min

Viaje de ida en ferri
4 US$

Billetes de metro y autobús

Para la red de metro y autobús de la Metropolitan Transportation Authority (MTA) se usa OMNY, un sistema de pago *contactless*. No hace falta descargar una *app:* hay que acercar al lector en el torniquete una tarjeta de crédito o débito, un dispositivo con monedero digital o una tarjeta OMNY. Si se paga por 12 viajes con la misma tarjeta durante siete días, los viajes adicionales en esa semana salen gratis.

Billetes de ferri

En la ciudad operan varias compañías, como el Department of Transportation's Staten Island Ferry y NY Water Taxi. Si se navega alrededor de Manhattan y Brooklyn, probablemente se usará NYC Ferry. Los billetes se compran con la *app* NYC Ferry, en máquinas expendedoras o acudiendo a un agente en el muelle.

Tarifas de taxi

La bajada de bandera son 3 US$, más 70 centavos cada 0,2 millas (0,32 km) circulando a más de 12 mph (19 km/h), o cada 60 s con tráfico lento o el taxi parado. Además, se cobra un suplemento de 1 US$ para "mejora", otro nocturno de 1 US$ y un tercero de 2,50 US$ en hora punta entre semana, más los peajes.

'Apps' útiles

La *app* de Citi Bike da fácil acceso al sistema de bicis compartidas de Nueva York. Si se prevé hacer al menos tres desplazamientos en 24 h, compensa sacarse el bono de día (19 US$). Las *e-bikes* cuestan más y se paga por minutos.

La *app* Curb permite pedir taxis sin el apuro de bajar de la acera ni tener que posponer el viaje.

Otra cara de Nueva York

Gatos en las tiendas, cantantes en el metro y un concejal para ratas. Parafraseando al bardo de Brooklyn, Walt Whitman, Nueva York es inmensa, contiene multitudes.

Bodegas de barrio

Algunos las llaman *delis;* otros, tiendas de conveniencia. Para los neoyorquinos, el término adecuado es "bodega", típicas de la "ciudad que nunca duerme" y muchas de ellas operativas las 24 h. Una bodega es en teoría una tienda con no más de dos cajas que vende leche y sobre todo comida, tipo pequeño colmado. Estos comercios esquineros son la tabla de salvación para los vecinos cuando necesitan comestibles, cerveza, artículos de limpieza, lotería, cajeros automáticos y el típico BEC (beicon, huevo y queso), pero también centros sociales donde los clientes piden "lo de siempre".

Las bodegas surgieron a principios del s. XX, abiertas por inmigrantes portorriqueños y cubanos para atender a sus comunidades. Hoy funcionan unas 13 000 en la ciudad, en su mayoría regentadas por dominicanos, mexicanos, yemeníes y asiáticos orientales, y a veces con un gato en nómina.

Animales urbanos

Un gran número de animales se ha adaptado a la vida urbana. Muchos son raros: un coyote en Central Park o una ballena jorobada en el puerto. Otros son comunes, como busardos colirrojos cazando ardillas o tortugas pintadas asoleándose en los estanques. Pero ninguno se acerca en número a los escuadrones de palomas y ejércitos de ratas que gobiernan cielos y calles.

En el 2023, la ciudad nombró a su primer "concejal de ratas" para reducir la población de estos roedores, cifrada en más de tres millones. Existe incluso una "Academia de Ratas": una clase de control de plagas impartida por el Departamento de Sanidad. Pero su tarea no es fácil: las envejecidas infraestructuras urbanas, el aumento de la población y la abundancia de rica basura crean unas condiciones más que óptimas.

'Buskers' fantásticos

Si las ratas son las reinas del metro, los músicos de la corte son los *buskers,* que entretienen a los pasajeros con piezas de cámara, temas populares, cantos a capela y percusión con cubos de plástico. Más de 350 artistas callejeros pertenecen a Music Under New

Busardo colirrojo, Central Park (p. 192).

Colin Huggins (p. 37), Washington Square Park.

BLVDONE/SHUTTERSTOCK ©

'Manhattanhenge'.

NAGLIC/SHUTTERSTOCK ©

Sede de Naciones Unidas (p. 158).

York, una iniciativa de la Metropolitan Transportation Authority (MTA). Otros muchos van por libre y ofrecen conciertos improvisados entre trenes. Algunos se han hecho famosos, como Colin Huggins, que carga con un piano de media cola por Washington Square Park, y Natalia Paruz, que hace sonar un serrucho en la estación de Times Square.

Una vida cuadriculada

En 1811 tomó forma el proyecto reticular para Manhattan, que sustituyó el desarrollo irregular de la ciudad por ordenados ángulos rectos y obligó a nivelar colinas, arroyos, pantanos y escarpes para crear solares iguales edificables.

Hoy la cuadrícula define la vida urbana. Sin un centro claro, la ciudad conforma más bien un mosaico de polos culturales: cada manzana es un universo comunicado con la gran galaxia urbana. Para los forasteros es fácil orientarse por este damero tan racional, directo y práctico.

Pero la repetición también aporta magia. Durante dos amaneceres en invierno y dos puestas de sol en verano, el sol se alinea con la cuadrícula este-oeste para crear "Manhattanhenge", un espectáculo de luces celestes que no previeron los urbanistas del s. XIX.

Infraestructuras urbanas

Al caminar por la ciudad se nota la impronta de Robert Moses, 'aparejador' urbano de 1934 a 1968. A lo largo de su reinado, Moses construyó 658 parques con 13 puentes y 669 km de carreteras que serpentean por el estado. Muchos de sus proyectos aún son clásicos: el **zoo de Central Park** (p. 193), la **sede de Naciones Unidas** (p. 158), el **complejo cultural del Lincoln Center** (p. 200) y numerosos desarrollos de viviendas. Su labor provocó el desalojo de unas 500 000 personas y desencadenó una lucha por la protección del patrimonio histórico cuando intentó transformar el paraíso peatonal de Nueva York en un oasis automovilístico.

FUERA DE RUTA

- Subir a la 2ª planta de 141 Wooster St para ver la **Earth Room,** donde se acumulan 140 toneladas de tierra. (p. 69)
- Escuchar conciertos de Bach a bordo de **'Bargemusic',** una barcaza granelera de café convertida en *music hall.* (p. 217)
- Hojear revistas anarquistas, *queer,* feministas y punk en **Quimby's,** y hacer carantoñas al gato del propietario. (p. 225)
- Sudar, bañarse en agua fría y repetir con una clientela que incluye de modelos a abuelos ortodoxos judíos en los **Russian and Turkish Baths.** (p. 100)
- Dejar que los intérpretes del **Théâtre XIV** despierten el espíritu creativo propio con sus fascinantes actuaciones. (p. 229)

SCALLOP-EDG'D WAVES!
GORGEOUS CLOUDS OF THE

Explora Nueva York

Circuitos a pie

Perfil urbano de Nueva York, Brooklyn Bridge Park (p. 52). DMITRII SAKHAROV/SHUTTERSTOCK ©

Sugerencias de lugares para comer, beber y comprar en **p. 62**

Explora Lower Manhattan

Primero, los negocios: Lower Manhattan abarca el Financial District (FiDi) y Tribeca. Después, el placer: aquí se alzan hitos urbanos como la Estatua de la Libertad y el puente de Brooklyn. Morada de los indios lenapes, la primera transacción comercial de la isla tuvo lugar cuando los neerlandeses compraron la zona y la llamaron Nueva Ámsterdam. Luego llegaron los británicos, que la denominaron Nueva York y la abandonaron tras perder la Guerra de Independencia. Los puertos de la zona convirtieron el extremo sur de la isla en un motor financiero; pero, pese a su fortuna, no han faltado tragedias, incluidos colapsos económicos y atentados terroristas. Aun así, la capacidad de resiliencia del barrio prevalece.

Cómo desplazarse

Metro

El FiDi está bien comunicado en metro: Fulton conecta las líneas A/C, J/Z, 2/3 y 4/5, que paran cerca del World Trade Center. Para llegar al puente de Brooklyn, se toma la 4/5/6 hasta Brooklyn Bridge-City Hall. En barco, se toma la 1 hasta South Ferry.

Ferri

Los ferris de Governors Island salen del Battery Maritime Building. Para Staten Island, se usa la terminal de Whitehall. Para la Estatua de la Libertad, se embarca en Battery Park.

Puente de Brooklyn (p. 52).

JULEN ARABAOLAZA/SHUTTERSTOCK ©

★ LO MEJOR

Admirar el puerto de Nueva York desde la **ESTATUA DE LA LIBERTAD** (p. 46), diosa verde protectora de Gotham.

Pasear por calles históricas en busca de puestos de comida y vistas del río East en **SOUTH STREET SEAPORT** (p. 53).

Atravesar los arcos góticos del **PUENTE DE BROOKLYN** (p. 52), monumento a la ambición de la Edad Dorada.

Subir a lo alto del **ONE WORLD OBSERVATORY** (p. 50), con panorámicas maravillosas.

CIRCUITO A PIE

El pasado colonial de Nueva York

El grueso del acervo histórico de Nueva York se conserva en Lower Manhattan, donde los esqueletos de los tiempos coloniales yacen bajo sus aceras abarrotadas y restaurantes centenarios. Pese a la apariencia moderna del barrio, los recuerdos espectrales del pasado neoyorquino sorprenden en cada esquina.

INICIO	FINAL	DURACIÓN
Battery Park	African Burial Ground National Monument	3,2 km; 1 h

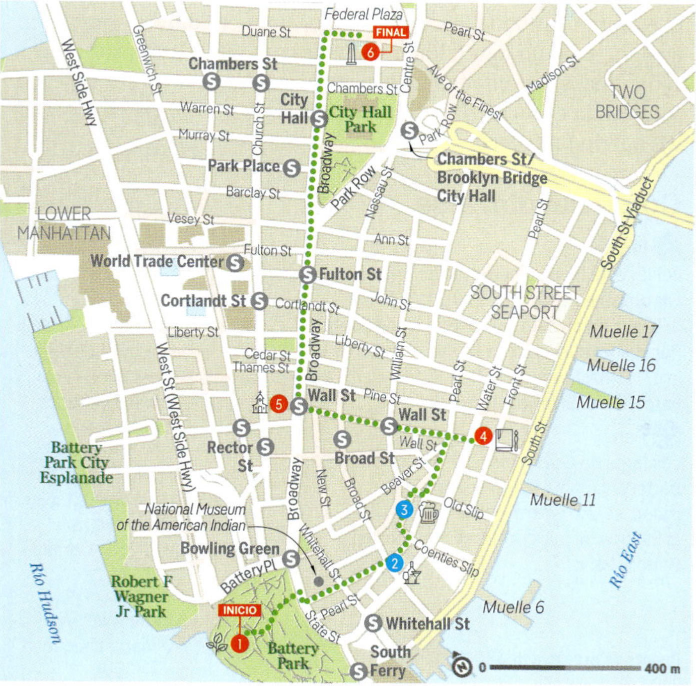

1 Conocer los orígenes indígenas

Se parte de la **fachada marítima del Battery** (p. 55), frente a la Estatua de la Libertad, para meditar sobre cómo se compadecen sus nobles ideales con los orígenes de la ciudad. Antes de que arribara el capitán Henry Hudson en 1609, los lenapes manejaban aquí sus canoas. Se para junto al National Museum of the American Indian (p. 55), por el lado este del parque, para saber cómo era esta tierra antes del desembarco europeo.

2 Brindar por Washington

Se sigue por el parque hasta Pearl Street –la línea de costa primigenia antes de ganar terreno al mar– y luego se va al este hasta la **Fraunces Tavern** (p. 60), donde George Washington solía tomarse sus pintas. Al otro lado de la calle, los cimientos de la Lovelace Tavern siguen bajo la acera; construida en 1670 e incendiada en 1706, no fue redescubierta hasta 1979.

3 Pisar adoquines neerlandeses

La siguiente parada es **Stone St,** el primer pasaje adoquinado de la ciudad, del s. XVII. Los colonos neerlandeses la llamaron Breuers Straet (Brewers St) por la abundancia de cervecerías; hoy está bordeada de bares donde la gente bebe al aire libre en verano.

4 La historia oculta de Wall Street

Tres manzanas al noreste, una placa indica dónde estuvo el **mercado de esclavos,** establecido en 1711. La trata empezó en 1626. En 1730, el 42% de la población poseía esclavos.

5 Pasear por la 'Muralla'

Desde aquí se camina al oeste por **Wall St,** en el s. XVII una verdadera muralla *(wall)* que marcaba el límite de la colonia de Nueva Ámsterdam. Al final de la calle se alza la aguja neogótica de la Trinity Church (última morada de Alexander Hamilton, uno de los Padres Fundadores; p. 59), el edificio más alto de EE UU cuando se terminó en 1846.

6 Recordar a los esclavos

En la Trinity Church se gira a la derecha para ir al norte por Broadway, avenida trazada sobre una antigua ruta comercial lenape. Se termina en el **African Burial Ground National Monument,** un monumento y museo que honra a los aproximadamente 15 000 africanos enterrados allí. Descubierta en 1991 durante la construcción de un edificio de oficinas, esta fosa común recuerda sobre qué espaldas se levantó Nueva York.

Más información
Imprescindible p. 46
Experiencias p. 54
Comer p. 62
Beber p. 63
Comprar p. 63
0
400 m
A
B
C
D
E
F
1
2
3
4
Downtown Boathouse 8
Muelle 26 6
9 USCGC Lilac
Muelle 25 7
10 Grand Banks
Rockefeller Park
TRIBECA
Túnel Holland
Hook & Ladder 8
Playing Mantis 19
20
14 15 Bienvenu Steinberg & J
Bortolami Gallery
Odeon 21
Washington Market Park
Mysterious Bookshop 17
18 Philip Williams Posters
CityStore 16
22 Tribunal Supremo del Condado de Nueva York
Thomas Paine Park
Federal Plaza
Foley Square
Columbus Park
CHINATOWN
TWO BRIDGES
City Hall Park
Police Plaza
Chambers St/ Brooklyn Bridge City Hall
City Hall
Park Place
World Trade Center
One World Observatory
Puente de Brooklyn
South Street Seaport
West Side Hwy
Desbrosses St
Vestry St
Laight St
Hubert St
Collister St
Beach St
N Moore St
Franklin St
Harrison St
Jay St
Greenwich St
Hudson St
Duane St
Reade St
Chambers St
Warren St
Murray St
Park Pl
Barclay St
Vesey St
Fulton St
North End Ave
West St (West Side Hwy)
Varick St
St Johns La
Sixth Ave (Avenue of the Americas)
Canal St
Church St
Lispenard St
Walker St
White St
Leonard St
Worth St (Ave of the Strongest)
Thomas St
W Broadway
Broadway
Howard St
Lafayette St
Centre St
Baxter St
Hogan Pl
Mosco St
Chatham Square
Henry St
Oliver St
Catherine St
James St
Madison St
Pearl St
Park Row
St Andrews Plaza
Ave of the Finest
St James Pl
Nassau St
Beekman St
Spruce St
Frankfort St
Dover St
South St
Gold St
Ann St

World Trade Center
28
Dey St
Fulton St
Fulton St
Memorial Pools
Oculus Center
National September 11 Memorial Museum
Cortlandt St
LOWER MANHATTAN
John St
Dutch St
Cliff St
Fulton St
Beekman St
South St
Tin Building
12
13
Muelle 17
11
South Street Seaport Museum
Muelle 16
Muelle 15
50
41
37
31
North Cove
39
Liberty St
BATTERY PARK CITY
Zuccotti Park
Liberty St
Platt St
Cedar St
Thames St
Maiden La
Fletcher St
Albany St
Carlisle St
Trinity Church
24
Wall St
Broadway
Nassau St
William St
Cedar St
Pine St
42
26
Federal Hall
Wall St
Wall St
Battery Park City Esplanade
South End Ave
Washington St
Rector St
25
Broad St
Bolsa de Nueva York
Exchange Pl
47
Pearl St
Water St
Front St
Franklin D Roosevelt Dr
Río Hudson
W Thames St
Edgar St
Greenwich St
Trinity Pl
New St
36
33
Gouverneur La
Muelle 11
West Side Hwy
Battery Pl
Morris St
Beaver St
S William St
Stone St
Water St
Old Slip
FINANCIAL DISTRICT
2nd Pl
South Cove
Bowling Green
1
Bowling Green
Whitehall St
Broad St
44
Vietnam Veterans Plaza
2
Stone St
27
Fraunces Tavern
Río East
Battery Pl
National Museum of the American Indian
Bridge St
Museum of
23
Jewish Heritage
Robert F Wagner Jr Park
Pearl St
Whitehall St
South St
Muelle 6
Castle Clinton
State St
4
3
Battery Park
Muelle A
South Ferry
5
SeaGlass Carousel
29
Terminal de Whitehall
Bahía Superior de Nueva York
30
Estatua de la Libertad
Ellis Island
Governors Island (0,6 km)
A
B
C
D
E
F
5
6
7
8

★ IMPRESCINDIBLE

Visitar la Estatua de la Libertad

Con su antorcha reluciente sobre el puerto desde 1886, este es el gran icono de Nueva York: una mujer que da la bienvenida a millones de inmigrantes. *La Libertad iluminando al mundo* (su nombre oficial) ha devenido en símbolo internacional de la libertad, la justicia y las oportunidades.

PLANO: P. 44 **C8**

CONSEJO
Statue Cruises es la única compañía que vende billetes para Liberty Island y Ellis Island; la taquilla está en el Castle Clinton. Reservar en línea evita tener que hacer colas.

Escanea este código QR para precios y horarios.

Visitar el museo

La ruta empieza junto al **Castle Clinton en Battery Park,** donde se congrega la multitud para la travesía de 15 min en ferri hasta Liberty Island. Los controles en la estación de embarque son propios de un aeropuerto, con 30-90 min de cola en verano. Se recomienda sentarse junto a las ventanas de la cubierta inferior o las barandillas de la superior para disfrutar de las vistas de Governors Island, el puente Verrazzano-Narrows y el dentado perfil urbano de Manhattan.

Una vez en tierra se entra en el museo (gratis) y su fascinante introducción a la isla. La antorcha primigenia de la estatua, retirada en 1984, es el principal reclamo visual, pero la exposición profundiza en la hipócrita simbología de la estatua. En 1886, la "libertad universal" fue para muchos estadounidenses un anhelo postergado: las mujeres no votaban y los afroamericanos sufrían políticas racistas durante la reconstrucción posterior a la Guerra de Secesión. EE UU mantiene todavía hoy una relación complicada con los nobles ideales de *Lady Liberty.*

Mirar a la diosa

Al contemplar el brillo verdemar de la estatua, por fuerza se piensa en la proeza que supuso su transporte hasta EE UU. La giganta de 200 000 kg del escultor Frédéric-Auguste Bartholdi se construyó en París entre 1881 y 1884 con ayuda del ingeniero francés Alexandre Gustave Eiffel (el de la torre)

NACHO SUCH/SHUTTERSTOCK ©

y 300 planchas de cobre de unos 2,4 m de ancho. Transportada a Nueva York por el Atlántico en 214 cajas, sus 350 piezas se ensamblaron durante cuatro meses para colocarla después sobre un pedestal de granito del arquitecto Richard Morris Hunt, lo que elevó su altura hasta los 93 m.

Subida a la corona

Los pases para ver el puerto desde la corona de la estatua deben reservarse con cuatro-seis meses de antelación. El visitante asciende nada menos que unas 20 plantas: 215 escalones hasta el pedestal y otros 162 empinados peldaños en espiral hasta la cabeza. Pero la visita compensa el esfuerzo: desde aquí se ve la placa de cobre donde pone en números romanos "4 Julio, 1776" (Día de la Independencia de EE UU).

ALMUERZO

Con sus flores, árboles, merenderos y pasarelas junto al agua, las 5 Ha de la isla son ideales para llevar algo de comer y disfrutarlo *in situ,* evitando los altos precios del lugar.

★ IMPRESCINDIBLE

Seguir los pasos de los inmigrantes en Ellis Island

Epicentro de la emigración a EE UU desde 1892 hasta 1924, la isla de Ellis recibió a 12 millones de extranjeros. En torno al 40% de la población actual estadounidense desciende de aquellas gentes esperanzadas, retazos de un *patchwork* cultural que forman el tejido de la nación.

PLANO: P. 44 **C8**

CONSEJO
Ir al vestíbulo para consultar los horarios de los circuitos gratis y los pases de la película de 35 min *Island of Hope, Island of Tears*, y tomar una audioguía (gratis).

Escanea este código QR para precios y horarios.

Una entrada suntuosa

El viaje a la isla empieza como lo hizo para muchos inmigrantes: por el agua. A estas 11 Ha de territorio americano solo se puede llegar en ferri, zarpando de Battery Park (p. 55) y vía Liberty Island antes de seguir otros 15 min hasta el **National Immigration Museum.** Hay que tener la cámara a punto: la travesía desde Liberty Island es especialmente fotogénica.

Una vez en tierra surge el imponente **edificio principal** (foto). Después de que ardiera la construcción original de madera en 1897, Edward Lippincott Tilton y William Boring proyectaron un edificio *beaux arts* que pretendía impresionar a los recién llegados. Las cúpulas con remates de cobre enmarcan las entradas de triple arquería con aparejo de ladrillo flamenco y adornos en piedra caliza. Para muchos inmigrantes que desembarcaban en EE UU, aquella era la obra arquitectónica más suntuosa (casi intimidatoria) que habían visto en su vida.

Comprender EE UU

Para entender el complejo tapiz de la emigración a EE UU antes de Ellis Island, la exposición *Journeys: The Peopling of America, 1550-1890* rastrea los movimientos de población a EE UU e interiores mientras se construían los cimientos del país. Las historias de nativos desplazados, africanos esclavizados e inmigrantes optimistas arrojan luz sobre los actuales conflictos identitarios de la nación.

KIT LEONG/SHUTTERSTOCK ©

El punto de vista de un inmigrante

En la 2ª planta del edificio principal, la exposición *Through America's Gate* recuerda los pasos de los inmigrantes en Ellis Island. Partiendo de la **Registry Room,** una sala de 103 m de largo donde miles de personas ilusionadas se congregaban para pasar el filtro de la burocracia, se atraviesan sucesivas salas donde se explica las inspecciones médicas y legales obligadas para entrar en EE UU, entre ellas las 29 preguntas que determinaban el futuro de una persona.

Aunque el 98% de los inmigrantes conseguían entrar, un 2% –quizá más de 1000 por mes– debía afrontar el desastre personal y financiero que suponía el rechazo. En las secciones de muros conservados de aquella época se ven las inscripciones garabateadas por los inmigrantes mientras aguardaban su destino.

AVERIGUACIONES

Si alguien tuvo antepasados que entraron por Ellis Island, puede ir al **American Family Immigration History Center** para encontrar sus expedientes con ayuda de personal especializado.

★ IMPRESCINDIBLE

Ver Nueva York desde el One World Trade Center

Símbolo de la resiliencia de Nueva York, este espacio de 6,5 Ha invita a reflexionar en el National September 11 Memorial and Museum –homenaje a las víctimas del atentado más mortífero en EE UU– y admirar las vistas desde el One World Observatory, testamento de la recuperación de la ciudad tras el 11-S.

PLANO: P. 44 **C5**

CONSEJO
Comprar con antelación las entradas del One World Observatory y el 9/11 Museum para saltarse las colas, y llegar temprano para evitar aglomeraciones. El observatorio se abarrota al atardecer.

Escanea este código QR para comprar entradas al One World Observatory.

Sobrevolar Nueva York

Con 541 m, el **One World Trade Center** (foto; o Freedom Tower) es un deslumbrante espectáculo de cristal cuyos bordes forman triángulos en sus 104 plantas. El edificio es impresionante desde abajo, pero mucho más desde los miradores de los pisos 100-102. Los ventanales ofrecen una panorámica de 360° de los cinco distritos y tres estados limítrofes. Para poner nombre a los puntos de referencia se dispone de tabletas interactivas programadas en varios idiomas que, por 10 US$ más (recomendable), se incluyen en el billete combinado.

Honor a los caídos

El bullicio de Lower Manhattan enmudece ante el **National September 11 Memorial and Museum**, donde los visitantes hacen una pausa silenciosa junto a dos enormes estanques construidos en el solar de las torres caídas. En un hueco central se vierten cascadas de agua de 9 m que desbordan los estanques, flanqueados por placas de bronce con los nombres de las 2983 personas fallecidas en el atentado del 2001 y la explosión con coche bomba de 1993 en el World Trade Center. Alrededor del monumento, montando guardia como soldados, se alzan más de 400 robles y un peral de flor –el "árbol de los Supervivientes"– salvado de la destrucción y símbolo de fuerza.

ECSTK22/SHUTTERSTOCK ©

Visita al museo

El museo anexo, que quiere semejar una torre derrumbada, conduce a los visitantes desde el nivel de la calle hasta el lecho de roca, donde se acercan al trauma del 11-S con objetos, fotos, vídeos y restos de los edificios destruidos. En este espacio expositivo de 10 200 m² se emprende un viaje emocional de una intensidad que podría abrumar.

Aunque el museo constituye un valioso recordatorio de aquellos trágicos acontecimientos, ha sido criticado por comercializar el dolor (hay una tienda de regalos) y no propiciar una reflexión rigurosa sobre las cuestiones sociopolíticas previas y posteriores al atentado. Con todo, esta tumba subterránea evoca emocionantes historias de vidas perdidas, valentía y esperanza. Para evitar las largas colas conviene sacar las entradas antes en 911memorial.org.

UNA PAUSA
Cruzando la West Side Highway se llega al Brookfield Place (p. 62), donde se puede picar algo rápido en los puestos de **Le District** (comida francesa *gourmet;* 1ª planta) o **Hudson Eats** (cadenas locales; 2ª planta).

★ IMPRESCINDIBLE

Pasear por el puente de Brooklyn

Este prodigio de la ingeniería inaugurado en 1883 fue el primer puente colgante de acero del mundo y la primera conexión terrestre (486 m sobre el río East) entre Manhattan y Brooklyn. Atravesar este emblema de la Edad Dorada de la ciudad supone un viaje gratis con vistas inolvidables y un soplo de brisa.

PLANO: P. 44 **F4**

CONSEJO
La gente se atasca y avanza despacio, sobre todo cuando hace buen tiempo. Para ir más deprisa (con peores vistas), lo mejor es cruzar el río en bicicleta por los dos carriles bajo el paso peatonal.

Escanea este código QR para ver un documental corto sobre el puente de Brooklyn en el PBS.

La arquitectura

Desde su construcción, otros puentes más largos le han robado protagonismo, pero este periplo de 1,6 km todavía fascina. El paso peatonal elevado discurre como por una catedral: las piedras de granito forman arcos neogóticos apuntando al cielo, y con la luz del ocaso la tracería de los cables de acero parece una vidriera. Desde la cúspide del puente se obtienen unos encuadres de postal de los rascacielos de Manhattan y la fachada marítima de Brooklyn.

La construcción

Se calcula que en los 14 años que tardó en levantarse el puente murieron 27 personas, entre ellas su artífice, el ingeniero John Roebling, que contrajo el tétanos al aplastarse un pie en Fulton Landing al principio de las obras. Su hijo, Washington Roebling, tomó el relevo, pero la enfermedad del buzo, provocada por trabajar bajo el agua cimentando el lecho del río para levantar las torres, lo postró en cama. Su esposa, Emily, supervisó casi toda la construcción y fue la primera persona que cruzó el puente, con un gallo en la mano como señal de victoria.

Elegir el camino

La entrada al puente de Brooklyn por Manhattan está junto al City Hall Park, y por el lado de Brooklyn hay dos salidas: la primera conduce al Brooklyn Bridge Park en Dumbo, y la segunda termina donde Brooklyn Heights converge con Downtown Brooklyn.

★ IMPRESCINDIBLE

Explorar South Street Seaport

El histórico puerto comercial de Manhattan ha progresado mucho desde que el huracán *Sandy* anegó sus adoquinadas calles en el 2012. La irrupción de los promotores inmobiliarios tras el desastre transformó estas 1,6 Ha en el motor del renacimiento urbano de Lower Manhattan. Vale la pena dedicar unas horas a la zona.

Historias de marineros

Se empieza recordando el pasado marinero de Manhattan en el South Street Seaport Museum (p. 56). En esta zona estuvo el principal puerto de la ciudad hasta la Guerra Civil, y en sus calles sobreviven edificios de los ss. XVIII y XIX, su época de esplendor.

Mercados modernos

Ya no funcionan la lonja de pescado ni los burdeles, pero los comerciantes de hoy aún venden artículos de primera calidad. La cadena neoyorquina de librerías **McNally Jackson** es un paraíso para los amantes de las letras, y los vestidos *flower-power* de **Mûre + Grand** son como rayos de sol. Sería estupendo que la visita coincidiera con la **Hester Street Fair** (hesterstreetfair.com), el mercadillo veraniego de fin de semana con ropa *vintage*, joyas artesanas y otras moderneces *cool*.

Beber y picar

Entre compra y compra quizá apetezca tomar algo en los bares de los muelles. En la selecta zona de restauración del Tin Building (p. 56) se puede peregrinar por barras especializadas en vino, cerveza y cócteles, y en el **Pearl Alley** del muelle 17 (p. 56), tomar un *negroni* con vistas a Brooklyn. Tampoco falta comida fabulosa, con el **Carne Mare** (asador italiano) y el **House of the Red Pearl** (chino) a la cabeza.

PLANO: P. 44 **F4**

CONSEJO
Ver el puerto desde la perspectiva de un marinero en un crucero de 90 min en el *Clipper City,* réplica de una goleta del s. XIX amarrada en el muelle 17 (manhattanbysail.com).

Escanea este código QR para conocer los negocios de la zona y obtener información práctica.

EXPERIENCIAS

Pedalear por la punta de Manhattan CIRCUITO EN BICICLETA

Con más de 2400 km de carriles-bici, la bicicleta es una de las maneras más rápidas y prácticas de moverse por Nueva York, y en Lower Manhattan un tramo de casi 5 km por la punta sur de la isla es además sumamente pintoresco. Se puede completar en menos de 30 min, pero entre las paradas para comer, las compras y las vistas, la media hora se convierte fácilmente en medio día. Lo mejor es aprovisionarse bien antes en el Tin Building (p. 56), una zona de restauración de dos plantas que vende víveres listos para un pícnic. Desde aquí, un carril-bici de doble sentido pasa por debajo de FDR Dr; hay que tomarlo hacia el sur bordeando el río East hacia la terminal de ferris de Whitehall y torcer luego al oeste para llegar al Battery, un sitio tranquilo para contemplar el puerto y los jardines. Al virar al norte, el carril-bici conecta con la Hudson River Greenway, una vía verde de 21 km que enlaza con Inwood. Se deja la bicicleta cerca del Brookfield Place (p. 62), un lujoso complejo de tiendas y zonas de restauración, y se disfruta del resto de la excursión a pie.

Buscar la suerte en el Bowling Green PARQUE Y ESCULTURA

PLANO: 1 P. 44 **D7**

La mancha de hierba y grava del Bowling Green es mucho más importante de lo que denota su modesto tamaño. Cuenta la leyenda que fue aquí donde los neerlandeses "adquirieron" la isla de "Manahatta" a los lenopes por una cantidad irrisoria en 1626, y también le corresponde el honor de haber sido el primer parque público de la ciudad, inaugurado en 1733. Aunque los bancos de madera y los plátanos de sombra lo convierten en una bonita parada, su verdadero reclamo es el **'Charging Bull',** un toro de 3175 kg instalado en 1989 por el escultor Arturo Di Modica para celebrar la fuerza y

MOVERSE EN BICI

Citi Bike, la red de bicicletas compartidas de Nueva York, ofrece bonos de día (19 US$/día por trayectos ilimitados de 30 min), que permiten a los usuarios tomar una bici en una estación y dejarla en cualquier otra de la ciudad; es lo más práctico para desplazamientos cortos y rápidos. Los bonos se venden en los quioscos de las estaciones, pero es más cómodo descargar la *app* Citi Bike. **Blazing Saddles,** una agencia de alquiler con sucursal en South Street Seaport (p. 53), ofrece alquileres de 1 h (10 US$) y de un día completo (desde 28 US$). Para trayectos largos con paradas a voluntad lo mejor es alquilar una.

vitalidad de la economía estadounidense. Parece que la escultura da suerte... siempre y cuando se froten sus testículos de bronce.

Apreciar la arquitectura de un museo indígena

HISTORIA DE LOS NATIVOS

PLANO: 2 P. 44 **D7**

El **National Museum of the American Indian** en la Customs House (1907) de Cass Gilbert es un festín para los sentidos. El exterior *beaux arts* sirve de aperitivo, con sus columnas corintias y sus cuatro figuras femeninas que representan a Asia, América, Europa y África. El plato fuerte son las colecciones, dedicadas al arte y las formas de vida de los nativos de América desde la Antigüedad hasta el presente. Y el postre es la impresionante rotonda, con murales náuticos de la década de 1930 y una claraboya de 140 toneladas de peso. Además, la entrada es gratis.

Pasear por el Battery

DE PASEO POR UN PARQUE

Con sus 10 Ha en la punta sur de Manhattan, Battery Park (PLANO: 3 P. 44 **C8**) es un tranquilo retiro de las populosas calles del FiDi. Caminos serpenteantes y un carril-bici protegido bordean jardines, prados y la pintoresca franja marítima. Paseando por el lugar se ven numerosos monumentos, como el **Netherlands Monument** (conmemoración de la mítica compra de Manhattan por el neerlandés Peter Minuit) y el **American Merchant Mariners' Memorial,** inspirado en una fotografía de las víctimas de un ataque submarino en la II Guerra Mundial. En el centro del parque se levanta el **Castle Clinton** (PLANO: 4 P. 44 **C8**). Con los años, esta construcción de arenisca erigida en 1811 ha sido fortaleza, centro de inmigración y hasta acuario; hoy es el punto de partida de excursiones a la Estatua de la Libertad (p. 46) y Ellis Island (p. 48). Si se va con niños, hay que pasarse por el **SeaGlass Carousel** (PLANO: 5 P. 44 **D8**), donde los visitantes se sientan en grandes peces y dan vueltas en un carrusel de cristal y acero (seaglasscarousel.nyc); combinándolo con el vecino **Playscape** –un imaginativo gimnasio–, los críos pasarán una tarde fantástica.

Surcar el Hudson

DE MUELLE EN MUELLE

El Hudson River Park es una zona de recreo de 222 Ha con caminos arbolados y muelles elegantes que se extiende por el flanco oeste de Manhattan. El **muelle 26** de Tribeca (PLANO: 6 P. 44 **A2**) es el único dedicado al bioma del río, y el **muelle 25** (PLANO: 7 P. 44 **A2**), el más largo del parque, ofrece 300 m para el asueto al aire libre. Una tarde de verano es ideal para acercarse al pasado marítimo de Manhattan.

Primero se admiran los jardines del muelle 26, con plantas autóctonas anteriores a la industrialización. Para ver la ciudad con la perspectiva de un cormorán, se puede remar en kayak por el Hudson durante 20 min con el programa gratis, por orden de llegada, de **Downtown Boathouse's** (PLANO: 8 P. 44 **A2**) (may-oct; downtownboathouse.org). La diversión marinera continúa a bordo del **'Lilac'** (PLANO: 9 P. 44 **A2**), el último barco de vapor de EE UU que dio servicio de faro, en el muelle 25; construido en 1933 y jubilado en 1972, hoy es un museo flotante que abre los fines de semana (may-oct).

La visita al muelle 25 termina en el *Sherman Zwicker,* una goleta de 1942 reconvertida en la marisquería **Grand Banks** (PLANO: 10 P. 44 **A3**). Antes de la puesta de sol quizá se consiga una mesa con vistas al río (reservas en crewny.com.).

Conocer el pasado portuario neoyorquino

MUSEO MARÍTIMO

PLANO: 11 P. 44 **E5**

La historia marítima de Nueva York recibe un tratamiento riguroso en el **South Street Seaport Museum** (entrada: la voluntad), repartido entre varios edificios de ladrillo restaurados y cuatro barcos amarrados en el muelle 16. El espacio principal en Fulton St homenajea los orígenes marineros de la ciudad, y en Water St una imprenta del s. XIX vende postales, libros y papel con Nueva York como motivo. Pero las propuestas más apasionantes del museo flotan en el río East. La entrada general incluye las visitas al *Wavetree,* un carguero de 1885, y el *Ambrose,* usado como buque-faro desde 1908 hasta 1932. Habrá que pagar 15-70 US$ más para navegar en la goleta (may-oct) o el remolcador (sa-do) amarrados al lado; pero ambas travesías por el puerto compensan de sobra el gasto.

Picotear en el Tin Building

COMIDA Y BEBIDA

El famoso chef y restaurador Jean-Georges Vongerichten congrega a multitud de sibaritas en este **mercado** (PLANO: 12 P. 44 **F5**) del South Street Seaport, de 4900 m², con barras gastronómicas, restaurantes con mesas, tiendas de exquisiteces y unos cuantos bares. Este suntuoso palacio *gourmet* en el muelle 17 no tiene nada que ver con la lonja de pescado que fue entre 1907 y el 2005 (la pescadería de la entrada le rinde homenaje). Los precios tiran a caros (menos los comestibles para llevar), pero si se quiere combinar en un mismo sitio comida selecta para un pícnic y servicio de mesa, no se encontrará nada mejor por la zona. Después de procurarse el sustento, solo queda sentarse en un banco por el lado norte del **muelle 17** (PLANO: 13 P. 44 **F5**) y disfrutarlo con vistas del puente de Brooklyn (p. 52).

Ver arte en las galerías de Tribeca ARTES PLÁSTICAS

Las vanguardistas galerías neoyorquinas no paran de mudarse: en la década de 1970 ocuparon el SoHo, en la de 1980, el East Village, y después, Chelsea, Lower East Side, Williamsburg y Bushwick. Y aunque estos barrios continúan fascinando, ninguno puede compararse con la efervescencia de Tribeca. Comprar una obra a estos marchantes podría costar un dineral, pero visitar sus galerías es gratis. Walker St, con edificios de hierro forjado y columnas corintias, funciona como el motor artístico del barrio. Partiendo del oeste se exponen obras conceptuales en **Bienvenu Steinberg & J** (PLANO: 14 P. 44 **C1**) y modernas en la **Bortolami Gallery** (PLANO: 15 P. 44 **C1**). Más al este está LOMEX, un refugio para talentos locales emergentes en la 3ª planta de 86 Walker St (se llama así por la Lower Manhattan Expressway, una carretera propuesta por el urbanista Robert Moses en la década de 1960 que habría partido el SoHo y Chinatown). Otras galerías invitan a entrar en las calles Lispenard, White, Franklin y Leonard. Es cuestión de zigzaguear por el barrio y visitar las que más llamen la atención.

Curiosear por tiendas raras de Tribeca COMERCIOS ESPECIALIZADOS

Conviene aligerar la maleta, porque se hace difícil salir de estas tiendas de vacío. Se parte de **CityStore** (PLANO: 16 P. 44 **D3**), en el Manhattan Municipal Building, con recuerdos que no se ven en las tiendas turísticas atestadas de llaveros; es la única que vende artículos con licencia municipal como placas de taxi que parecen auténticas y camisetas del FDNY.

Después se va al mejor foco criminal de Manhattan: la **Mysterious Bookshop** (PLANO: 17 P. 44 **C3**), donde husmean los bibliófilos en búsqueda de libros de crímenes y espionaje. Primeras ediciones, piezas coleccionables y material *sherlockiano* mantienen viva esta tienda desde 1979.

EL IMPERIO DE LA OSTRA

Mucho antes de que la *pizza* se convirtiera en el bocado barato de los neoyorquinos, en las calles reinaba una golosina marina: la ostra. Lechos de afrodisíacas ostras bordeaban los estuarios de la ciudad, recolectadas por los lenopes y saqueadas después por los colonos europeos. Nueva York se erigió en la capital mundial de la ostra: algunos biólogos calculan que su puerto contenía la mitad de las provisiones mundiales. Pero en 1927 la contaminación y la sobreexplotación acabaron con este carnoso molusco. El Hudson River Park se dedica hoy a repoblar los arrecifes: en el 2021 se añadieron 11,2 millones de larvas de ostras al Estuarine Sanctuary del Hudson River Park (p. 55).

Doblando la esquina, en Chambers St está **Philip Williams Posters** (PLANO: 18 P. 44 **C3**), con más de 100 000 pósteres; el tiempo vuela mientras se repasan pilas de portadas antiguas del *New Yorker,* carteles publicitarios del s. XIX y piezas similares dignas de un museo. Desde aquí, a 10 min de paseo al norte por Varick St aguarda **Playing Mantis** (PLANO: 19 P. 44 **C2**), entrañable tienda para niños con juguetes artesanales que retrotraen al pasado analógico. De tiendas se recorren fácilmente 2 km, así que conviene llevar calzado cómodo.

Escenarios de cine en Lower Manhattan RUTA CINEMATOGRÁFICA

Nueva York es una pantalla de cine viva y dos de sus máximas estrellas son Tribeca y el FiDi.

Se empieza en **Hook & Ladder 8** (PLANO: 20 P. 44 **C2**), un parque de bomberos *beaux arts* de 1903 reconocible como el cuartel general de *Los cazafantasmas* (1984). Después se va al sur hasta el **Odeon** (PLANO: 21 P. 44 **C3**), uno de los mejores sitios del barrio para el *brunch*. Su neón rojo debutó en el cine en *Noches de neón* (1988), adaptación de la novela de Jay McInerney (1984). En la década de 1980, figuras tan influyentes como Martin Scorsese y Andy Warhol se reunían aquí a charlar mientras devoraban clásicos tipo *steak tartare*.

Saciado el apetito, se va hasta la escalinata del **Tribunal Supremo del Condado de Nueva York** (PLANO: 22 P. 44 **E2**), un templo de granito de 1901 que ha aparecido en muchas películas y series: desde *Doce hombres sin piedad* (1957) hasta *Ley y orden*. Para recrear momentos míticos del cine se camina hasta el puente de Brooklyn (p. 52), donde los marineros Gene Kelly y Frank Sinatra bailaban en *Un día en Nueva York* (1949).

TRIBECA

Desde mediados del s. XIX hasta mediados del s. XX, esta zona fue un polo de la industria alimentaria con nombres como Washington Market, Butter and Eggs District y Lower West Side. En la década de 1960, las empresas se marcharon y sus edificios los ocuparon los artistas, que transformaron luminosos *lofts* en estudios bohemios. Con la esperanza de recalificar el distrito como zona residencial, un grupo de artistas se autodenominó el "Triangle Below Canal Artists' Co-op", por el triángulo que forman las calles Canal, Church y Lispenard. Un periódico cometió el error de usar el dichoso término para referirse a todo este barrio trapezoidal, y así se quedó. ¿Y qué fue de los artistas de Tribeca? Pues al final los precios los expulsaron.

Visitar el Museum of Jewish Heritage MUSEO DE HISTORIA

PLANO: 23 P. 44 **B7**

El tercer mayor museo del Holocausto del mundo indaga en la vida de los judíos antes, durante y después del espantoso genocidio del s. xx. Este edificio hexagonal que mira a Liberty Island desde la punta sur de Battery Park City simboliza la estrella de David. Sus tres plantas abordan distintos aspectos de la identidad judía, como 4000 narraciones personales del Holocausto. Para meditar después de la exposición, se puede caminar por el **Garden of Stones,** un paseo donde florecen entre las rocas árboles plantados por supervivientes del Holocausto. Por último, se celebra el patrimonio culinario judío de Nueva York en el **LOX,** un café *kosher gourmet.* La entrada es gratis los jueves de 16.00 a 20.00.

Viajar en el tiempo en la Trinity Church ARQUITECTURA

PLANO: 24 P. 44 **C6**

Este refinado ejemplo de arquitectura neogótica preside el extremo oeste de Wall Street cual vestigio señorial del Manhattan decimonónico. Hoy nadie lo diría al contemplar su aguja de 86 m, pero la Trinity Church era la edificación más alta de Manhattan cuando se completó en 1846 (el edificio primigenio ardió en 1776; un segundo se demolió en 1839). Una vez atravesadas las tres puertas de bronce, obra de Richard Morris Hunt (artífice del pedestal de la Estatua de la Libertad), se pueden admirar las artísticas vidrieras y, después, visitar el cementerio, donde reposan los restos de figuras insignes como Alexander Hamilton, hoy toda una celebridad en Broadway.

La iglesia acoge además conciertos vespertinos, desde *jazz* hasta *suites* de Bach. Véase la programación en trinitywallstreet.org.

Reflexionar sobre el símbolo financiero de EE UU ARQUITECTURA

PLANO: 25 P. 44 **D6**

La **Bolsa de Nueva York** (NYSE) es un símbolo del capitalismo y el pilar del FiDi. No se admiten visitantes, pero su arquitectura de inspiración romana da idea de la sangre que corre por el parqué, moderno Coliseo con los *brokers* como gladiadores. En la fachada principal se alzan seis columnas corintias, y el grupo escultórico del frontón representa "La integridad protege las obras del hombre". En el centro, la Integridad lleva el casco alado de Mercurio, dios del comercio, flanqueada por alegorías de la industria y la producción. Enfrente, la estatua de 1,2 m **'Niña sin miedo',** con los brazos en jarras, iba a ser una instalación temporal, pero allí se ha quedado, desafiando a la gran institución de EE UU.

Acompañar a Washington en el Federal Hall ARQUITECTURA Y MUSEO

PLANO: 26 P. 44 **D6**

Una estatua de bronce de George Washington mira a la Bolsa desde la escalinata de este imponente edificio neogriego, construido como aduana en 1842 e inspirado en el Partenón. La alusión a Atenas, cuna de la democracia, parece apropiada para el que fuera el Ayuntamiento de Nueva York en el s. XVIII, donde se reunió por primera vez el Congreso de EE UU, se redactó la Declaración de Derechos del Hombre y el Ciudadano, y George Washington juró como primer presidente del país en 1789. Hoy es un museo dedicado a los albores de la nación donde pueden verse réplicas y restos de los edificios que precedieron al edificio actual, así como la Biblia sobre la que juró Washington. Merece la pena echar un vistazo al interior, aunque solo sea por su rotonda y su cúpula. Entrada gratis.

Brindar en la Fraunces Tavern COMIDA E HISTORIA

PLANO: 27 P. 44 **D7**

Ningún sitio mejor para celebrar a los padres fundadores de EE UU que este bar-restaurante, inaugurado en 1762 como taberna y muy frecuentado por figuras políticas como George Washington, Alexander Hamilton y Aaron Burr. En 1783, Washington se despidió de sus funcionarios en el salón de la 2ª planta tras la evacuación británica de Nueva York. En 1804 Hamilton y Burr asistieron aquí a una reunión una semana antes de su duelo a muerte. Hoy la planta baja es un restaurante y el piso alto aloja un museo con reliquias del s. XVIII.

Observar la arquitectura moderna del FiDi ARTÍSTICO NUDO DE TRANSPORTE

PLANO: 28 P. 44 **C5**

Presenciar el **Oculus Center** es como someterse a un test de Rorschach: su diseño se presta a múltiples interpretaciones. Ya se

¿QUIÉN AMA NY?

Nueva York vivió tiempos duros en la década de 1970. Para salvar la industria turística de la ciudad, se encargó a Milton Glaser el diseño de un logotipo con garra. Mientras daba tumbos en el asiento trasero de un taxi, bosquejó una idea en un sobre: "I Love NY" con un corazón rosado. Desde entonces, el diseño ha sido actualizado en momentos de adversidad, como el "I love NY more than ever" tras el 11-S. Más recientemente, el Ayuntamiento introdujo "We Love NYC" como panacea pospandémica, para disgusto de los fieles al diseño original.

quiera ver en su forma una caja torácica prehistórica, una nave intergaláctica o una paloma en pleno vuelo (eso pretendía su arquitecto, Santiago Calatrava), la construcción es muy evocadora. Erigida sobre el intercambiador de transportes y centro comercial del World Trade Center, aquí se viene a cambiar de línea de metro o a comprar en franquicias de lujo, pero esta deslumbrante estructura blanca merece una visita por méritos propios. Construida con 36 500 t de acero y bañada de luz natural, es una de las estaciones de metro más fascinantes de Nueva York, que deja chiquitas a las de Grand Central y Moynihan. (Al terminar, Calatrava dijo haberse inspirado en el Main Concourse de Grand Central.) Los pasajes cubiertos hasta el **Eataly** (comida italiana) y el Brookfield Place (p. 62) (tiendas de lujo y barras gastronómicas) la convierten en una parada ideal si el tiempo no acompaña.

Pasar una tarde en Staten Island TRAVESÍA EN FERRI

Del "distrito olvidado" salieron tres protagonistas de *Jersey Shore: Vacaciones en familia* y el *reality Esposas de la mafia,* pero también el Wu-Tang Clan, y Staten Island posee además la mayor reserva forestal de la ciudad y suficientes pizzerías para aturdir a una *nonna*. Para pasar una tarde memorable basta con cruzar el puerto de Nueva York en el ferri gratis que sale de la **terminal de Whitehall** (PLANO: 29 P. 44 **D8**) de Manhattan.

Durante los 25 min de travesía (venden cerveza a bordo) se pasa por hitos como la Estatua de la Libertad y el Verrazzano-Narrows, el puente colgante más largo de Nueva York. Una vez atraca el ferri en la **terminal de St George** (PLANO: 30 P. 44 **E8**) de Staten Island, el circuito marítimo continúa en el cercano **National Lighthouse Museum** (PLANO: véase 30 P. 44 **E8**), donde cada pieza es una carta de amor a los faros y los fareros, como la impresionante colección de 180 maquetas de faros de 29 estados del país. Se termina en la cervecera **Flagship Brewing Company** (PLANO: véase 30 P. 44 **E8**), antes de regresar en ferri a Manhattan.

SUGERENCIAS

Lo mejor para...

$ Económico $$ Medio $$$ Alto

Localizaciones en el plano de la **p. 44**

Comer

Darse un capricho

Manhatta $$$
31 D5
Derrochar con el menú degustación o unos cócteles en el bar, con vistas –y esto es lo mejor– desde una 60ª planta. *11.30-14.00 y 17.00-22.30 lu-sa, hasta 21.30 do*

Tiny's & the Bar Upstairs $$$
32 C3
Los clásicos estadounidenses reciben un baño de modernidad en esta casona rosa de 1810 (repárese en el papel pintado y los techos con planchas de hojalata). *Horario variable*

Delmonico's $$$
33 D6
Cenar en un entorno de la Edad Dorada neoyorquina en la *steakhouse* más antigua de la ciudad, con columnas de mármol traídas -eso dicen- de Pompeya. *12.00-15.00 y 17.00-22.00 do-ju, hasta 23.00 vi y sa*

Bistrós franceses

Frenchette $$$
34 C1
Los asientos corridos de color caoba y los gastados suelos de madera de este bistró se antojan más propios de la orilla izquierda del Sena que del West Side Manhattan. *12.00-22.00 lu-vi, desde 11.00 sa, 11.00-21.30 do*

Le Gratin $$$
35 D4
El rey de los fogones Daniel Boulud traslada Lyon a Lower Manhattan con este restaurante en la planta baja del hotel Beekman. *11.30-22.30*

Comida barata y mercados de abastos

Leo's Bagels $
36 D6
Deliciosos *bagels* artesanos con huevos o salmón, aunque esta base un poco crujiente e interior blandito está perfecta con un sencillo *schmear* (queso de untar). *6.00-16.00 lu-vi, 7.00-17.00 sa y do*

Pearl Diner $
37 E5
Diner clásico de la década de 1960 donde sirven esponjosas tortitas y casi dos docenas de hamburguesas distintas. *8.00-16.00 lu-vi, hasta 14.00 sa y do*

Pisillo $
38 D4
Un sitio pequeño cerca del puente de Brooklyn con enormes bocatas italianos que se pueden comer en el City Hall Park o disputando los asientos a las abejas obreras del FiDi. *11.00-20.00 lu-vi, hasta 18.00 sa y do*

Brookfield Place $$
39 B5
Centro comercial con dos zonas de restauración: Le District, un mercado *gourmet* para *foodies* francófilos; y Hudson Eats, con establecimientos de comida rápida. *Horario variable*

Pasta

Locanda Verde $$$
40 B2
Tras las cortinas de terciopelo de este italiano

asociado al Greenwich Hotel aparece una clientela elegante pero informal entrechocando las copas. *17.00-23.00; desayuno, brunch y almuerzo, horario variable*

Desayuno y 'brunch'

Hole in the Wall $$

41 E5

Cadena local con comida de *brunch* a la australiana (tosta de aguacate, cuencos de quinoa, *smoothies*) a precios razonables. *8.30-16.00 lu-vi, desde 9.00 sa y do*

Beber

Cócteles artesanos

Overstory

42 E6

En la planta 64 de un rascacielos *art déco* de 1932, este *lounge* es el mejor sitio para maravillarse con las luces de la ciudad. Hay que reservar mesa exterior (desde 50 US$). *17.45-24.00*

Smith & Mills

43 B2

No hay que marcharse de estas cocheras transformadas en una coctelería de estética industrial sin visitar los baños, sorprendentemente ubicados en un ascensor de 1902. *16.00-23.00 do y lu, hasta 1.00 ma-sa*

Vino y 'whiskey'

Dead Rabbit

44 D7

Difícilmente se encontrará algo mejor que este bar de tres pisos que toma el nombre de una banda de maleantes irlandeses del s. XIX; su insuperable café irlandés hace furor. *11.00-2.00, hasta 3.00 vi y sa*

Brandy Library

45 C1

Bastión del aguardiente con 1500 botellas de brandi, coñac y *whiskey* en sus estantes hasta el techo. *16.00-24.00 lu-mi, hasta 2.00 ju-sa*

Terroir

46 B2

Más de 80 vinos integran la carta de este desacomplejado local para enófilos exigentes. Para comer hay desde ensaladas hasta lasaña. *Horario variable*

Café cargado

Split Eights

47 D6

Dos plantas en las que *baristas* y bármanes atienden a una clientela seria y distinguida. El café se sirve hasta las 15.00; ambiente más relajado para los cócteles nocturnos. *Horario variable*

Comprar

Ropa elegante

Todd Snyder at the Liquor Store

48 C1

Su ubicación en un edificio del s. XIX de Tribeca pone la nota *cool* y moderna a esta firma de moda masculina con prendas básicas y complementos sofisticados.

Issey Miyake

49 B2

Vale la pena entrar para ver la escultura de Frank Gehry, que ondula por el techo cual cintas de titanio.

Tiendas curiosas

Bowne & Co Stationers

50 E5

Esta imprenta del s. XVIII en South Street Seaport vende carteles, postales, cuadernos y libros con Nueva York como tema.

★ MERECE LA PENA

Escapada a Governors Island

Sin coches, preparada para el *glamping* y surcada por senderos para caminar y pedalear, la "isla del Gobernador" queda a solo 5 min en ferri de la punta sur de Manhattan, aunque parezca estar en otro planeta. Esta isla de 70 Ha con forma de cucurucho ofrece actividades recreativas para todos los gustos.

CONSEJO
Para encontrar abiertos los restaurantes conviene ir a la isla un fin de semana de mayo a octubre. El ferri cuesta 4 US$ por adulto; los fines de semana es gratis hasta las 12.00.

Escanea este código QR para más información sobre lo que ofrece la isla.

Paisajes cambiantes

La isla ha experimentado transformaciones profundas desde que en ella pescaban los indios lenapes en el s. XVI. Hoy es 40 Ha más grande (su superficie aumentó en 1912 con los escombros de las obras del metro en Lexington Avenue) y conserva los vestigios de sus dos siglos como base militar. Las construcciones más notables son el **Fort Jay** y el **Castle Williams,** dos fortalezas construidas entre finales del s. XVIII y principios del s. XIX, que sirvieron como cárcel para los confederados durante la Guerra de Secesión (se pueden visitar los fines de semana). En el 2023, una de las últimas parcelas sin urbanizar que quedaban en la isla pasó a manos de la Stony Brook University, que prevé construir un centro de investigación para buscar soluciones al cambio climático que se inaugurará en el 2028.

Entretenimiento para todos

Los amantes del arte pueden pasar una tarde admirando enormes esculturas al aire libre, como los árboles frutales indígenas de **'The Open Orchard',** mezcla de instalación artística y parque. Los críos disfrutan deslizándose por el tobogán más largo de la ciudad (17 m) en **Slide Hill.** Para tomar un poco el sol, el **Hammock Grove** dispone de 50 hamacas. Y para matar el hambre están los *food trucks* de **Liggett Terraces** o el restaurante con vistas al puerto de Nueva York.

FELIX MIZIOZNIKOV/SHUTTERSTOCK ©

Para quienes estén dispuestos a rascarse el bolsillo, las tiendas de *glamping* estacionales de **Collective Retreats** (desde 215 US$/noche) son perfectas para una glamurosa escapada de Nueva York, y el *spa* de estilo romano de **QC NY** (desde 98 US$) incluye saunas, baños turcos y una piscina desbordante climatizada con vistas de la ciudad.

Vuelta a la isla en bicicleta

Con una bici es fácil ver todos los puntos de interés. Con 11 km de senderos, los ciclistas tienen una panorámica del perfil de Lower Manhattan, el puente Verrazzano-Narrows y un primer plano de la Estatua de la Libertad. Se puede alquilar una en Blazing Saddles (p. 54; desde 28 US$/día) o en las tres estaciones de Citi Bike repartidas por la isla.

UNA PAUSA
Llevar el almuerzo al **Picnic Point** y comer junto a la Estatua de la Libertad. Se puede reservar una parrilla en la web del parque (26 US$) para pasar una tarde de BBQ al gusto.

Sugerencias de lugares para comer, beber y comprar en **p. 82**

Explora SoHo, Chinatown, Nolita y Little Italy

SoHo (So̲uth of Ho̲uston) y Nolita (No̲rth of Li̲ttle Ita̲ly) marcan tendencia en Manhattan, mientras que en Chinatown y Little Italy impera una nostalgia de patrias lejanas. De paseo por el SoHo se aprecian sus típicas fachadas con forja ricamente decoradas, aunque, pese a las apariencias, a principios del s. xx la zona no se llamaba "los Cien Acres del Infierno" por casualidad. Los artistas y los inmigrantes han estado allí siempre, en los buenos y en los malos tiempos, cual orgullosos mecenas, transformando estas calles en oasis peatonales.

Cómo desplazarse

Orientación

Los límites del SoHo de norte a sur son Houston St y Canal St, y de este a oeste, Lafayette St y la Sexta Avenida. Nolita se extiende por el este hasta el Bowery. Chinatown se diluye por los barrios circundantes, aunque en general la limitan Allen St y Broadway de este a oeste.

Metro

La arteria principal entre el SoHo y Chinatown es Canal St, a la que llegan de este a oeste las líneas J/Z, 6, N/Q/R, A/C/E y 1. Por los atascos, no conviene tomar taxis ni autobuses.

Butcher's Daughter (p. 83).

RƎLFMR/SHUTTERSTOCK ©

★

LO MEJOR

Sorber *dumplings* de sopa, devorar *baos* de cerdo y ver una partida de *mahjong* con apuestas altas en una **RUTA GASTRONÓMICA POR CHINATOWN** (p. 70).

Saborear un *cannoli* con *ricotta* mientras se pasea por **MULBERRY ST** (p. 76), en el corazón de Little Italy.

Pasar una tarde curioseando por las **TIENDAS INSIGNIA** del SoHo y Nolita (p. 78).

Visitar la antigua **CASA Y ESTUDIO** (p. 78) de Donald Judd en Spring St para sentir envidia inmobiliaria aguda.

CIRCUITO A PIE

El lado artístico del SoHo

Hoy, los *fashionistas* alucinan en las tiendas del SoHo, pero en la década de 1960 esta zona era un erial para muchos neoyorquinos. No fue hasta la década de 1980 que el mundillo creativo convirtió el barrio en el motor artístico de Nueva York. Detrás de las fachadas aún quedan restos de los orígenes del SoHo.

INICIO	FINAL	DURACIÓN
Mmuseumm	Elizabeth Street Garden	2,4 km; 2 h

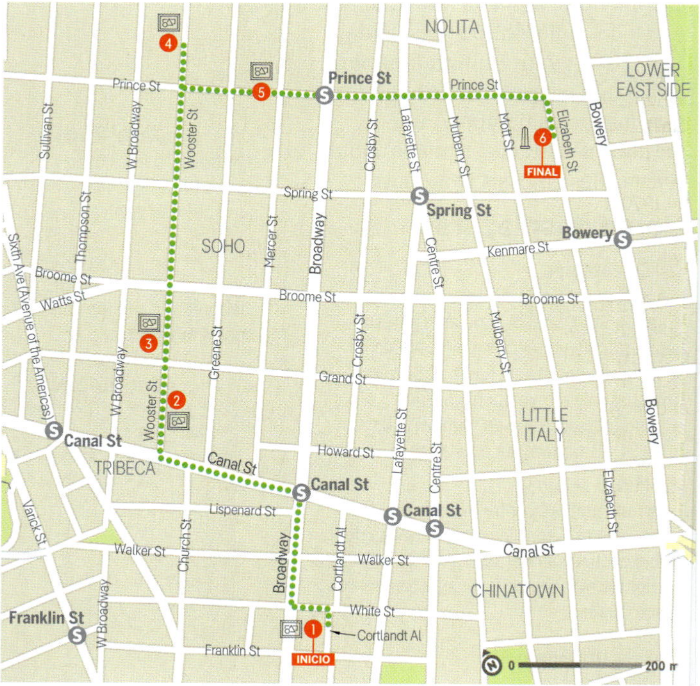

1 Arte pequeño, historia grande

Se empieza en Cortlandt Alley, cerca del extremo sur del SoHo, donde se buscan las puertas de un antiguo montacargas, hoy el **Mmuseumm,** de 3,3 m². Cada pieza expuesta en él es un poema visual sobre la condición humana. El horario de visita se limita a viernes y sábados entre primavera e invierno, pero una pequeña ventana permite ver la habitación las 24 h.

2 Visita a un galería

Después se va a la empedrada Wooster St para ver arte vanguardista en la **Jeffrey Deitch Gallery,** fundada por el marchante que le da nombre, en el mundillo artístico del SoHo desde la década de 1970 y promotor de figuras como Kehinde Wiley y Shepard Fairey.

3 Trazos firmes

Se sigue al norte hasta el **Drawing Center,** institución sin ánimo de lucro dedicada únicamente al dibujo. Fundado en 1977 en pleno despunte artístico en el barrio, este museo gratis es hoy un clásico del SoHo, donde caben desde obras divertidas hasta otras políticamente controvertidas. Aquí han expuesto desde Miguel Ángel hasta Marcel Duchamp y Richard Serra.

4 Tierra oculta

Se continúa hasta la 2ª planta de 141 Wooster St para ver la obra de Walter de Maria: una habitación con 127 000 kg de tierra. La **New York Earth Room** es desde 1980 una experiencia apasionante. Aquí huele como si se penetrara en un bosque húmedo, y ver pura tierra en medio del hormigón de la ciudad mueve algo por dentro. Abre de 12.00 a 15.00 y de 15.30 a 18.00 de miércoles a domingo.

5 Aceras talladas

Si se mira bien por dónde se pisa en la esquina noroeste de Prince St y Broadway (por fuera de Prada), se verá una obra de **Ken Hiratsuka,** que talló 40 aceras tras mudarse a Nueva York en 1982; esta le llevó unas 5 h de trabajo real, aunque tardó dos años (1983-1984) en completarla, pues la policía no dejaba de interrumpir su cincelado ilegal.

6 Dulces y esculturas

El paseo termina con un pastel de la dulcería retro **Little Cupcake Bakeshop** (p. 83), del que se puede dar buena cuenta entre las esculturas del Elizabeth Street Garden (p. 80).

CIRCUITO A PIE

Comerse Chinatown

La visita a Chinatown pasa por las papilas gustativas. Los puestos callejeros ofrecen recetas familiares a una multitudinaria clientela. De tienda en tienda se ven los 'monumentos' del barrio: patos asados, farolillos de papel y escaparates donde la comida entra por los ojos.

INICIO	FINAL	DURACIÓN
East Broadway Mall	Golden Steamer	1,6 km; 1-2 h

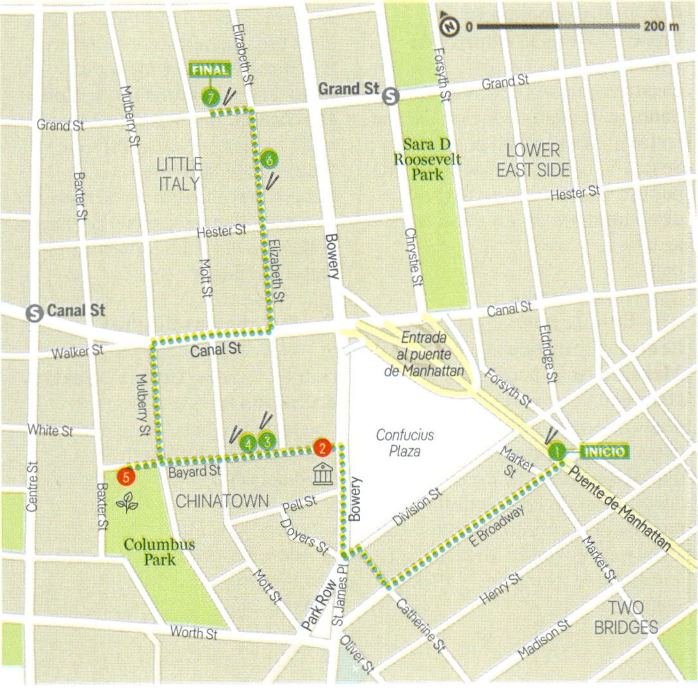

1 'Dumplings' escondidos

Se parte del East Broadway Mall, un centro comercial medio abandonado bajo el puente de Manhattan. Al dejar atrás los vestíbulos mugrientos, el olfato guía, escalera abajo, hasta el **Fu Zhou Wei Zhong Wei Jia Xiang Feng Wei,** algo así como "El mejor restaurante con comida casera de Fuzhou"; Tras probar sus *baos* o *dumplings* se decidirá si la comida hace honor al nombre.

2 Atractivos callejeros

Caminando al oeste por East Broadway se ve el **Municipal Building** de Manhattan, una construcción *beaux arts* (1914) flanqueada por tiendas repletas de frutas, pescado y cabezas de Buda. Se gira a la derecha por el Bowery para pasar por Doyers St (p. 74) de camino a Bayard St, bulliciosa arteria decorada con farolillos de papel y luces parpadeantes.

3 'Bao' de piña

La siguiente parada es el pequeño **Mei Lai Wah,** famoso por sus *baos* de piña rellenos de cerdo asado y largas colas en la entrada; después de pedir en el quiosco digital del interior, la voraz clientela ve cómo se preparan los panecillos en la cocina.

4 Cena con 'dim sum'

Al lado del Mei Lai Wah, el **Deluxe Green Bo** es un modesto comedor de deliciosos *dim sum* y fideos; pídanse los delicados *dumplings* de sopa, rellenos de un caldo que reconforta el alma.

5 El parque de Chinatown

Para descansar del frenesí gastronómico del barrio, nada como acercarse al **Columbus Park,** que antes formaba parte de Five Points, el primer barrio marginal de Nueva York. Entrar hoy en este oasis arbolado es como viajar a Shanghái, observando a maestros del *mahjong,* practicantes de taichí y amigas intercambiando recetas de *dumplings.*

6 Rollitos de arroz

Tomando por Mulberry St (p. 76) al norte desde el parque se ve el letrero de Little Italy en la distancia. Pero es mejor dejar el *kitsch* italiano para otra ocasión y caminar por Canal hasta Elizabeth St y el **Yi Ji Shi Mo,** un modesto sitio de comida para llevar famoso por sus rollitos de arroz.

7 'Bao' de postre

La ruta gastronómica acaba con los *baos* (panecillos al vapor) más sabrosos de Chinatown: los del **Golden Steamer** en Grand St; hay que pedir el de calabaza, si aún quedan.

WEST VILLAGE
GREENWICH VILLAGE
NOHO
EAST VILLAGE
NOLITA
Washington Square Park
Universidad de Nueva York
Sara D Roosevelt Park
W 4th St-Washington Sq
Bleecker St
Broadway-Lafayette St
2nd Ave
Houston St
Prince St
Spring St
Washington Pl
Waverly Pl
Washington Sq E
Washington Sq S
W 4th St
W 3rd St
Bleecker St
MacDougal St
Sullivan St
Thompson St
LaGuardia Pl
Mercer St
Broadway
Lafayette St
Great Jones St
Bond St
Fourth Ave
Bowery
Second Ave
E 6th St
E 5th St
E 4th St
E 3rd St
E 2nd St
E 1st St
Carmine St
Downing St
Sixth Ave (Avenue of the Americas)
W Houston St
E Houston St
King St
Charlton St
Vandam St
Varick St
W Broadway
Crosby St
Jersey St
Mulberry St
Mott St
Elizabeth St
Stanton St
Chrystie St
Rivington St
SoHo Project Space
Dominique Ansel Bakery
Casa estudio de Donald Judd
Antigua catedral de St Patrick
Elizabeth Street Garden
A
B
C
D
E
F
1
2
3
4
3
10
11
12
13
20
22
24
25
26
31
32
35
40
41
49
51
53
55
56
57
59
60
61

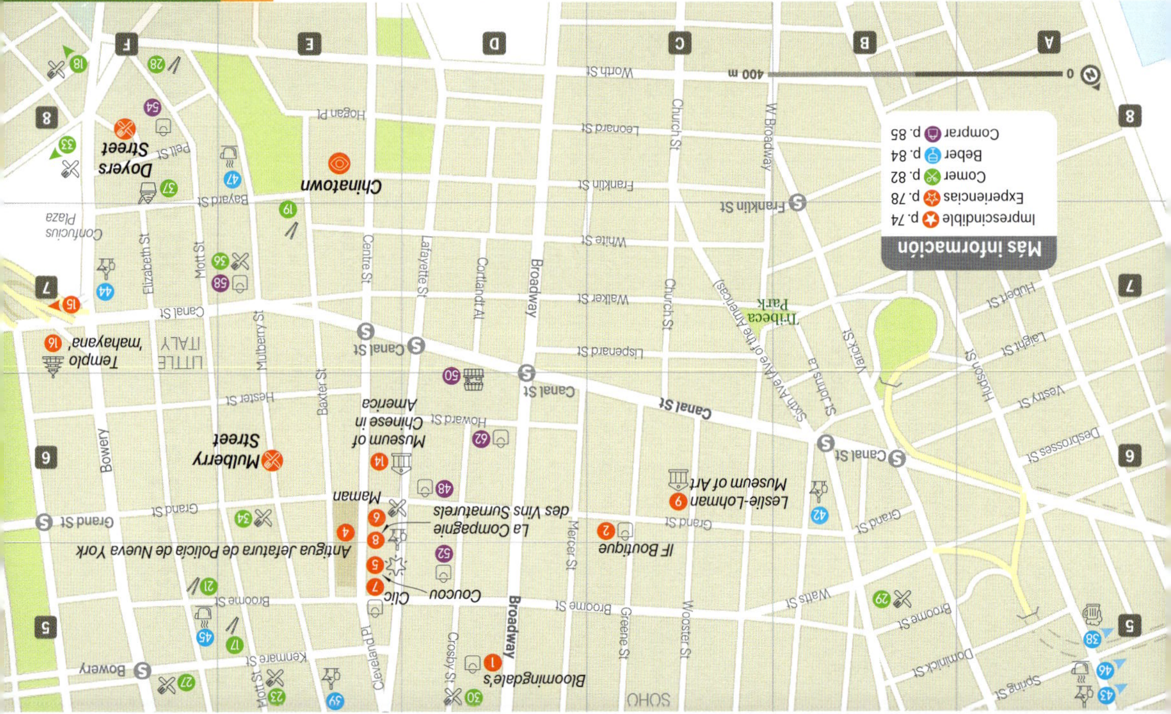
Más información
Imprescindible p. 74
Experiencias p. 78
Comer p. 82
Beber p. 84
Comprar p. 85
0
400 m
SOHO
LITTLE ITALY
Chinatown
Doyers Street
Mulberry Street
Templo 'mahayana'
Museum of Chinese in America
Antigua Jefatura de Policía de Nueva York
La Compagnie des Vins Surnaturels
Maman
Coucou
Clic
Bloomingdale's
IF Boutique
Leslie-Lohman Museum of Art
Tribeca Park
Confucius Plaza
Canal St
Broadway
Bowery
Grand St
Broome St
Mott St
Kenmare St
Cleveland Pl
Crosby St
Mercer St
Greene St
Wooster St
Watts St
Dominick St
Spring St
Desbrosses St
Vestry St
Laight St
Hubert St
Hudson St
Varick St
St Johns La
Sixth Ave (Ave of the Americas)
W Broadway
Franklin St
Church St
Lispenard St
Walker St
White St
Leonard St
Worth St
Cortlandt Al
Lafayette St
Centre St
Howard St
Baxter St
Mulberry St
Hester St
Elizabeth St
Bayard St
Pell St
Hogan Pl

★ IMPRESCINDIBLE

De paseo por Doyers Street

En una ciudad tan cuadriculada, esta calle en curva de Chinatown es una rareza que no acaba de encajar. Al correr de los siglos sus 60 m pasaron de ser un serpenteante arroyo a la calle más peligrosa de EE UU; hoy es un sitio clave para comer y tomar cócteles.

PLANO: P. 72 **F8**

CONSEJO
Si se quiere comer y beber en Doyers, hay que llegar hacia las 17.30, cuando están abiertos tanto los establecimientos de día como los nocturnos.

Escanea este código QR para conocer la historia de Chinatown en el *podcast* Bowery Boys.

Las raíces de Chinatown

Hendrick Doyer, un inmigrante neerlandés del s. XVIII que regentaba aquí una destilería, dio nombre a esta calle que se convirtió en el centro de Chinatown a finales del s. XIX. Al acabar el siglo, Doyers St (por lo visto, un rotulista descuidado omitió el apóstrofo original de la calle) recibió otros nombres, como "Callejón del Asesinato" y "Ángulo Sangriento", por su criminalidad. A principios del s. XX, las *tongs* (bandas chinas) en guerra atacaban a sus rivales escondiéndose en la pronunciada curva de la calle, para inquietud de cualquiera que visitara las casas de vecindad cercanas llenas de garitos y fumaderos de opio; hoy es un tranquilo paseo peatonal, sin salpicaduras de sangre y decorado con un gran mural.

Sabores imperecederos

El acervo culinario de la calle se descubre en el **Nom Wah Tea Parlor.** Por fuera podría parecer un *diner* estadounidense cualquiera, pero en realidad es el local de *dim sum* más antiguo de la ciudad, en activo desde la década de 1920. Una vez acomodados en sus asientos rojos o taburetes de la barra, solo falta marcar en la carta aquello que apetezca: bollos de cerdo asado, *dumplings* de sopa shanghaineses, *shrimp siu mai*... todo está para chuparse los dedos. Si no se puede entrar (suele haber cola), también es posible iniciarse en la historia gastronómica de Doyers cenando en el **Chinese Tuxedo,** un

LEV RADIN/SHUTTERSTOCK ©

restaurante más fino de dos plantas instalado en el primer teatro chino de la ciudad.

Doyers de noche

Ya no existen los fumaderos de opio de antaño, pero cuando anochece Doyers St es todavía el mejor sitio de Chinatown para desmadrarse. Para tomar sake o unos cócteles, hay que ir al **Peachy's,** un bar bajo el Chinese Tuxedo. A pocos pasos, la **Apothéke,** una coctelería decorada como una farmacia –repárese sobre la entrada en el letrero "chemist" con una redoma– ocupa en realidad un antiguo fumadero de opio. Dentro, hábiles 'boticarios' preparan increíbles brebajes, como el recomendable *sitting buddha,* vodka con piña y cilantro, entre otros ingredientes.

UNA PAUSA

Para recuperar fuerzas, en el **Artbean,** en el extremo norte de la calle, sirven café fuerte y venden obras de artistas locales.

★ IMPRESCINDIBLE

Escapada italiana en Mulberry Street

En los últimos 50 años, Little Italy ha pasado de ser bota a sandalia, pero al pasear por Mulberry St los manteles a cuadros y las tiendas de pasta despiertan la nostalgia por la tierra del aceite de oliva y el vino.

PLANO: P. 72 **E6**

CONSEJO
Sobre el plano, el tramo de Mulberry St en Little Italy queda entre Canal St y Broome St, pero los restos de su antigua gloria se extienden hasta Bleeker St.

Escanea este código QR para más información sobre las fiestas de San Genaro en septiembre.

Cuando la 'Pequeña Italia' era grande

Mulberry St se llama así por las moreras que antes bordeaban sus aceras, y pasó a ser sinónimo de Italia a finales del s. XIX y principios del s. XX cuando llegaron al país millones de inmigrantes de ese país. En 1910, unos 10 000 italoamericanos se hacinaban en casas de vecindad en un radio de 3,2 km.

Tras la II Guerra Mundial, la comunidad emprendió un éxodo masivo a Brooklyn, barrios periféricos y zonas aún más apartadas. La expansión de Chinatown engulló porciones de Little Italy, y hoy las *boutiques* de lujo han transformado el barrio en un émulo chic del SoHo. Pero es difícil borrar el legado italiano: Mulberry St nada en salsa de tomate.

Sabores del terruño

No faltan restaurantes italianos en Mulberry, pero hay que ser selectivos, pues ciertamente abunda la comida mediocre y cara, y cazaclientes de restaurantes que intentan seducir con sus mesas al aire libre. Conviene desoír su cháchara y acudir a los sitios genuinos apreciados por los neoyorquinos.

Si se busca la perfección hecha *pizza,* hay que pescar una mesa en el **Rubirosa** para saborear una masa fina como aire bañada en salsa de vodka y *mozzarella* fresca. Las recetas tradicionales italianas deleitan a la clientela del **Grotta Azzurra,** un clásico desde 1908 por el que paraba frecuentemen-

STUART MONK/SHUTTERSTOCK ©

te Frank Sinatra. Otros fantasmas italoamericanos moran en la **Umbertos Clam House,** donde en 1972 mataron a tiros al capo mafioso Joey Gallo; hoy lo único que está aquí de muerte son las almejas. Para postre, en la **Ferrara Bakery** siempre se acierta con unos *cannoli* rellenos de *ricotta* o un *gelato.*

Celebración septembrina

Desde 1926, Little Italy honra al patrono de Nápoles en la **Fiesta de San Genaro** (foto), 11 días de septiembre en los que Mulberry St huele a masa frita, salchichas y *parmigiana* de albóndigas. Durante estos días el barrio retoma sus raíces rojas, blancas y verdes, y se abarrota de italianos que vuelven a 'casa' a festejar.

DESVÍO ARTÍSTICO

No todo es comida en Little Italy: en el **Little Italy Street Art Project** murales de artistas sobresalientes decoran el paisaje urbano. (www.lisaprojectnyc.org/murals)

EXPERIENCIAS

Maratón de tiendas COMPRAS

Para pasar una tarde siguiendo los pasos de los adictos a la moda por las tiendas más distinguidas del barrio, lo primero es darse un vuelta por Broadway, donde se encontrarán grandes firmas internacionales, desde Adidas hasta Zara y toda la gama intermedia, como **Bloomingdale's** (PLANO: 1 P. 72 **D5**), unos grandes almacenes adorados por los derrochadores de dólares. Yendo al oeste en zigzag hacia West Broadway aparecen marcas de diseño en sitios como **IF Boutique** (PLANO: 2 P. 72 **C6**), un referente de la moda en el SoHo desde 1978.

Las coquetas *boutiques* de Nolita venden ropa, zapatos y perfumes selectos. Mott St es la mejor calle para curiosear, seguida de Mulberry St y Elizabeth St. Para compras callejeras, los puestos en las aceras de Prince St (entre Mulberry y Mott) venden joyas artesanas y cuadros.

Pero no hace falta practicar el culto a la moda para disfrutar del *ballet* consumista. Librerías como McNally Jackson (p. 85) atienden a los amantes de las letras, y en el mercado de Canal St (p. 84) cabe elegir entre comprar o comer.

Los adictos a las compras deben consultar los blogs de las tiendas minoristas de la ciudad para informarse sobre ventas de muestras (véase también thestylishcity.com).

Ver arte en la casa estudio de Donald Judd ARTES PLÁSTICAS

PLANO: 3 P. 72 **D4**

Este edificio de hierro forjado de 1870 ofrece un fascinante acercamiento a la vida de Donald Judd (1928-1994). La antigua casa y estudio del artista minimalista estadounidense, que compró en 1968 por 68 000 US$ –una suma hoy irrisoria–, es más una instalación artística que una vivienda, con obras modernas de Dan Flavin, Marcel Duchamp, Frank Stella y demás en sus cinco plantas. Las visitas guiadas duran unos 90 min y hay que reservar con mucha antelación; a veces las plazas se agotan un mes antes (juddfoundation.org).

Conocer un trocito de Francia CULTURA FRANCESA

Manhattan está repleta de microbarrios que parecen países extranjeros, como el "Little Brazil" del Midtown y el "Little Senegal" de Harlem (p. 188), mientras que los negocios de Nolita compiten por ser dignos del "Little Paris". El corazón de este enclave francés es Centre St, entre Broome St y Grand St, donde se disfrutan los placeres parisinos de la manzana. Se empieza contemplando la antigua **Jefatura de Policía de Nueva York** (PLANO: 4 P. 72 **E6**) en 240 Centre St, un precioso edificio *belle époque* de 1909 inspirado en el ayuntamiento de París. Al otro lado de la calle,

Coucou (PLANO: 5 P. 72 **E5**) es una escuela de francés que organiza fiestas, exposiciones, sesiones de cine, catas de vino y otras actividades (visítese coucoufrenchclasses.com). En la misma manzana se encuentran el **Maman** (PLANO: 6 P. 72 **E6**), un café-restaurante que trae el sur de Francia a Nueva York, y **Clic** (PLANO: 7 P. 72 **E5**), una tienda conceptual de interiorismo, ropa y fotografía. Los enófilos disfrutan en **La Compagnie des Vins Surnaturels** (PLANO: 8 P. 72 **E6**), con una gran selección de vinos internacionales, incluidas muchas referencias francesas. Después de paladear un *côtes du rhône,* lo apropiado es dejar constancia de la visita con una foto del rótulo "Little Paris".

Ver grandes éxitos del Off-Broadway

TEATRO Y CABARÉ

Broadway no es el único sitio para ver gran teatro. Fundado en 1954, el **Public Theater** es un legendario escenario del Off-Broadway donde se han estrenado algunos de los mayores éxitos de la metrópolis, como *Hamilton* en el 2015, y hoy programa obras nuevas y clásicos reinterpretados, con Shakespeare en continua rotación. Y hablando del Bardo de Avon, el Public organiza además en verano **Shakespeare in the Park** (p. 195) en Central Park, con representaciones con intérpretes de primera y encima gratis, por lo que es dificilísimo conseguir entradas (se puede intentar en TodayTix).

Al lado queda el **Joe's Pub,** llamado así por Joseph Papp, el fundador del Public Theater. Bar y cabaré a partes iguales, en este local íntimo actúan artistas de categoría, desde Joey Arias hasta las grandes divas de Broadway y estrellas de la música como Adele. Podría probarse suerte con nombres menos conocidos, a lo mejor la próxima sensación en la ciudad. (*The Meeting* de Justin Elizabeth Sayer, un espectáculo de variedades *queer,* es desternillante.)

Admirar arte LGTBIQ+

MUSEO Y GALERÍA

La colección de arte gay que Charles Leslie y el fallecido Fritz Lohman empezaron a exponer en un *loft* del SoHo en 1969 no tardó en ampliarse a medida que rescataban obras de artistas moribundos durante la pandemia de sida en la década de 1980. El **Leslie-Lohman Museum of Art** (PLANO 9 P. 72 **C6**) es el primer museo del mundo de temática LGTBIQ+, con más de 25 000 obras que abarcan tres siglos y nombres como Keith Haring y Robert Mapplethorpe. Sus exposiciones temáticas y retrospectivas se pueden visitar de miércoles a domingo.

Si se siente curiosidad por la esfera artística LGTBIQ+, hay que averiguar qué se cuece en el cercano **SoHo Project Space** (PLANO: 10 P. 72 **C4**), una galería en un sótano fundada por Leslie y Lohman. Las exposiciones se inclinan hacia lo

NOSTALGIA
Visitando estos lugares se reviven los buenos tiempos del Downtown.

Merchant's House Museum
Esta mansión de ladrillo rojo de 1832 comprada por Seabury Treadwell en 1835 ofrece un retrato fiel de cómo vivían los comerciantes acaudalados en el s. XIX.

Chinatown Fair Family Fun Center
Clásico salón de recreativos en Mott St abierto desde 1940 que recupera emociones infantiles en forma de *hockey* de aire, Guitar Hero y Ms. Pac-Man.

New York City Fire Museum
En este parque de bomberos de 1904 puede verse material histórico, como un coche de bomberos tirado por caballos, y también un antiguo héroe perruno de Brooklyn.

erótico, con frecuentes celebraciones del miembro masculino. Las obras suelen estar a la venta, por lo general a precios asequibles (sohoprojectspace.com).

Comerse un 'cronut' en la Dominique Ansel Bakery PANADERÍA

PLANO: 11 P. 72 **B4**

Respecto a pastelerías, Dominique Ansel Bakery es la estrella del SoHo. Este pequeño establecimiento de color rosa ganó fama en el 2013 cuando dio a conocer su célebre *cronut* (híbrido de cruasán y dónut), que arrasó en Nueva York. Durante años era habitual ver gente haciendo cola durante horas para comprar solo uno. Hoy la espera ha menguado, pero para no quedarse sin probarlo conviene llegar cuando abren, hacia las 8.00, porque solo hacen un par de cientos de unidades al día.

Por suerte, hay mucha más repostería francesa imaginativa en oferta, como el *kouign-amann* bretón (pastel de mantequilla), los *cookie shots* y el DKA, un cruasán caramelizado que superó al *cronut* en popularidad.

Buscar sosiego en el Elizabeth Street Garden PARQUE ARTÍSTICO

PLANO: 12 P. 72 **E4**

Ahogados en hormigón, el SoHo y Nolita son dos barrios casi carentes de espacios verdes, a excepción de este oasis escondido entre Prince St y Spring St. Todo empezó en 1991, cuando un anticuario arrendó el solar de 0,4 Ha al Ayuntamiento, lo ajardinó y lo sembró de esculturas. Guardado por leones de piedra caliza, este extraño paraje brinda hoy refugio a los neoyorquinos exhaustos de comprar, que pueden pedir un café nicaragüense en el cercano Cafe Integral (p. 84) y tomárselo a la sombra de los árboles admirando las estatuas. Conviene visitarlo mientras se pueda, pues el Consistorio pretende asfaltarlo y levantar un edificio de apartamentos.

Recorrer catacumbas del siglo XIX

VISITA A UN CEMENTERIO

PLANO: 13 P. 72 **E4**

Cuesta creerlo al caminar por Nolita, pero en el corazón del barrio se esconde un cementerio centenario en la **antigua catedral de Saint Patrick** (no debe confundirse con la catedral homónima en el Midtown; p. 157). Esta basílica neogótica (1815) fue en su día la sede de la archidiócesis de Nueva York y centro de culto para la comunidad de inmigrantes irlandeses católicos. Los circuitos guiados de 90 min recorren el camposanto y bajan después a las catacumbas de la iglesia para ver con luz eléctrica la última morada de obispos, inmigrantes europeos y neoyorquinos eminentes del s. XIX; es el único modo de ver lugares a los que en otras circunstancias no se podría acceder (takeawalk.com/old-cathedral-tours, 35 US$). Martin Scorsese, cuya película *Gangs of New York* retrata las bandas de la zona en el s. XIX, ejerció de monaguillo en la catedral.

Conocer la cultura local en el Museum of Chinese in America

MUSEO DE HISTORIA

PLANO: 14 P. 72 **E6**

Las exposiciones permanentes y temporales del Museum of Chinese in America indagan en el pasado y presente de la comunidad china en EE UU. Los visitantes emprenden un viaje visual por la historia que empieza con los primeros residentes chinos y aborda temas como la inmigración, la identidad cultural y los estereotipos raciales. El museo cierra los lunes y martes.

Pasar una noche de verano en Chinatown

MERCADO NOCTURNO

PLANO: 15 P. 72 **F7**

Un viernes al mes entre mayo y septiembre, la ONG Think!Chinatown instala un **mercado nocturno** en Forsyth Plaza (en la entrada al puente de Manhattan) con docenas de puestos donde pueden catarse exquisiteces de restaurantes de la zona (dónuts *mochi,* pudin de tofu, etc.) o comprar labores de artesanía como papel cortado y pintura con azúcar (véase thinkchinatown.org/nightmarket).

Maravillarse ante un espléndido templo urbano

TEMPLO BUDISTA

PLANO: 16 P. 72 **F7**

Ninguno de los muchos templos budistas de Chinatown puede compararse en grandiosidad al **templo 'mahayana'.** El interior es sencillo, pero su Buda dorado de casi 5 m con ofrendas de naranjas, manzanas y flores le da un realce espectacular. Dos bellos leones dorados, símbolo de protección, guardan sus puertas. Este no fue siempre un lugar sagrado: hasta 1997 funcionó aquí un cine X. El visitante puede meditar, quemar incienso y, previo donativo de 1 US$, conocer lo le depara el futuro. Para entrar hay que vestir con decoro (hombros y rodillas a cubierto).

SUGERENCIAS

Lo mejor para...

Localizaciones en el plano de la **p. 72**

$ Económico $$ Medio $$$ Alto

Comer

'Diners' con algo especial

Thai Diner $$
17 E5
La Gran Manzana deviene Bangkok en este templo *tiki:* es como un clásico *diner* pero con sabores del sureste asiático. *11.00-22.30 lu-mi, hasta 23.30 ju-sa, desde 10.00 sa y do*

Golden Diner $$
18 F8
En el puente de Manhattan, propone sorprendentes versiones económicas de platos populares. Las influencias asiáticas se ven en el té tailandés "tres leches" y el sándwich *chicken katsu. 10.00-22.00 ma-do*

Japonesa y vietnamita

Dr. Clark $$
19 E7
Lo mejor es pedir *sushi* y *jingisukan* (cordero asado al estilo de Gengis Khan, preparado en la mesa) en este restaurante con cocina de Hokkaido, tan apreciada por los *marcatendencias* tokiotas. *18.00-2.00*

Raku $$
20 B3
Con diseño minimalista, ofrece *udon* fríos o calientes (fideos gruesos japoneses), *donburis* (platos con arroz) y *gyozas,* todo asequible y saciante. *12.00-21.30 ma-do*

Saigon Vietnamese Sandwich Deli $
21 F5
Un sándwich *bánh mì* es lo mejor que se puede pedir en este local modesto cerca del corazón de Little Saigon (un microbarrio de Chinatown) que solo admite pago en efectivo. *7.00-16.00 ma-do*

'Pizza' y pasta

Prince Street Pizza $
22 E4
Por la salsa de tomate, la base crujiente y la cobertura merece la pena llevarse un trozo, pero ¿compensa tanta cola? Que cada cual decida. *10.00-3.00 do-ma, hasta 24.00 mi, hasta 5.00 ju-sa*

Lombardi's $$
23 E5
Esta institución de Nolita se proclama la primera pizzería de EE UU: empezó a servir *pizza* napolitana horneada al carbón en 1905. *12.00-22.00 do-ju, hasta 24.00 vi y sa*

Roscioli $$$
24 B3
La planta alta es para comer relajadamente a la carta platos italianos; y la bodega de abajo, para el menú degustación. *11.00-15.30 y 17.00-22.00 lu-sa, 11.00-18.00 do*

Tacos sabrosos

Tacombi Nolita $
25 E3
Guirnaldas de luces, sillas plegables y una antigua furgoneta Volkswagen dentro: este local de la cadena mexicana bien podría ser el plan B a un viaje a Yucatán. *11.00-23.00*

ATLA $$
26 D2
Una vez instalados en este llamativo restaurante

en blanco y negro, y ante un *negroni* de mezcal, ya se pueden pedir clásicos mexicanos elevados a la categoría de alta cocina. *12.00-23.00 lu-sa, 11.00-21.00 do*

Exquisiteces vegetarianas

Butcher's Daughter $$

27 F5

La "hija del carnicero" se ha rebelado y ahora ofrece comida para herbívoros en su encalado café. El zumo "Goddess of Green" acompaña bien sus platos vegetarianos. *8.00-21.00 do-ju, hasta 22.00 vi y sa*

Buddha Bodai $

28 F8

Sabores cantoneses clásicos en el mejor local de Chinatown de cocina vegetariana y *kosher*. El *dim sum* lo sirven hasta las 16.00; y se puede llevar la bebida. *11.00-21.15 lu-vi, desde 10.00 sa y do*

Jerrell's Betr Brgr $

29 B5

Un sitio de comida rápida en la Sexta Avenida ideal para pedirse una hamburguesa vegana con *waffle fries* y disfrutarlas en Spring St Park. *11.00-0.30 do-ju, hasta 3.30 vi y sa*

Bistrós y 'brunch'

Balthazar $$$

30 D5

El rey de los bistrós del SoHo desde 1997, con una estimulante atmósfera híbrida de París y Manhattan y una carta para todos los gustos. *8.00-24.00 lu-vi, desde 9.00 sa y do*

Raoul's $$$

31 B4

Desde 1975 una clientela *cool* hace cola para disfrutar de estos clásicos de bistró francés. Se recomienda la hamburguesa con costra de pimienta y queso *saint-andré*, que se acaba pronto. *17.00-23.00, 11.00-14.30 sa y do*

Shuka $$

32 B3

Si no se consigue mesa en el Shukette de Chelsea (p. 125), se puede probar en su hermano del SoHo, muy frecuentado para el *brunch* de fin de semana por sus platos mediterráneos y soleados comedores. *Horario variable*

Family-run Food Markets

Fong On $

33 F8

Paul Eng continúa la tradición familiar en esta tienda de soja, abierta en 1933, que tiene tofu salado, dulce o normal. *11.00-19.00 ma-do*

Di Palo's Fine Foods $

34 E6

La mejor *mozzarella* de Nueva York la venden en esta tienda de cuarta generación, abierta desde 1910; o se puede visitar el bar de vinos anexo. *9.30-17.00*

Pasteles y helados

Little Cupcake Bakeshop

35 E4

Panadería retro famosa por su Brooklyn Blackout Cake, una tarta de chocolate inventada por la antigua cadena Ebinger's que evoca los apagones durante la II Guerra Mundial. *8.00-23.00*

Keki Modern Cakes

36 E7

La competencia por el título a mejor tarta de queso de Nueva York es feroz, y esta pastelería las vende de estilo japonés, además de pastelitos de crema con rellenos como *ube* y pistacho. *12.00-19.00*

Original Chinatown Ice Cream Factory

37 F8

La heladería más apreciada de Chinatown se mantiene fiel a lo autóctono con sabores como pandano, durián y sorbete de lichi. *12.00-21.00 lu-vi, 11.00-22.00 sa y do*

Beber

Bares retro

Ear Inn

38 A5

Para ver cómo era el SoHo antes de que se pusiera tan de moda, solo basta entrar en este bar de copas en una casa del s. XVIII construida para James Brown, el asesor africano de George Washington. *12.00-4.00*

Spring Lounge

39 E5

Durante los años de la ley seca se vendía aquí cerveza en cantidades industriales y en la década de 1960 se convirtió en garito; hoy es un sitio famoso por sus tiburones disecados y juergas trasnochadoras. *8.00-4.00 lu-sa, desde 10.00 do*

Fanelli Cafe

40 D4

Saloon desde 1847, este café es una puerta al pasado del SoHo. Quien consiga la mesa de la esquina con vistas a Prince St y Mercer St será la envidia de TikTok. *11.00-hasta tarde*

Milady's

41 C4

La segunda vida de un bar con décadas a sus espaldas, ascendido de categoría con cócteles artesanos pero lo bastante informal para incluir chupitos de *jello* en su carta. *16.00-24.00 lu, desde 12.00 ma-do, hasta 2.00 vi y sa, hasta 24.00 do*

Cócteles en azoteas

Jimmy

42 B6

En verano, una alegre clientela ocupa la terraza en lo alto del hotel ModernHaus SoHo, con vistas fantásticas. *17.00-1.00 mi, hasta 2.00 ju-sa, hasta 22.00 do*

Bar Hugo

43 A5

Nueva Jersey se divisa desde el *lounge* en la azotea del Hotel Hugo, donde entre semana la *happy hour* dura hasta las 20.00. No suelen aplicarse rebajas a unas vistas como estas. *17.00-24.00 ma-sa*

The Crown

44 F7

En la 21ª planta del Hotel 50 Bowery en Chinatown, dos patios y un *lounge* con vistas maravillosas del *skyline* de Nueva York. *16.00-24.00 lu-ju y do, hasta 2.00 vi y sa*

Café y té

Cafe Integral

45 F5

Para recargar pilas con una taza de café nicaragüense –mejor con un toque de leche de frutos secos casera– y comprar granos cubiertos de chocolate. *8.00-16.00*

Felix Roasting Company

46 A5

El refinamiento de la Edad Dorada regresa en este café y tostadero. El mejor sitio es el atrio trasero, con plantas y una claraboya. *7.00-22.00*

Alimama Tea

47 E8

Los dónuts *mochi* veganos y sin gluten se combinan con té infusionado en frío y pasteles de crema en este café de Bayard St. *11.00-20.00*

Comprar

'Boutiques' y puestos

R Swiader

48 D6

El diseñador Raf Swiader crea su colección de ropa para hombre y mujer en el sótano de esta *boutique* que hace doblete como salón de belleza.

Oroboro

49 E4

Tienda de ropa femenina informal pero distinguida con mesas cubiertas de joyas artesanas y objetos decorativos.

Canal St Market

50 D6

Las mercancías están divididas en este mercado entre el SoHo y Chinatown: por un lado, fideos, rollitos de arroz y *pizza;* y por el otro, artículos *vintage,* ropa K-pop y joyas artesanas.

Corridor

51 E3

El diseñador Dan Snyder vende su línea masculina de camisas a cuadros y chaquetas de punto.

Saturdays NYC

52 D5

Versión en el SoHo de una tienda de surf, con ropa para entendidos en moda. El jardín trasero es perfecto para un café.

Complementos

Alexis Bittar

53 D4

Nacido en Brooklyn, Bittar empezó a vender sus joyas Lucite en las calles del SoHo en la década de 1980. El diseñador de su *boutique* fue el escenógrafo Scott Pask, premiado con un Tony.

Wing On Wo & Co

54 F8

Fundada en la década de 1890, sus tesoros de porcelana van de utensilios de cocina a joyas.

The Hat Shop

55 C4

Abierta en el SoHo desde 1995, su refinado surtido sombrerero abarca desde el glamur de *El gran Gatsby* hasta las bodas reales.

Cosmética y perfumes

Olfactory NYC

56 E3

Esta tienda de fragancias personalizadas permite al cliente crear un olor propio con la asistencia de un "aromólogo".

Atelier Beauté Chanel

57 C4

Aquí los grupos pequeños pueden reservar una *happy hour* de maquillaje (55 US$) y beber champán mientras se elige el pintalabios perfecto. Todo puede probarse antes de comprar.

oo35mm

58 E7

Si se busca un *serum* que deje la piel fresca como el rocío, esta tienda en una 2ª planta es un nirvana de la belleza, con un surtido de cosméticos pequeño pero muy selecto.

Libros

Housing Works Bookstore

59 D3

Para comprar libros, vinilos y cómics de segunda mano (los beneficios se destinan a enfermos de HIV y sida con pocos recursos) o sentarse en el café.

McNally Jackson

60 C4

La nueva tienda de esta cadena independiente -abrió en el 2023- vende revistas y libros de ficción, gastronomía, arquitectura, diseño, historia y literatura infantil.

Grandes marcas

Rag & Bone

61 D4

Esta firma minorista de ropa para hombre y mujer empezó en Nueva York vendiendo prendas básicas que nunca pasan de moda, como camisetas blancas y ropa vaquera.

Schott

62 D6

¿Qué tienen en común Marlon Brando, los Ramones y James Dean? Pues que todos llevaban cazadoras de cuero de esta firma neoyorquina que empezó su andadura en 1913.

Sugerencias de lugares para comer, beber y comprar en **p. 102**

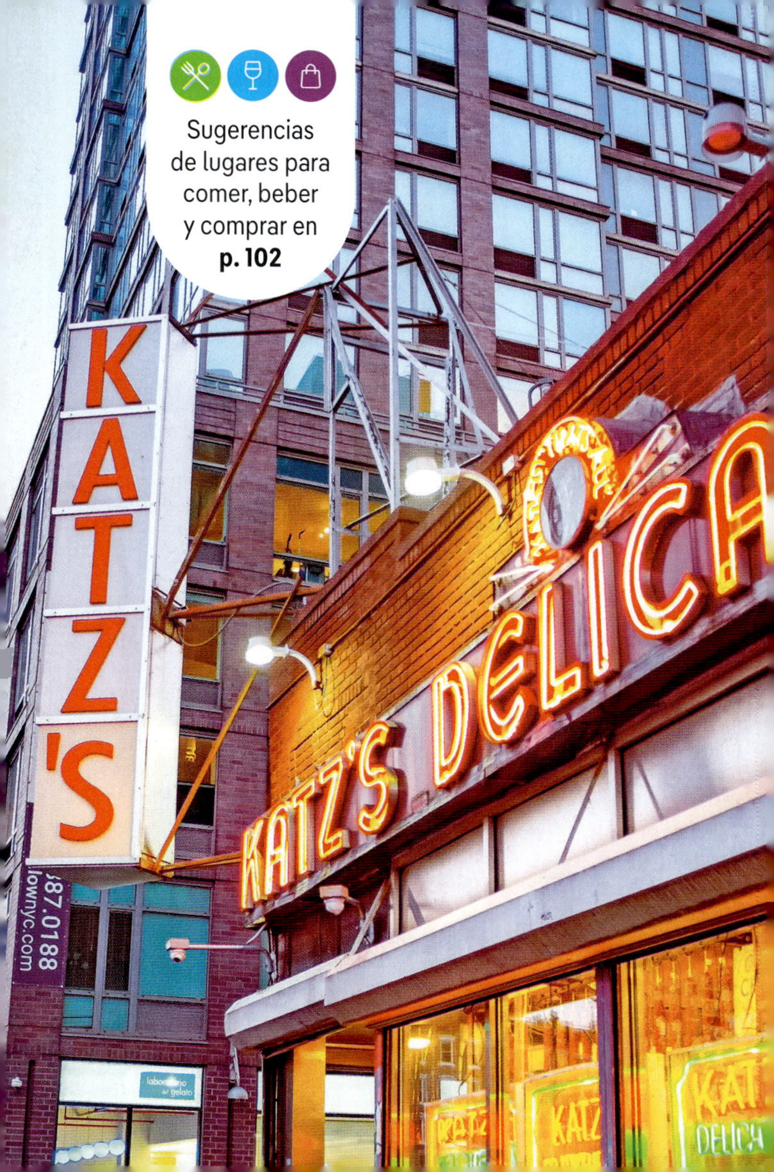

Explora
East Village y Lower East Side

Todo lo *cool* nació aquí, en estos barrios: en la década de 1950 atrajeron a la generación *beat,* en la de los sesenta, a los *hippies,* y en la siguiente el CBGB impulsó a músicos punk y *new-wave* como los Ramones, Blondie y Television. Este sigue siendo el territorio más ecléctico, creativo y divertido de la ciudad, y también un elemento clave en su crisol multicultural, destino de sucesivas oleadas de comunidades inmigrantes, cuyos vestigios surgen a cada giro de manzana.

Cómo desplazarse

Orientación

Houston St es la divisoria del barrio, con el East Village por encima de ella y Lower East Side (LES) por debajo.

Metro

Para el East Village se toma la línea L hasta First Ave o Third Ave, la 6 hasta Astor Pl o la F hasta Ave. Para Lower East Side, se toma la B/D hasta Grand St o la F o J/M/Z hasta Delancey St-Essex St.

Autobús

Los servicios M14, M21 y B39 circulan por 14th St, Houston St y Delancey St, respectivamente.

Katz's Delicatessen (p. 92).
FRANKMLEE/SHUTTERSTOCK ©

★

LO MEJOR

Ver cómo vivían los inmigrantes del s. XIX en el **TENEMENT MUSEUM** (p. 92).

Curiosear en galerías de arte experimental, tiendas elegantes y una corsetería en **ORCHARD STREET** (p. 100).

Entrar en jardines comunitarios y coctelerías *hipster* en **ALPHABET CITY** (p. 101).

Seguir los pasos de anarquistas y *beatniks* en **ST MARKS PLACE** (p. 93), y después unirse a los vecinos en el **TOMPKINS SQUARE PARK** (p. 94).

CIRCUITO A PIE

Paseo por la historia judía

En los ss. XIX y XX, unos dos millones de judíos europeos emigraron a EE UU por el antisemitismo y los pogromos, y en torno al 75% de ellos acabó en Nueva York. La mayoría se establecieron en casas de vecindad del Lower East Side, que se convirtió en la capital judía de EE UU.

INICIO	FINAL	DURACIÓN
E 10th St esq. Second Ave	Museum at Eldridge St	2,7 km; 2½ h

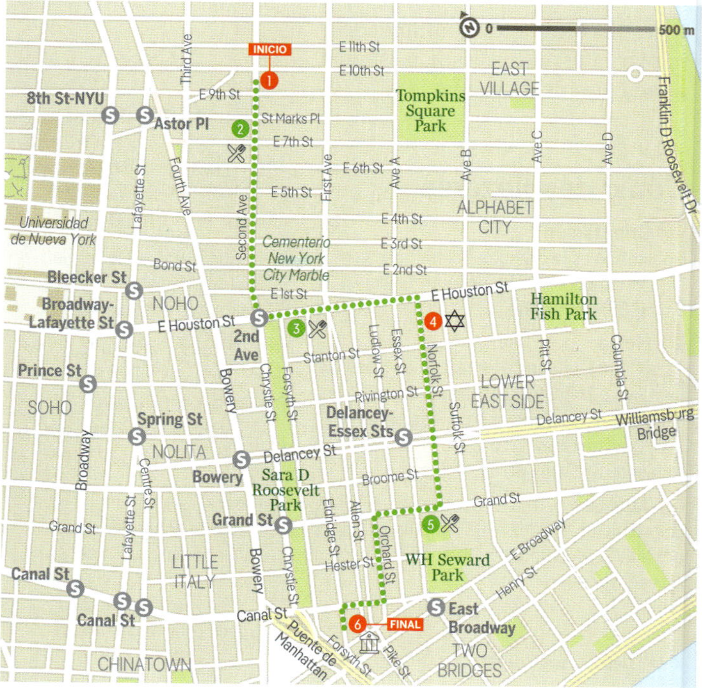

1 Paseo de la Fama 'yiddish'

Las gastadas estrellas que decoran la acera en la esquina sureste de E 10th St con la Segunda Avenida recuerdan a figuras del teatro judías que brillaron aquí antes de la II Guerra Mundial, cuando a la Segunda Avenida la llamaban "el Broadway *yiddish*". El Chase Bank que ocupa la esquina fue en su día una *deli* judía.

2 La cocina de la abuela

El pequeño **B&H Dairy,** abierto desde finales de la década de 1930, evoca la época en que la Segunda Avenida era la tierra de promisión. La polaca católica Ola Abdelwahed regenta hoy con su marido Fawzy, egipcio musulmán, esta casa de comidas *kosher* que sirve platos *yiddish* de toda la vida (*blintzes,* sopa *matzo*), quizá mejores que los de la abuela.

3 Comer 'knishes'

Conviene dejar un poco de apetito para la **Knish Bakery** de Yonah Schimmel, que empezó a vender estas empanadillas judías en un carrito de Coney Island en la década de 1890. En 1910 se abrió esta tienda que hoy despacha *knishes* de patata, col, espinacas, queso con arándanos y otros rellenos.

4 Sinagogas espléndidas

Con una *knish* en la mano, se camina al este hasta **Angel Orensanz,** la sinagoga más antigua de la ciudad aún en pie. Hace un siglo, la zona de Lower East Side aprovechó más de 300 "espacios de oración", y aunque algunos siguen destinados al culto, muchos se han transformado. Este edificio neogótico (1849) inspirado en la catedral de Colonia estuvo abandonado desde 1974 hasta 1986, cuando el escultor español Ángel Orensanz lo convirtió en un espacio multiusos.

5 Los 'bialys' de Bialystok

Se sigue por Essex St hasta el **Kossar's Bagels & Bialys,** que sirve bollería judía desde 1936. En la ciudad se encuentran *bagels* mejores, pero sus *bialys* son insuperables; con rellenos como cebolla o ajo, estos panecillos son los originarios de Bialystok (Polonia).

6 Arquitectura religiosa

La ruta termina en el **Museum at Eldridge Street,** una sinagoga de altos techos levantada en 1887 y centro de la vida judía durante décadas. Se puede visitar por libre o en un circuito guiado para apreciar mejor su impresionante vidriera (añadida en el 2010).

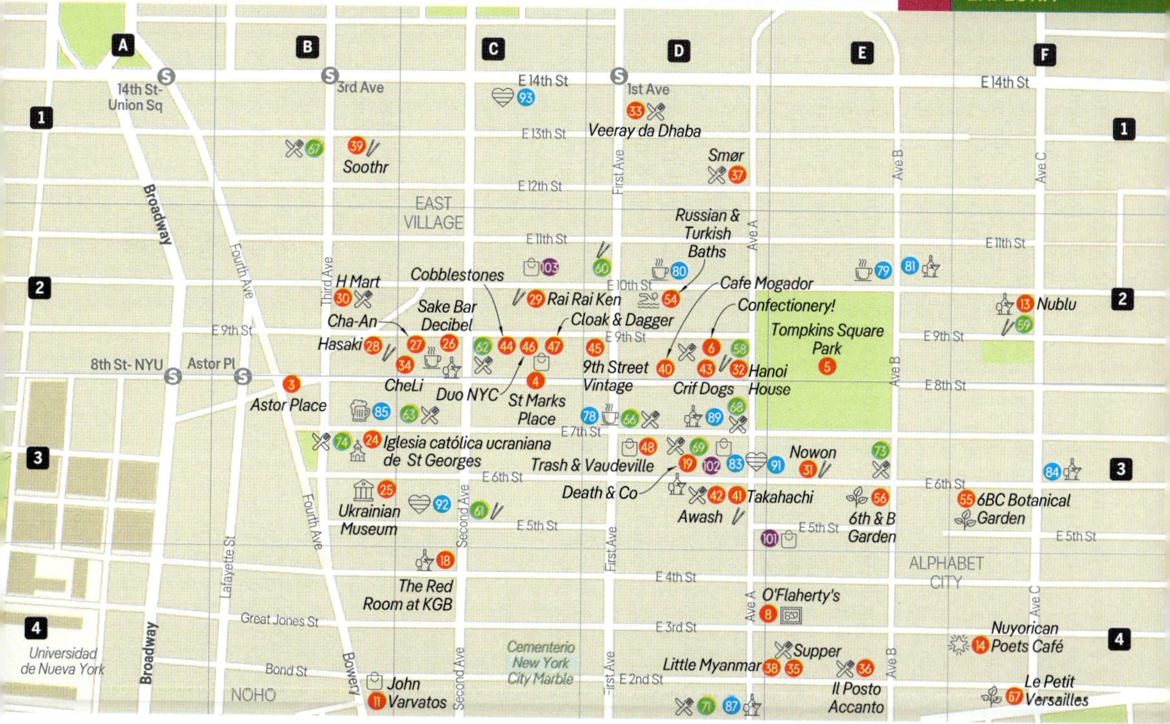
A
B
C
D
E
F
1
2
3
4
14th St-Union Sq
3rd Ave
E 14th St
1st Ave
Veeray da Dhaba
E 13th St
Soothr
Smør
E 12th St
Broadway
EAST VILLAGE
Russian & Turkish Baths
E 11th St
Fourth Ave
Third Ave
First Ave
Ave A
Ave B
Ave C
H Mart
Cobblestones
E 10th St
Cafe Mogador
Sake Bar Decibel
Rai Rai Ken
Confectionery!
Nublu
Cha-An
Cloak & Dagger
Tompkins Square Park
E 9th St
Hasaki
9th Street Vintage
Hanoi House
8th St-NYU
Astor Pl
CheLi
Crif Dogs
E 8th St
Astor Place
Duo NYC
St Marks Place
E 7th St
Iglesia católica ucraniana de St Georges
Nowon
Trash & Vaudeville
E 6th St
Death & Co
Takahachi
6BC Botanical Garden
Ukrainian Museum
Awash
6th & B Garden
Second Ave
E 5th St
ALPHABET CITY
Lafayette St
The Red Room at KGB
E 4th St
O'Flaherty's
Great Jones St
E 3rd St
Nuyorican Poets Café
Universidad de Nueva York
Cementerio New York City Marble
Supper
Little Myanmar
Bond St
Bowery
John Varvatos
E 2nd St
Il Posto Accanto
Le Petit Versailles
NOHO

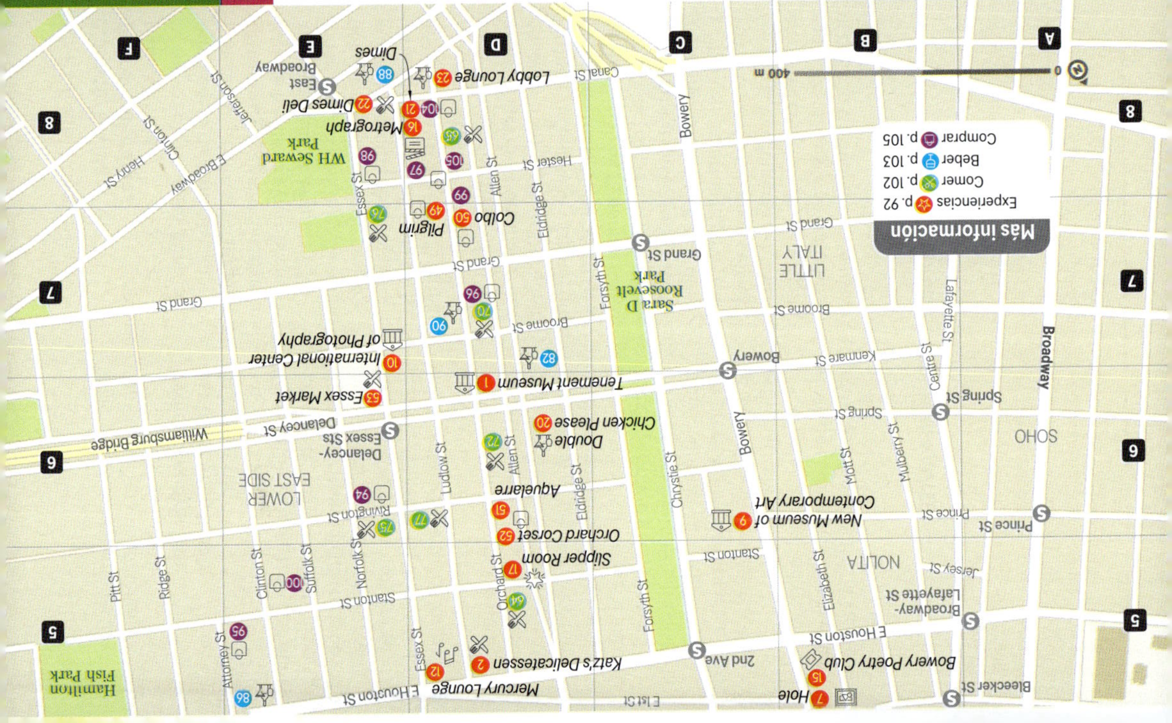
Más información
Experiencias p. 92
Comer p. 102
Beber p. 103
Comprar p. 105
0
400 m
A
B
C
D
E
F
5
6
7
8
Hamilton Fish Park
Pitt St
Ridge St
Attorney St
Clinton St
Suffolk St
Norfolk St
Rivington St
Stanton St
E Houston St
Essex St
Ludlow St
Orchard St
Allen St
Eldridge St
Forsyth St
Chrystie St
2nd Ave
E 1st St
Bowery
Elizabeth St
Mott St
Mulberry St
Centre St
Lafayette St
Broadway
Broadway-Lafayette St
Jersey St
Prince St
Spring St
Kenmare St
Broome St
Grand St
Hester St
Canal St
Delancey St
Delancey-Essex Sts
Williamsburg Bridge
Henry St
E Broadway
Jefferson St
East Broadway
WH Seward Park
Sara D Roosevelt Park
LOWER EAST SIDE
NOLITA
SOHO
LITTLE ITALY
Hole
Bowery Poetry Club
Mercury Lounge
Katz's Delicatessen
Slipper Room
Orchard Corset
Aquelarre
Double
Chicken Please
Tenement Museum
New Museum of Contemporary Art
Essex Market
International Center of Photography
Pilgrim
Colbo
Metrograph
Dimes Deli
Lobby Lounge
Dimes

EXPERIENCIAS

Conocer la vida de los inmigrantes

MUSEO VIVO

PLANO: 1 P. 90 **D6**

Al recorrer estos pisos junto con otra decena de visitantes en los populares circuitos del **Tenement Museum,** es sencillo hacerse una idea de lo que era vivir hacinado en estas casas de vecindad. En todos los circuitos un guía conduce por varias habitaciones de estos edificios restaurados contando historias de las personas que los habitaron en los ss. XIX y XX. El llamado *Tenement Women: 1902,* p. ej., lleva hasta el apartamento de tres habitaciones de la familia Levine, donde la inmigrante judía Jennie Levine cuidaba de la casa mientras su marido se ocupaba de un taller de confección en la habitación de la entrada. Otros recorridos repasan las historias de inmigrantes de Alemania, Puerto Rico, Italia y China, entre otros lugares, que vivieron aquí en distintas épocas. Esta es la única manera de entrar en el museo, y las plazas se agotan cada día, así que interesa reservar con algún tiempo. En la tienda del lugar tienen magníficos regalos con Nueva York como tema.

Pedir el sándwich de pastrami en la Katz's Delicatessen

'DELI' JUDÍA

PLANO: 2 P. 90 **D5**

Comerse un sándwich de pastrami con pan de centeno es una experiencia intrínsecamente neoyorquina, y desde 1888 la charcutería Katz's es el sitio por excelencia para experimentarla. Esta *deli* de estilo *kosher* reúne todos los reclamos: neón, mesas, personal gruñón pero de buen corazón y generalmente una larga cola a la puerta. (Para cinéfilos: aquí es donde Meg Ryan fingió su famoso orgasmo en la película de 1989 *Cuando Harry encontró a Sally.*) Al entrar se retira el tique y se pasa por los distintos mostradores para pedir la comida; el tique debe conservarse. Los precios quizá sorprendan, pero los sándwiches son enormes, perfectos para compartir.

Si la grasa y la sal del pastrami sirven de acicate, la visita podría convertirse en circuito: la Pastrami

LECTURAS SOBRE INMIGRANTES

La ficción ayuda a entender la inmigración. Algunas novelas destacadas son *En lengua materna* de Chang Rae Lee, sobre la lucha de un coreano por convertirse en "un verdadero americano"; *Brooklyn* de Colm Toibin, sobre un joven inmigrante irlandés en Brooklyn a mediados de la década de 1990; y *De cómo las muchachas García perdieron el acento de* Julia Álvarez, sobre la adaptación de una familia de la República Dominicana a la vida en Nueva York en la década de 1960.

Queen (p. 182) y la **2nd Ave Deli** sirven unos sándwiches sensacionales en Upper East Side, y para reducir la carne se puede probar el de pastrami curado y salmón en la Russ & Daughters (p. 103), a tiro de piedra de la Katz's.

Observar a la gente en Astor Place
NEXO DEL BARRIO

PLANO: 3 P. 90 **B3**

Con sus plazas peatonales y su parquecito, el triángulo de Astor Pl es un punto de encuentro habitual y escenario de *performances,* actuaciones musicales y un mercadillo ecológico estacional. La boca de metro de Astor Pl en dirección norte es la recreación de una de las primitivas marquesinas de forja del IRT. El peletero John Jacob Astor, primer millonario de la ciudad, dio nombre a esta corta calle donde estuvo en su día la Astor Opera House. Aquí estallaron en 1849 los famosos disturbios de Astor Place a cuenta de un montaje del *Macbeth* de Shakespeare, que enfrentó a estadounidenses de clase trabajadora e inmigrantes irlandeses con las élites británicas cuando se eligió para interpretar a *Macbeth* al inglés William Macready en vez de al conocido actor estadounidense Edwin Forrest.

Dar vueltas a 'El cubo'
ARTE URBANO

La plaza de hormigón en la confluencia de Astor Pl, Lafayette St, Cooper Sq y East 8th St es famosa por la escultura de acero **'El cubo'** (oficialmente *Álamo*) del artista Tony Rosenthal; pesa más de 800 kg, pero, si se reúnen unos pocos decididos a empujar, el cubo rota (lentamente) sobre su eje: estuvo atascado unos años, pero tras la restauración en el verano del 2023, vuelve a girar y es todo un espectáculo.

Tomar el pulso a St Marks Place
CIRCUITO CALLEJERO

PLANO: 4 P. 90 **C3**

Estas tres manzanas de 8th St entre Astor Pl y Tompkins Square Park, han sido escenario de las andanzas de contestatarios bohemios como la anarquista Emma Goldman, el *beatnik* Allen Ginsberg y la reina del punk Debbie Harry. El bar en **2 St Marks Pl** fue en su día el famoso Five-Spot, donde el pianista de *jazz* Thelonious Monk cimentó su carrera en la década de 1950. James Fenimore Cooper, autor de *El último mohicano,* vivió en el nº 6. Los edificios **96 y 98 de St Marks Pl** aparecieron en la portada del álbum de Led Zeppelin *Physical Graffiti*. Aunque el aburguesamiento es evidente, todavía queda en este tramo de calle un poco de la rebeldía de antaño. Dejando atrás las tabaquerías, los salones de tatuaje y las franquicias de restauración baratas, lo mejor es acodarse en la barra de bebederos como el *speakeasy* PDT (p. 97), que atraen a las nuevas generaciones de inconformistas.

Pasar un rato en el Tompkins Square Park PARQUE PÚBLICO

En el extremo este de St Marks Pl, el **Tompkins Square Park** (PLANO: 5 P. 90 **E2**) es el sitio preferido en el barrio para solazarse al aire libre. Los músicos suelen ocupar una esquina del camino junto al parquecito del oeste, mientras la gente se relaja en los bancos o monta un pícnic sobre la pradera. Es buena idea comprar un tentempié cerca (hay bombones y pasteles en la panadería vegana de 9th St **Confectionery!** (PLANO: 6 P. 90 **D2**) y unirse a la feliz concurrencia. Pero esta zona no fue siempre tan plácida ni estuvo así de limpia: en la década de 1980 era un sucio campamento de indigentes y sembrado de jeringuillas, y en 1988 (y de nuevo en 1991) la policía entró a saco en la plataforma para conciertos y expulsó a más de 100 okupas que vivían en una carpa municipal. Aquel primer desalojo adquirió tintes violentos (los disturbios de Tompkins Square) y conllevó la primera fase de aburguesamiento del East Village. El parque es hoy un lugar acogedor, aunque conserva un punto de rebeldía punk ochentera. Los aseos públicos del extremo norte están pasables.

Encontrar mosaicos del Gaudí del East Village ARTE CALLEJERO

De ruta por el East Village se tropieza el caminante con mosaicos en farolas, pórticos, tiestos y aceras. Elaborados con trozos de platos, azulejos, espejos y otros materiales, son obra de Jim Power ("el Hombre Mosaico"), vecino del barrio desde hace años. Muchos recuerdan acontecimientos u honran a personas e instituciones, desde Bill Clinton hasta el Departamento de Bomberos de Nueva York. La mayor concentración está en 8th St, entre Broadway y Avenue A, y en St Marks Pl (p. 93). Según cálculos del propio autor, el conjunto constaba de unos 80 mosaicos, aunque la brigada antigrafitis del alcalde Giuliani arrancó muchos en la década de 1990.

ACTIVIDADES EN EL PARQUE

A lo largo del año el Tompkins Square Park acoge eventos como el popularísimo **Tompkins Square Halloween Dog Parade,** con los perros y sus amos desfilando con disfraces de lo más imaginativos. En el 2023, el desfile estuvo a punto de cancelarse por problemas financieros, lo que provocó la consternación entre los perrófilos del barrio; pero al final se celebró, con asistencia de unas 15 000 personas y 600 canes. En agosto, el **Charlie Parker Jazz Festival** honra al famoso saxofonista, que vivió aquí en 151 Ave B. Si no se está en la ciudad ese mes, por el lado sur del parque se organizan otros conciertos en verano. Además, todos los domingos del año se instala un mercadillo de vegetales en el extremo suroeste del parque.

Apreciar el ambiente artístico

GALERÍAS Y MUSEOS

En lo tocante al arte, Chelsea es el barrio de las galerías y los nombres consagrados, mientras que Lower East Side y el East Village quedan para las figuras emergentes y las vanguardias. Especialmente después de la pandemia, parece que uno de cada dos locales del lugar se haya convertido en galería de arte, de calidad variable. Curiosear por los espacios de Orchard St, Eldridge St y Suffolk St (y otras calles) es un entretenimiento gratis, y mejor cada tercer jueves de mes, cuando muchas galerías abren hasta la noche con motivo de inauguraciones (downtowngallerymap.com ofrece listados detalladas). Se podría parar en **The Hole** (PLANO: 7 P. 90 **B5**) y, si está abierta, en **O'Flaherty's** (PLANO: 8 P. 90 **E4**), una de las galerías más extravagantes de los últimos tiempos, donde una exposición/*performance* reciente consistía en un café que servía bebidas y platos caseros; el comunicado de prensa decía: "Nos dijeron que nunca podríamos legalizar este restaurante; no podemos, pero da igual". Por aquí se encuentran también instituciones como el New Museum y el International Center of Photography (p. 96).

GALERÍAS DESTACADAS

Perrotin

Instalaciones vanguardistas de artistas emergentes internacionales marcan la pauta en este espacio de 2300 m^2.

Rachel Uffner

Galería de varios niveles famosa por promocionar a mujeres y artistas de género no normativo.

The Hole

Las inauguraciones atraen a un bullicioso gentío a esta galería, conocida también por sus *performances* y eventos especiales entre exposición y exposición.

Celebrar el arte de vanguardia en el New Museum

ARTE MODERNO

PLANO: 9 P. 90 **C6**

La declaración de principios del New Museum, como su nombre, es bastante sencilla: "Arte nuevo, ideas nuevas". Aquí se viene a ver cómo artistas noveles y consagrados crean obras únicas en distintos soportes. Marcia Tucker, antigua conservadora del Whitney Museum of American Art (p. 117), fundó el museo en 1977 con la idea de ayudar a los artistas emergentes a abrirse paso. Y vaya si tuvo ojo: Keith Haring, Jeff Koons, Joan Jonas, Mary Kelly y Andrés Serrano expusieron aquí al principio de sus carreras. El museo ha ocupado cinco sedes a lo largo de los años, pero el edificio actual, de siete plantas e inaugurado en el 2007, ha dado mucho que hablar: diseñado por los arquitectos tokiotas Kazuyo Sejima y Ryue Nishizawa,

DÓNDE ESCUCHAR MÚSICA EN DIRECTO

Bowery Ballroom
Espectadores y artistas adoran esta sala por su ambiente íntimo y equipo de sonido. Entre actuaciones se puede tomar algo en el *lounge* de la planta baja.

Pianos
Son más los DJ pinchando discos que los pianistas pulsando teclas en esta antigua tienda de pianos, hoy bar y local de música de dos niveles con una clientela más bien joven.

Rockwood Music Hall
Pequeña sala de conciertos con actuaciones diarias de figuras emergentes. Sara Bareilles y Lady Gaga pasaron por aquí antes de hacerse famosas.

parece una pila de bloques mal amontonados. Al lado se está construyendo una ampliación, con un edificio nuevo que complementará la estructura ya existente y añadirá espacio expositivo y un restaurante. La inauguración estaba prevista para finales del 2024.

Sacar una foto en el International Center of Photography MUSEO DE LA FOTOGRAFÍA

PLANO: 10 P. 90 **E7**

Cornell Capa, hermano menor del gran fotógrafo Robert Capa, fundó el ICP en 1974 con el doble propósito de mantener vivo el recuerdo de la labor humanitaria y política de Robert y sus colegas, y de promover a los fotógrafos que han tomado el relevo. El museo cumple esta misión de ayudar a cambiar el mundo con exposiciones rotatorias y también con áreas didácticas como aulas, cuartos de revelado y estudios fotográficos. La propia arquitectura del edificio refleja su intención: las ventanas que cubren este espacio de varios niveles permiten a los transeúntes observar el interior. Ver las exposiciones lleva aproximadamente 1 h, aunque los libros de de la tienda podrían demorar más la estancia.

Aplaudir actuaciones fantásticas ARTES ESCÉNICAS

Para conocer lo mejor de estos barrios es aconsejable asistir a algún espectáculo del género que sea: música, cine o actuaciones en clubes nocturnos.

Aunque el CBGB (donde tocaban los Ramones, Blondie y Talking Heads) se ha convertido en una **tienda John Varvatos** (PLANO: 11 P. 90 **B4**), no faltan sitios donde escuchar música en directo. En espacios consagrados como la Bowery Ballroom y el **Mercury Lounge** (PLANO: 12 P. 90 **D5**) actúan primeras figuras mundiales, y en muchas salas más pequeñas se puede entrar sin necesidad de sacar la entrada con meses de antelación. El pequeño escenario del Rockwood Music Hall acoge varios espectáculos cada noche, mientras que por el **Nublu** (PLANO: 13 P. 90 **F2**) pasan grupos de vanguardia y *jazz*. Las competiciones de poesía triunfan en el **Nuyorican Poets Cafe** (PLANO: 14 P. 90 **F4**) (estaba cerrado por reformas) y el **Bowery Poetry Club** (PLANO: 15 P. 90 **B5**). La programación de películas nuevas, raras y redescubiertas del **Metrograph** (PLANO: 16 P. 90 **D8**) es una bendición si hace mal tiempo. Y para diversión nocturna alternativa, como cabaré y espectáculos de *drags*, hay que visitar la **Slipper Room** (PLANO: 17 P. 90 **D5**), el **Club Cumming** (p. 104) y **The Red Room at KGB** (PLANO: 18 P. 90 **C4**).

Ir al cine en el Metrograph CINE

Los cinéfilos disfrutan en esta sala independiente (PLANO: véase 16 P. 90 **D8**), equipada con proyectores digitales de última tecnología y también con un viejo proyector de 35 mm. La programación combina estrenos, clásicos y películas raras de archivo, así como entrevistas a directores y otros profesionales del cine. El ambiente es el de "aquellos grandes cines americanos de la década de 1920". Allí mismo, en el Commissary, se puede tomar un cóctel o picar algo antes o después de la sesión, y el puesto de tentempiés está bien surtido de bombones y golosinas.

Tomar cócteles de mixólogos expertos RUTA DE CÓCTELES

La revolución técnica de la coctelería artesana neoyorquina empezó en el Rainbow Room del Midtown, donde el jefe de barra Dale DeGroff se convirtió en promotor de la locura mixológica en la década de 1990. Pero la moda eclosionó con los bares de copas ultramodernos que surgieron en el East Village y Lower East Side a principios del s. XXI. La ruta por la magia líquida empieza en el **Death & Co** (PLANO: 19 P. 90 **D3**), donde el elegante personal de barra lleva elaborando bebidas personalizadas con licores exóticos, zumos frescos y adornos artesanales desde la apertura del local en la Nochevieja del 2006; como no admiten reservas, para conseguir asiento hay que ponerse a la cola antes de que abran. El **PDT** (abreviatura en inglés de "Por favor no lo cuentes") (PLANO: véase 43 P. 90 **D2**) abrió en el 2007 y adquirió fama por combinar tragos clásicos de *speakeasy* con licores creativos; previa reserva, se accede por la cabina telefónica dentro del Crif Dogs.

La cantidad de locales nuevos aturde, y para tener una idea de la pujanza al respecto del barrio, baste decir que el **Double Chicken Please** (PLANO: 20 P. 90 **D6**) de Lower East Side fue elegido Mejor Bar de EE UU por la organización World's 50 Best.

Visitar el microbarrio más 'hipster' de Nueva York COMIDA Y BEBIDA

¿Es **Dimes Sq** el microcosmos más *hipster* de Nueva York? ¿Existe siquiera? Se discute mucho en los medios si este pequeño rincón de Lower East Side alrededor de Division St y Canal St es una broma publicitaria o algo real, pero ¿acaso no surgen así las modas y tendencias? Nacen porque se habla de ellas. Lo que se sabe con certeza es que el restaurante **Dimes** (PLANO: 21 P. 90 **D8**) hizo furor entre la gente *cool* del Downtown nada más abrir en el 2013, y todavía es un sitio magnífico para echar un rato, si se consigue mesa. También se puede comer en el **Dimes Market** (PLANO: 22 P. 90 **E8**), la **Dimes Deli** (PLANO: véase 22 P. 90 **E8**) o cualquier otro de los bares y restaurantes distinguidos de la zona, como el **Lobby Lounge** (PLANO: 23 P. 90 **D8**) en el Nine Orchard Hotel. Es verdad, Dimes Sq quizá cobró fama aupada por los medios, pero es enrollada... ¡como todo Lower East Side!

Explorar la Little Ukraine del East Village CIRCUITO CULTURAL

Muchas veces es difícil separar los elementos culturales integrantes de ese crisol internacional que es el East Village. Pero cuando Rusia invadió Ucrania a principios del 2022, el foco se puso en Little Ukraine. A comienzos del s. XX, en torno a medio millón de ucranianos emigraron a EE UU, y en 1955, unos 60 000 estadounidenses de origen ucraniano vivían en el East Village. El restaurante ucraniano Veselka (p. 102) (Second Ave esq. 9th St) ocupa más o menos el centro de su terruño neoyorquino, aunque por aquel entonces el corazón de la comunidad era para muchos la **iglesia católica ucraniana de Sant George** (PLANO: 24 P. 90 **B3**), hoy en 7th St esq. Taras Shevchenko Pl (se llama así por el famoso escritor, pintor y activista político ucraniano). A mediados de mayo, la iglesia organiza el **Ukrainian Festival,** con cantos y bailes populares, y muchos puestos de comida. Para acercarse al arte y la cultura ucranianos hay que visitar el cercano **Ukrainian Museum** (PLANO: 25 P. 90 **B3**), con exposiciones rotatorias de arte moderno y material cultural de sus archivos.

Probar cocina japonesa en Little Tokyo COMIDA Y CULTURA

Para iniciarse en los sabores de Japón hay que ir a las apretadas manzanas de 9th St y 10th St, entre las avenidas Segunda y Tercera, una zona que en los últimos 30 años se ha convertido en un mini-Tokio. Todo empezó en la década de 1980, cuando muchos empresarios nipones se trasladaron al Midtown, a quienes siguieron generaciones más jóvenes que se afincaron en el East Village. Los locales vacíos no tardaron en llenarse con alimentos que aliviaban la nostalgia por la patria. En la década de 1990, decenas de establecimientos para japoneses adaptaron los paladares occidentales a nuevos estilos de comida. Basta darse un garbeo por la zona picando aquí y allá para convertirse en un adepto a la *izakaya* (taberna japonesa). El **Sake Bar Decibel** (PLANO: 26 P. 90 **C2**) es uno de los sitios preferidos por su ambiente (está en un sótano), amplia carta de sake e *izakaya*. Para postres hay que ir al **Cha-An Tea House** (PLANO: 27 P. 90 **C2**); para *sushi*, al **Hasaki** (PLANO: 28 P. 90 **B2**); y para curri japonés casero, al **Rai Rai Ken** (PLANO: 29 P. 90 **C2**). En los lineales del **H Mart** (PLANO: 30 P. 90 **B2**) se encuentra mucho picoteo (y algunos platos preparados).

Catar el crisol de Nueva York COCINA GLOBAL

La diversidad de cocinas del East Village es asombrosa, y además a precios razonables en la mayoría de los casos. Aquí se puede dar la vuelta al mundo con el paladar; la ruta dependerá de los gustos de cada cual. El **Nowon** (PLANO: 31 P. 90 **E3**) es uno de los sitios preferidos de "comida para beber" coreano-americana (es obligada la Legendary Burger con salsa *kimchi* especial), y algunos dicen que el *pho* al estilo norteño de la **Hanoi House** (PLANO: 32 P. 90 **D2**) supera a cualquiera de Vietnam. La comida india del **Veeray da Dhaba** (PLANO: 33 P. 90 **D1**) y los platos chinos del **CheLi** (PLANO: 34 P. 90 **C2**) son sobresalientes. Por supuesto, no faltan italianos magníficos, como el **Supper** (PLANO: 35 P. 90 **E4**) o **Il Posto Accanto** (PLANO: 36 P. 90 **E4**). Y la travesía gastronómica continúa: exquisiteces nórdicas en el **Smør** (PLANO: 37 P. 90 **D1**), especialidades birmanas en el **Little Myanmar** (PLANO: 38 P. 90 **E4**) y comida tailandesa en el **Soothr** (PLANO: 39 P. 90 **B1**). El **Cafe Mogador** (PLANO: 40 P. 90 **D2**) sirve clásicos marroquíes desde 1983, el **Takahachi** (PLANO: 41 P. 90 **D3**) es un templo del *sushi* y los fideos japoneses desde 1991, y el **Awash** (PLANO: 42 P. 90 **D3**) prepara *injera* etíope (pan plano muy fino) desde 1994. Para comer rápido y barato lo mejor es visitar el **Crif Dogs** (PLANO: 43 P. 90 **D2**), con perritos calientes innovadores, o seguir a los taxistas hasta la Punjabi Deli (p. 103), con deliciosa comida vegetariana.

Renovar el armario ITINERARIO COMERCIAL

Por todo el East Village y Lower East Side hay fabulosas tiendas *indie* que venden ropa y complementos nuevos y *vintage;* si se quiere mejorar el *look,* este es el lugar indicado. Eso sí: hay que saber que "usado" no quiere decir "barato". En el East Village, un buen sitio para empezar las pesquisas es 9th St. **Cobblestones** (PLANO: 44 P. 90 **C2**) y **9th Street Vintage** (PLANO: 45 P. 90 **D2**) están repletos de hallazgos de tiempos pasados, mientras que la estética de **Duo NYC** (PLANO: 46 P. 90 **C2**) es más refinada y selecta. **Cloak & Dagger** (PLANO: 47 P. 90 **C2**) vende ropa nueva y *vintage*. La búsqueda prosigue por las bocacalles al sur de 9th St. **Trash & Vaudeville** (PLANO: 48 P. 90 **D3**), en 7th St, ha sido mucho tiempo el mejor sitio para *punkear* el armario. En Lower East Side, el punto de partida es Orchard St. **Pilgrim** (PLANO: 49 P. 90 **D7**) se especializa en prendas *vintage* de firmas de lujo como Prada, Gucci y Armani. **Colbo** (PLANO: 50 P. 90 **D7**) vende café y discos, además de ropa cuidadosamente seleccionada. **Aquelarre** (PLANO: 51 P. 90 **D6**) ofrece muchos vestidos bonitos y seductores. Ludlow St es también una calle estupenda para curiosear.

Entrar en las tiendas de Orchard Street COMPRAR Y PASEAR

PLANO: 52 P. 90 **D6**

A principios del s. XVIII había un huerto *(orchard)* en Orchard St, pero a finales del s. XIX la calle se convirtió en la principal arteria comercial de Lower East Side. Los operarios de la confección llenaban las casas de vecindad, los vendedores ambulantes empujaban sus carritos, y en los comercios predominaba el textil. En la segunda mitad del s. XX, la calle se llenó de tiendas de descuentos. Hoy Orchard St es la parte más *hipster* del barrio, sobre todo el tramo entre Houston St y Canal St, con tiendas *indie,* restaurantes como la Scarr's Pizza (p. 102) y galerías de arte con pretensiones. Al caminar por estas siete manzanas surgen todavía establecimientos históricos, ya sean tiendas de equipaje con descuento o la corsetería **Orchard Corset,** abierta en 1968 y cuya clientela abarca hoy desde judíos ortodoxos hasta mujeres trans.

Picotear en el Essex Market MERCADO DE ABASTOS

PLANO: 53 P. 90 **E6**

Los vendedores callejeros se vienen reuniendo en lo que se conoce como Essex Market desde 1818, aunque este no empezó a funcionar en su emplazamiento actual hasta el 2019. El mercado actual, en Grand St, supone una amplia representación del barrio, con puestos que venden desde queso, comestibles, especias y comida dominicana hasta cebiches y bolas de arroz. El legendario **Shopsin's** sirve su extensa carta de imaginativos platos de *diner* en un minúsculo espacio con mesas. En la planta baja, la zona de restauración **Market Line** congrega puestos de instituciones como Veselka (p. 102), así como de *pizza, ramen, pho* y *sushi.* Lo que se compre aquí se puede tomar sentado en el soleado patio de la planta alta. Es una parada ideal mientras se recorre Orchard St, situada dos manzanas al oeste.

Sudar en los Russian & Turkish Baths 'SPA'

PLANO: 54 P. 90 **D2**

Este *spa* abierto en 1892 atrae hoy a una heterogénea clientela de actores, estudiantes, parejas, solteros, rusos y vecinos. Con ropa interior o en bañador (se facilitan toallas, pantalones cortos de algodón y sandalias), todo el mundo se mueve entre los baños turcos, saunas, piscina de agua fría, solárium y restaurante. El acceso es mixto (sin desnudarse) en general, aunque se reservan franjas horarias solo para hombres o mujeres (ropa opcional). Se ofrecen masajes, exfoliaciones y tratamientos rusos con hojas de roble. El **café** sirve especialidades como salchichas polacas y blinis, y si el tiempo lo permite, es posible refrescarse con una cerveza en la terraza de la azotea. Para horarios y calendario, visítese la web (russian turkishbaths.com).

Oler las rosas de Loisaida

JARDINES COMUNITARIOS

Si de primavera a otoño se pueden hoy oler a rosas en estos jardines entre edificios residenciales, se debe sobre todo a las Guerrillas Verdes, que desde la década de 1970 se dedicaron a embellecer áreas urbanas degradadas "bombardeando con semillas" los solares. Muchas semillas arraigaron en la zona pobre con mayoría hispana de Lower East Side (la llamada "Loisaida"), donde los vecinos abrieron jardines comunitarios.

Desde que empezó el movimiento, el Ayuntamiento ha pasado a controlar los jardines, y algunos han sido anulados y edificados. Pero muchos otros resisten, como el **6BC Botanical Garden** (PLANO: 55 P. 90 F3), con cuidados senderos y una casa arbórea; el **6th St and Avenue B Garden** (PLANO: 56 P. 90 E3), con un escenario para representaciones comunitarias, y **Le Petit Versaille** (PLANO: 57 P. 90 F4) (en 2nd St), que también acoge espectáculos y actos sociales. La mayoría abre al público entre el 1 de abril y el 31 de octubre. La web de Loisada United Neighborhood Gardens incluye un plano de los jardines (lungsnyc.org/gardens-greens

ABECEDARIO DEL EAST VILLAGE

Quien vaya hacia el este desde la Primera Avenida en el East Village estará pisando Alphabet City, una zona llamada así porque las avenidas llevan letras en vez de números. Aquí se nota todavía la herencia portorriqueña: la avenida C se conoce también como Loisaida Ave, por la pronunciación *spanglish* de "Lower East Side". En las avenidas B y C hay muchos bares y restaurantes recomendables.

SUGERENCIAS

Lo mejor para...

$ Económico $$ Medio $$$ Alto

Localizaciones en el plano de la **p. 90**

Comer

'Sushi' y 'ramen'

Rosella $$$
58 D2
El *sushi* sostenible ha reportado a este restaurante de Alphabet City las máximas calificaciones. Los pescados cuentan con certificación Seafood Watch o NOAA. *17.00-22.00 mi-do*

Studio 151 $$$
59 F2
A quienes les gusten las entradas tipo *speakeasy*, los vinilos y el *omakase*, este es su sitio; solo hay que encontrar la bombilla roja en 151 Ave C y subir a la 2ª planta. *18.00-2.00 do-mi, hasta 4.00 ju-sa*

Momofuku Noodle Bar $
60 D2
El restaurante que encumbró a Dave Chang sigue en plena forma. *12.00-16.00 y 17.00-22.00 do-ju, hasta 23.00 vi y sa*

Marufuku $$
61 C3
Procedente de Frisco, tiene un rico *ramen* de estilo Hakata. El *tantan ramen* picante de pollo es un éxito. *11.30-22.00 do-ju, hasta 24.00 vi y sa*

Sabores ucranianos

Veselka $$
62 C2
En este vestigio del pasado ucraniano sirven *varenyky* (empanadillas de queso, patata o carne), *borscht* y *goulash* desde 1954. *8.00-24.00 lu-sa, hasta 23.00 do*

Streetcha $
63 C3
Café informal en un sótano y con una carta de especialidades ucranianas, *varenyky* incluidas; pago solo en efectivo. *9.00-17.00 vi-do*

'Pizza'

Una Pizza Napoletana $$
64 D5
Sus *pizzas* napolitanas al horno de leña de Anthony Mangieri son de las mejores de EE UU, blandas por el centro y crujientes por los bordes. *17.00-21.00, ju-sa*

Scarr's Pizza $
65 D8
Local retro con *pizza* en porciones para llevar a la entrada y, por detrás, mesas para *pizza*, cócteles y vino natural. Sus colas son legendarias. *12.00-23.00 do-ju, hasta 1.00 vi y sa*

Hamburguesas y tortillas

7th Street Burger $
66 D3
Ideal para tomar una hamburguesa barata bien cargada de queso tras las copas nocturnas, pues abre hasta casi tan tarde como los bares del East Village. *12.00-1.00 do-mi, hasta 3.00 ju-sa*

Yellow Rose $$
67 B1
Las tortillas de las taquerías *tex-mex* al norte de la frontera tienen un toque especial, y eso es lo que ofrece este local situado muy, pero que muy al norte de Texas. El taco de frijoles y queso nunca falla. *Horario variable*

Platos vegetarianos

Superiority Burger $$

68 D3

La mejor hamburguesa vegetariana de Nueva York, pero sin olvidar las otras delicias de este *diner*, incluidas unas tartas exquisitas. *12.00-23.00 lu-mi, hasta 2.00 ju y vi, 11.00-2.00 sa, 11.00-23.00 do*

Cadence $$

69 D3

Las raíces virginianas de la chef Shenarri Freeman se ponen de manifiesto en este restaurante vegano impregnado de *soul* sureño. Con bancos corridos rosa, papel pintado floral y una barra verde bosque, parece un jardín. *17.00-23.00*

Dirt Candy $$$

70 D7

De conseguir mesa en este restaurante con estrella Michelin, hay que probar el menú degustación vegetariano. *17.30-22.30 ma-sa*

Punjabi Grocery & Deli $

71 D4

Si hay taxis amarillos aparcados fuera, es el lugar correcto, el sencillo establecimiento punjabí que el antiguo taxista Kulwinder Singh fundó en 1993. *8.00-22.00*

Desayuno y 'brunch'

Russ & Daughters Cafe $$

72 D6

Diner de Orchard St para atiborrarse de *bagels* y con un fantástico *lox* (salmón ahumado). *8.30-14.30 lu-ju, hasta 15.30 vi-do*

C&B $

73 E3

Para desayunar lo mejor es pedir un sándwich de huevo revuelto con queso *cheddar* y *merguez* (salchicha), y comérselo en el Tompkins Sq Park. *9.00-16.00*

Pastelerías

Librae Bakery $

74 B3

Los ingredientes de Oriente Próximo y las técnicas reposteras danesas dan resultados fabulosos como el *labneh* con *za'atar* y los cruasanes de pistacho rosa. *7.30-16.30 lu-vi, 8.00-17.00 sa y do*

Supermoon Bakehouse $

75 E6

Los pasteles hojaldrados parecen joyas de diseño en esta tienda donde los sabores cambian cada semana. El *cruffin* (cruasán y *muffin*) es más que la suma que sus partes. *10.00-18.00 ju-lu*

Partybus Bakeshop $

76 E7

Hay que sentarse en esta bonita pastelería rosa con olor a masa fermentada, pues saborear el bollo de canela y el cruasán de chocolate almendrado lleva su tiempo. *8.00-16.00 lu-vi, hasta 15.00 sa, 9.00-15.00 do*

Economy Candy $

77 D6

Para elegir entre los caramelos favoritos de la infancia y las exquisiteces para adultos, o comprarlos al peso, desde 1937. *11.00-18.00*

Beber

Café granizado y expreso

Abraço

78 D3

Un sitio a pie de calle ideal para sentarse a una mesa y saborear el mejor café y una aromática tarta de aceite de oliva. *8.00-18.00 ma-ju, hasta 21.00 vi y sa, 9.00-18.00 do*

Ninth Street Espresso

79 E2

La tienda primigenia está en 9th St, pero la de 10th St es magnífica para cargar las pilas antes de ir al Tompkins Sq Park. *7.00-19.00*

Lê Phin

80 D2

Sabores de Hanoi: café granizado vietnamita o el *pandan matcha latte* con sirope casero. *9.00-17.30*

Hekate Cafe & Elixir Lounge

81 E2

En un barrio desbordante de barras, los abstemios pueden refugiarse en este "bar para sobrios" con café, té y cócteles sin alcohol. *12.00-22.00*

Licores, 'bitters' y sake

Attaboy

82 D7

Ambiente de *speakeasy* y cócteles personalizados. Caro pero excepcional. *17.00-3.00*

Amor y Amargo

83 D3

Tras cruzar la puerta -réplica de una farmacia- de este laboratorio de coctelería se llega a la "sala de catas", donde el personal de barra asesora sobre su extraordinaria selección de *amari*. *15.00-24.00*

Accidental Bar

84 F3

Los sumilleres de sake de esta coctelería japonesa ponen a sus brebajes extraños nombres como "maíz cremoso en una barbacoa veraniega", pero se les puede perdonar. *17.00-23.00 do, ma y mi, hasta 24.00 ju-sa*

Cervecerías y garitos

Proletariat

85 B3

Los entendidos en cerveza artesana se acomodan en la barra de este pequeño *pub* con cervezas "raras, nuevas e inusuales", para acompañar comida vegetariana de estilo inglés. *Horario variable*

Parkside Lounge

86 E5

Bareto de sabor antiguo con cerveza y billar; también hay música en directo y alguna noche de concursos. *17.00-4.00 lu-mi, desde 16.00 ju, desde 15.00 vi-do*

Library

87 D4

A la gente del barrio le encantan las bebidas asequibles de este antro nada elegante con una gramola y películas antiguas de serie B proyectadas sobre la pared. *12.00-4.00*

Vinerías

Parcelle

88 E8

El vino es lo primero en este bar para enófilos, seguido de cerca por el diseño. El mural de setas bordadas y el sofá corrido de cuero lo convierten en el "cuarto de estar" más acogedor de Dime Sq. *17.00-22.00 ma-sa*

Ruffian

89 D3

Si apetecen vinos de naranja y comida vegetariana hay que entrar en este íntimo local. *17.00-23.30 lu-vi, desde 15.00 sa, hasta 22.30 do*

Ten Bells

90 D7

Parpadeo de velas, techos de estaño, paredes de ladrillo y una barra en U: un sitio ideal para probar vinos naturales con alguna amistad nueva. *17.00-2.00 lu-vi, desde 15.00 sa y do*

Bares LGTBIQ+

Club Cumming

91 E3

Todo vale y todo el mundo es bienvenido en este pequeño local propiedad del icono *queer* Alan Cumming. Cada noche hay algo nuevo: micrófono abierto, fiestas diversas, etc. *Horario variable*

Cock

92 C3

Oscuro, sucio y depravado: si los gustos van por ahí, no hay más que unirse a los hombres en este bar que solo admite pago en efectivo. Se entra por debajo del neón con el gallo. *22.00-4.00 mi-do*

Nowhere

93 C1

El típico bar de siempre, pero con la bandera del arcoíris. El ambiente suele ser tranquilo, salvo las noches temáticas. *Horario variable*

Comprar

Moda de vanguardia

Maryam Nassir Zadeh

94 E6

Tienda chic con moda innovadora, que se vende junto con creaciones de diseñadores tan actuales que nadie los conoce.

Only NY

95 E5

Nada de camisetas "I Love NY": el *merchandising* de esta tienda de ropa independiente rinde homenaje a lugares e instituciones de la ciudad.

LAAMS

96 D7

Tres plantas de ropa callejera, discos, arte urbano y ropa *vintage*. Los consejos del personal en cuanto a vestuario otorgan una credencial de elegancia expedida en Orchard St.

Bode

97 D8

Colchas *vintage* y cortinas de encaje en esta elegante tienda de ropa masculina.

Country Of

98 E8

Tienda *vintage* famosa por su cuidada colección de prendas de diseño de EE UU, Europa y Japón, que van desde Levi's hasta Gaultier.

Libros de bolsillo, discos y pósteres

Sweet Pickle Books

99 D8

Aquí, más que por los libros, se viene por los encurtidos artesanales y artículos como el simpático gorro con borla "Eat More Pickles".

Bluestockings Cooperative Bookstore

100 E5

Cooperativa con libros de autores *queer*, trans y trabajadores sexuales, con la posibilidad de unirse a su Queer Book Club por Zoom.

Mast Books

101 E3

Librería y galería de arte con montañas de títulos raros y descatalogados. Su Instagram informa sobre charlas con escritores y firmas de autores *(@mastbooks)*.

A-1 Records

102 D3

Una de las últimas tiendas de discos que quedan en el East Village -abrió en 1996-, con DJ prometedores metidos en cabinas atestadas de vinilos de *funk* y *soul*.

Archie's Press

103 C2

La imprenta de Archie Archambault vende arte tipográfico (sobre todo pósteres y postales), como sus famosos planos y mapas de todo el mundo simplificados con círculos.

Decoración extravagante

Coming Soon

104 D8

Artículos para el hogar rarísimos y únicos (¡ese taburete multiusos con forma de mazorca!).

November 19

105 D8

Tienda de decoración y complementos donde se pueden encontrar pendientes dibujados a mano de Alemania, cajas con forma de seta de Portugal o almohadas pisciformes.

Sugerencias de lugares para comer, beber y comprar en **p. 125**

Explora
West Village, Chelsea y Meatpacking District

El West Village es una estampa de árboles, calles empedradas y casas rojizas. Antigua zona de caza de los lenapes y de pasto para los granjeros neerlandeses, en este barrio se levantaron luego casas para los inmigrantes que trabajaban en los muelles y fábricas cercanos. En el s. xx lo ocuparon artistas e intelectuales, y el Village se convirtió en un polo LGTBIQ+. El Meatpacking District languideció en el s. xx, pero al final se instalaron tiendas selectas que viven de la High Line, una pasarela ajardinada. En Chelsea, más al norte, abundan galerías de arte, restaurantes y empresas tecnológicas.

Cómo desplazarse

Orientación

Chelsea está entre la Sexta Avenida y el río Hudson, de 34th St a 14th St. El West Village y el Meatpacking District quedan más abajo, al oeste de la Sexta Avenida y Hudson St, respectivamente; lo mejor es llegar a pie. Los límites de Greenwich Village de este a oeste son la Cuarta y la Sexta avenidas, y de norte a sur 14th St y Houston St.

Metro

Líneas A/C/E, L o 1/2/3 hasta 14th St para situarse entre Village y Chelsea.

Stonewall (p. 118).
ELIZABETH WAKE/ALAMY STOCK PHOTO ©

★

LO MEJOR

Pasear por la **HIGH LINE** (p. 114) admirando edificios modernos sobre la cuadrícula urbana.

Brindar por el movimiento LGTBIQ+ en el **STONEWALL** (p. 118), donde en 1969 estalló una rebelión decisiva para los derechos humanos.

Sentarse en el **WASHINGTON SQUARE PARK** (p. 116), un lugar ideal por la diversidad de la gente que lo visita.

Admirar las estrellas más rutilantes de la ciudad en las **GALERÍAS DE ARTE DE CHELSEA** (p. 110).

CIRCUITO A PIE

Galerías de arte de Chelsea

Recorrer por la tarde el extremo oeste de Chelsea es como entrar en un museo de arte moderno. Aquí está la mayor concentración de galerías de arte de Nueva York, y, a diferencia del Whitney o el MoMA, gratis. Unirse a los estetas ricos de la ciudad en una batida artística por estas calles es una gozada para la vista. Casi todas abren de 10.00 a 18.00 de martes a sábado.

INICIO	FINAL	DURACIÓN
de Vera	Paula Cooper Gallery	1,6 km; 2 h

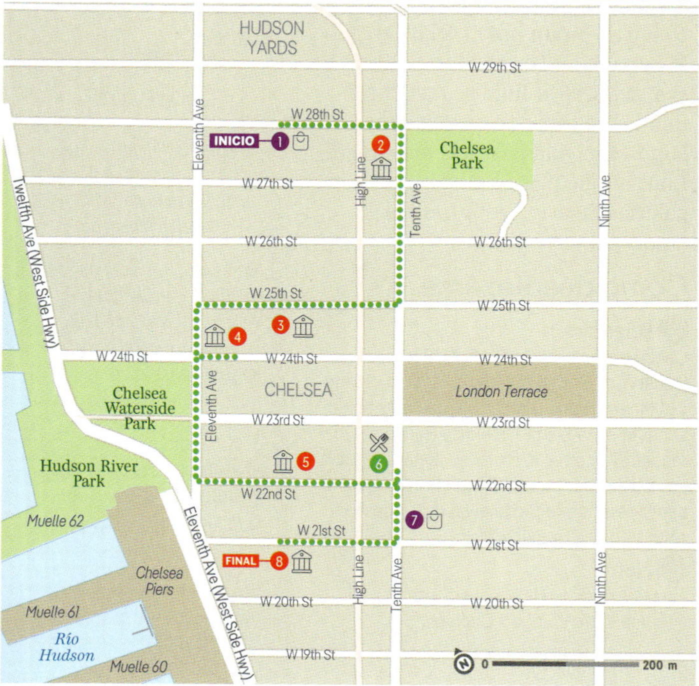

1 Artes decorativas y joyas de diseño

Se empieza en **de Vera,** con cristal veneciano, perlas barrocas, bustos de mármol y retratos que van de lo clásico a lo moderno. La colección de objetos curiosos de Federico de Vera (deveraobjects.com) parece encajar más en el Met que en 28th St.

2 Artistas noveles

Bajo la High Line, el corredor de **High Line Nine** (highlinenine.org) entre 28th St y 27th St es un elegante espacio galerístico donde los aspirantes a coleccionistas podrían descubrir al próximo genio.

3 Espacios enormes

En sus ocho plantas y 7000 m² caben muchas obras, que la internacional **Pace Gallery** (pacegallery.com) llena con artistas sobresalientes del momento. El otro espacio de 370 m² en **510 W 25th St** ocupa uno de los talleres de mecánica que tanto abundaban por la zona.

4 Artistas consagrados

Ver las exposiciones de la galería internacional **Gagosian** (www.gagosian.com) es como pasearse por el Guggenheim, salvo porque aquí todo está en venta. Visítese la web antes para saber lo que hay: podría ser Jeff Koons, Andy Warhol o Nam June Paik.

5 Creaciones grandes y audaces

La mayoría de las galerías de Manhattan se queda en nada frente a las enormes obras expuestas en los 1860 m² de **Dia Chelsea** (diaart.org). Tras asombrarse ante sus dimensiones, se puede curiosear en la preciosa librería de arte.

6 Tapas

Tía Pol, un acogedor bar de tapas españolas, es perfecto para reponer fuerzas con una sangría o unas patatas bravas en la barra. Entre semana, su *happy hour* de 15.00 a 18.00 alegra la tarde al público de las galerías.

7 Ambiente literario

Al caminar por la Décima Avenida, **192 Books** llama la atención; no es una galería, pero por su cuidadísima selección de monografías sobre artistas, libros para niños y títulos de ficción nadie lo diría.

8 El origen de todo

Se termina en la **Paula Cooper Gallery,** cuya fundadora inició la explosión galerística del SoHo en 1968 y se trasladó a Chelsea en la década de 1990, antes de que se pusiera de moda, con la misma misión: difundir el arte conceptual.

A
B
C
D
1
2
3
4
5
6
W 28th St
W 27th St
Chelsea Park
W 26th St
W 25th St
W 24th St
W 23rd St
23rd St
W 22nd St
W 21st St
W 20th St
W 19th St
W 18th St
W 17th St
W 16th St
W 15th St
W 14th St
W 13th St
CHELSEA
Muelle 66
Twelfth Ave (West Side Hwy)
Eleventh Ave
High Line
Tenth Ave
Ninth Ave
Eighth Ave
Chelsea Waterside Park
Hudson River Park
Muelle 62
Chelsea Piers Complex
Muelle 61
Muelle 60
Muelle 59
Muelle 57
Eleventh Ave (West Side Hwy)
Chelsea Hotel
Atlantic Theater Company
Chelsea Market
8th Ave-14th St
Little Island
Gansevoort Peninsula
Río Hudson
Gansevoort Market Meat Center
High Line
Whitney Museum of American Art
Gansevoort St
Pastis
Hudson St
MEATPACKING DISTRICT
WEST VILLAGE
W 4th St
Bleecker St
Perry St
Horatio St
Jane St
W 12th St
Bethune St
Bank St
HB Studio
W 11th St
White Horse Tavern
Washington St
Greenwich St
Charles St
West Side Hwy
W 10th St
Christopher St
Barrow St
Hudson River Park
IRT Theater
Henrietta Hudson
Morton St
Muelle 45
0
500 m
Más información
Imprescindible p. 112
Experiencias p. 117
Comer p. 125
Beber p. 126
Comprar p. 127

Ampliación
Mezzrow
Smalls
Stonewall Inn
Christopher Park
WEST VILLAGE
Christopher St-Sheridan Sq
Sheridan Square
Marie's Crisis
Greenwich House Pottery
Ottomanelli & Sons
Pasticceria Rocco
John's of Bleecker Street
Faicco's Italian Specialties
Murray's Cheese
0
100 m
Rubin Museum of Art
NYC AIDS Memorial en el St Vincent's Triangle
Village Vanguard
Joffrey Ballet School
Rattlestick Theater
Véase ampliación
GREENWICH VILLAGE
Washington Square Park
Village Underground
Comedy Cellar
Universidad de Nueva York
Cherry Lane Theatre
EAST VILLAGE
Cooper Triangle
NOHO
23rd St
18th St
14th St
6th Ave-14th St
8th St-NYU
Astor Pl
Bleecker St
Broadway-Lafayette St
W 4th St-Washington Sq
Broadway
Seventh Ave
Sixth Ave (Avenue of the Americas)
Fifth Ave
Fourth Ave
Third Ave
Bowery
Lafayette St
W 27th St
W 26th St
W 23rd St
W 20th St
W 18th St
W 13th St
W 11th St
W 9th St
W 8th St
E 11th St
E 10th St
E 9th St
E 8th St
E 7th St
E 6th St
E 5th St
E 4th St
W 3rd St
Great Jones St
Bond St
W Houston St
E Houston St
Waverly Pl
Washington Pl
Washington Sq S
Stuyvesant St
University Pl
Greenwich Ave
Christopher St
W 10th St
W 4th St
Grove St
Bleecker St
Barrow St
Jones St
Carmine St
Bedford St
Downing St
MacDougal St
Sullivan St
Thompson St
LaGuardia Pl
Mercer St

★ IMPRESCINDIBLE

Recorrer el Hudson River Park

Con 4046 m^2, esta es la estrella de los modernos espacios verdes de Manhattan, y sus zonas más visitadas lindan con el Village y Chelsea. Es una delicia pasar una tarde soleada en la nueva "Riviera" neoyorquina, donde los muelles se han transformado en zonas de recreo peatonales.

PLANO: P. 110 **C6**

CONSEJO
Para moverse deprisa, se puede pedalear por el carril-bici pegado al parque; Citi Bikes está en el muelle 40 y se pueden alquilar bicis en el muelle 84.

Escanea este código QR para más información sobre actividades y atracciones.

Muelles transformados

Cuando se recorre a pie o en bicicleta el parque viendo los rascacielos de cristal, la frondosa vegetación y a la multitud de paseantes, cuesta imaginar cómo era la vida antes en estos muelles.

En 1609, cuando Henry Hudson remontó el río que lleva su nombre, lo que encontró eran las tierras pantanosas de los lenapes. Pero en el s. XX esta zona se había convertido en un puerto de vital importancia para la economía de la ciudad, adonde arribaban mercancías y personas de todo el mundo. En 1912, el infortunado *Titanic* debería haber atracado en el muelle 59, hoy **Chelsea Piers.**

La actividad portuaria cesó en la década de 1970, y la zona se volvió peligrosa. En las décadas siguientes, los muelles abandonados atrajeron a artistas, nudistas y la comunidad LGTBIQ+. El plan para convertir la zona en parque surgió en la década de 1980, y su primera fase se inauguró en el 2003.

De muelle en muelle

Los vestigios del pasado LGTBIQ+ perviven en el **muelle 45** (foto), conocido como muelle de Christopher St, donde la gente en traje de baño rinde culto al sol sobre una pradera de césped bien tupida.

Andando hacia el norte se llega a la **Gansevoort Peninsula,** anunciada en el 2023 como "la primera playa pública de Manhattan", aunque los lenapes, que nadaban y tomaban el sol en esta costa, quizá discreparían. Desde una tumbona se puede admi-

RENATA TY/SHUTTERSTOCK ©

rar *El final del día,* una instalación de David Hammons que evoca los antiguos muelles con la silueta de un cobertizo sobre el agua.

Añadidos artísticos

Viene después **Little Island,** que apareció como un delirio surrealista en el 2021: 132 vainas de hormigón emergen del agua como tulipanes, coronadas por ondulantes lomas verdes. Es una delicia pasear por los senderos de este insólito parque flotante de 1 km² que además acoge espectáculos (consúltese la programación en littleisland.org).

El **muelle 57** remata la jornada con su amplia oferta de ocio: la música en directo de la **City Winery,** los puestos de comida del **Market 57** –dependiente de la James Beard Foundation– y un parque en la azotea ideal para un pícnic o disfrutar de las vistas.

TRAPECISTAS

La carpa al aire libre de la Escuela de Trapecio de Nueva York se instala en el muelle 40 de mayo a octubre (trapezeschool.com). No se necesita experiencia.

★ IMPRESCINDIBLE

Pasear por la High Line

Entre el Meatpacking District y Hudson Yards, a 9 m sobre la calle, la High Line es un ejemplo modélico de reutilización industrial. La antigua vía férrea entre los mataderos a orillas del Hudson es hoy una serpenteante cinta verde jalonada de obras de arte que pasa por galerías, rascacielos modernos y centros comerciales.

PLANO: P. 110 **C4**

CONSEJO
Para evitar las aglomeraciones, sobre todo en días calurosos y soleados, hay que salir temprano (antes de las 10.00) de 34th St y caminar al sur hacia Gansevoort St.

Escanea este código QR para más información sobre la High Line.

Del tren a los bienes raíces

La historia de la High Line empieza a principios del s. xx, cuando las pujantes industrias del West Side estaban comunicadas por peligrosas vías férreas a ras de calle, que dieron a la Décima Avenida el sobrenombre de "Avenida de la Muerte". La costosa solución fue una línea ferroviaria a dos plantas de altura: la "Línea Elevada del West Side", sobre la que rodó el primer tren en 1933. La línea perdía dinero a espuertas y dejó de usarse; en la década de 1990 se propuso su demolición.

Y aquí intervienen los Amigos de la High Line, cuyo sueño de un elegante parque elevado consiguió lentamente hacerse realidad. El resultado de sus años de paciente activismo es la joya actual: una pasarela peatonal plantada con más de 500 especies autóctonas que sobrevuela, bordea y a veces atraviesa las antiguas fábricas... y mucho suelo edificable con precios astronómicos.

Arquitectura increíble

El viaje empieza cerca de Hudson Yards (entrada por 30th St o 34th St), con rascacielos por el este y el Hudson por el oeste. Las plantas que invaden las vías recuerdan el salvaje páramo industrial que precedió al parque.

Al estrecharse el camino surgen construcciones modernas, como el futurista complejo de apartamentos en cristal y acero de **520 W 28th St**

FRANCESCO RICCARDO IACOMINO/GETTY IMAGES ©

(520w28.com), de Zaha Hadid, y los abombados ventanales de la **Lantern House** (www.lanternhouse.com), obra del Heatherwick Studio, los mismos artífices del Vessel en Hudson Yards (p. 155).

Para contemplar la Décima Avenida a vista de pájaro hay que sentarse en las gradas de 17th St o 26th St, bajo las que pasan zumbando los taxis. Si se prefiere un paisaje más tranquilo, nada como las tumbonas de madera de la **Diller-von Furstenberg Sundeck.** Desde aquí se divisa Little Island (p. 111), otra creación de Diller-von Furstenberg.

El siguiente camino

La High Line termina al pie del Whitney Museum (p. 117) y cerca de otras zonas dignas de ver, como Hudson River Park (p. 110), el Meatpacking District (p. 121) y las calles tortuosas del West Village (p. 122).

UNA PAUSA

Entre primavera y otoño, los caminantes sacian el hambre en los carritos del **Chelsea Market Passage.** En invierno se toma la salida de 14th St para explorar los puestos del Chelsea Market (p. 117).

★ IMPRESCINDIBLE

Unirse a los neoyorquinos en Washington Square Park

Sentándose en la oficiosa plaza mayor del Greenwich Village se ve de todo: estudiantes de la Universidad de Nueva York entre clases, vendedores ambulantes de ropa, ardillas atrevidas, perros haciendo amigos, profesionales del ajedrez rápido, músicos, niños descalzos en la fuente y, probablemente, fantasmas.

PLANO: P. 110 **F5**

CONSEJO
El mejor picoteo del parque -hay muchos sitios- es la comida del sur de la India que vende el esrilanqués Thiru Kumar en su carrito de **NY Dosas** cerca del parque para perros (abierto 11.00-15.00 lu-sa).

Escanea este código QR para noticias y actos en el parque.

De las tumbas a los rascacielos

Hace siglos esto eran pantanos atravesados por el arroyo Minetta. Los neerlandeses concedieron derechos de tierra a los colonos africanos, que fundaron la comunidad “Pequeña África”, convertida después en un cementerio para cuerpos sin identificar. En la década de 1830 el cementerio pasó a ser una explanada para desfiles militares; detrás llegaron los promotores inmobiliarios, y en el extremo norte del parque se levantaron algunas de las viviendas más elegantes de la ciudad, que hoy evocan su Edad Dorada; Edith Wharton vivió en **7 Washington Square N.**

El arco presidencial

El **arco de Washington Square,** obra de Stanford White, domina el parque con sus 22 m de mármol blanco de Tuckahoe. Construido en madera para celebrar el centenario de la jura presidencial de George Washington en 1889, alcanzó tal popularidad que se erigió en piedra seis años después.

Raíces revolucionarias

En el extremo noroeste del parque se alza un olmo inglés considerado uno de los árboles más antiguos de Manhattan: lo llaman el **‘Olmo del Ahorcado’,** y la leyenda dice que durante la Revolución colgaban de sus ramas a los traidores.

EXPERIENCIAS

Admirar la colección permanente del Whitney Museum

MUSEO DE ARTE

PLANO: 1 P. 110 **C4**

El **Whitney Museum of American Art** se inauguró en 1930 para exponer obras de artistas nacionales en una casa de W 8th St. Tras un período instalado en el coloso de hormigón de Madison Ave diseñado por Marcel Breuer, el museo regresó al Downtown en el 2015 y hoy ocupa en el extremo sur de la High Line (p. 114) un prodigioso edificio de cristal y hormigón de Renzo Piano que figura un transatlántico. Las terrazas al aire libre conducen a un conjunto de esculturas con vistas únicas del perfil urbano. Si el tiempo apremia, hay que ir directos a la colección permanente de la 7ª planta, repleta de artistas eminentes de EE UU como Edward Hopper, Jasper Johns, Georgia O'Keeffe y Andy Warhol. En los años pares no hay que perderse la famosísima **Whitney Biennial,** donde se podría descubrir a la próxima luminaria del arte de EE UU.

Encontrar exquisiteces artesanas en el Chelsea Market

COMIDA Y COMPRAS

PLANO: 2 P. 110 **C3**

Este bazar urbano abierto en 1997 ha generado muchos imitadores, pero, de momento, ningún rival serio. El Chelsea Market ocupa una manzana entera allí donde Nabisco fabricaba galletas para alimentar a ejércitos enteros. Hoy los visitantes vienen a inspeccionar las tentaciones de productores independientes dirigidas a *foodies* y curiosos de la gastronomía. La arquitectura habla del pasado industrial del lugar: enormes tubos de hierro colado reconvertidos en lámparas, bloques de granito transformados en elementos decorativos y, en el centro del mercado, un viaducto retrofuturista que vierte agua. Casi 40 vendedores ofrecen dentro sus tentaciones, entre ellos **Miznon** (comida callejera israelí), **Los Mariscos** (increíble el cebiche), **Lobster Place** (imposible resistirse a sus rollitos), la **Fat Witch Bakery** (*brownies* y demás caprichos de bollería) y **Day Drinks** (cafés, tés y productos botánicos). Para sentarse al aire libre, hay mesas a cubierto en la acera. Ya con el estómago lleno, es buen momento para darse un garbeo por **Artists & Fleas,** un mercadillo donde artistas de la zona venden sus creaciones.

Sentir el Orgullo en Stonewall

MONUMENTO NACIONAL

Ningún barrio cautiva tanto la imaginación *queer* como el West Village, con sus tortuosas calles desafiando la cuadrícula de Manhattan. En su centro se encuentra el **Stonewall Inn** (PLANO: 3 P. 110 **G1**), donde el 28 de junio de 1969 una redada policial provocó un rechazo que cambió el curso del movimiento de liberación LGTBIQ+. Harta de discriminaciones y persecuciones, la clientela de lesbianas, gais y trans del bar se enfrentó a la intolerancia de las autoridades. La revuelta marcó un punto de inflexión para los derechos LGTBIQ+ en todo el mundo, y el Village se convirtió en lugar de peregrinación. Tras brindar por aquellos valientes en el Stonewall de hoy (pegado al de 1969), se visita la limítrofe **Sheridan Square** (PLANO: 4 P. 110 **H2**), un parque triangular que forma parte del **Stonewall National Monument** (2016), con esculturas y fotografías que recuerdan la historia del lugar y a los líderes del movimiento. En Nueva York hay muchos barrios gais, pero este es su simbólico corazón *queer*.

Visitar bares históricos LGTBIQ+ BARES E HISTORIA

El idilio *queer* del Village empieza como tantos episodios de la historia LGTBIQ+: en un bar. En las décadas de 1850 y 1860, los hombres (el poeta Walt Whitman entre ellos) encontraban espíritus afines en el **Pfaff's,** en el 647 Broadway. En 1925 se abrió un salón de té llamado **Eve's Hangout** en el 129 MacDougal St con un letrero que decía: "Se admiten hombres, pero no son bienvenidos". En 1966 la Mattachine Society (organización pionera de los derechos de los gais) montó una protesta en el Julius' (p. 126) por la prohibición de la State Liquor Authority de servir bebidas alcohólicas a los gais, y en 1969 el **Stonewall** consolidó la posición del Village como foco LGTBIQ+.

La población LGTBIQ+ de Nueva York empezó a trasladarse a otras zonas en las décadas de 1980 y 1990 (por el sida y la subida de los alquileres), pero el legado *queer* pervive en unos cuantos bares del barrio. El Cubbyhole (p. 126) y el **Henrietta Hudson** (PLANO: véase 5 P. 110 **D6**) recogen el testigo del Eve's Hangout, y si se quiere oír la historia completa de labios de algún resistente del West Village, no hay más que sentarse en el Julius' y preguntar a los parroquianos.

TEORÍA DEL VILLAGE

El West Village funciona como un barrio, y para saber por qué se puede leer *Muerte y vida de las grandes ciudades* (1961), obra maestra de la urbanista Jane Jacobs (1917-2006). Inspirándose en el Greenwich Village, Jacobs fue la primera en exponer ideas que hoy son moneda corriente: que la densidad poblacional estimula el comercio y el espíritu comunitario, que la vida urbana transcurre al aire libre en un "*ballet* de acera", y que el urbanismo centralizado priva a las ciudades de su energía. Jacobs vivió años en 555 Hudson St, hoy inmortalizada como "Jane Jacobs Way" en homenaje a la mujer que explicó por qué este barrio es tan maravilloso.

Unirse al coro en el Marie's Crisis — PIANO-BAR

PLANO: 6 P. 110 **G2**

La música no para en este legendario sótano, cerca del Stonewall, donde todo el mundo es bienvenido. Aquí la parroquia lleva dándole al codo desde el s. XIX y desgañitándose con éxitos de Broadway los, al menos, últimos 40 años. ¿Qué hace distinto a este piano-bar? No suelen cantar solistas, los micros brillan por su ausencia y la sala vibra cuando la clientela se pone a cantar (a veces con armonía discutible) números de *Gypsy, A Chorus Line, Rent, Wicked* y lo que se tercie. Si no se conoce la letra de algún tema raro de Cole Porter, nunca faltan reinas de Broadway entradas en años, *boys* y fans de los musicales para llevar la batuta; o si no –haciendo trampa– se pueden buscar las letras en el *smatphone*. Hay que llevar dinero en efectivo y prepararse para las colas los fines de semana, porque se ha corrido la voz sobre este lugar tan mágico. No sería raro quedarse hasta el cierre... y despertar afónico a la mañana siguiente.

Ver teatro excepcional del Off-Broadway — ARTES ESCÉNICAS

Los neones refulgen en el Broadway del Midtown, pero muchos de sus grandes éxitos se incuban en pequeños escenarios del Downtown. En la **Atlantic Theater Company** (PLANO: 7 P. 110 **D2**), fundada por David Mamet y William H. Macy e instalada en una iglesia de W 20th St, eligen bien sus montajes: *The Band's Visit* y *Kimberly Akimbo* pasaron a Broadway y ganaron sendos Tony al mejor musical en el 2018 y el 2023. El **Rattlestick Theater** (PLANO: 8 P. 110 **E4**) da prioridad a nuevas voces y talentos; sus dos *jams* anuales ofrecen a artistas y dramaturgos la oportunidad de probar ideas novedosas. El **IRT Theater** (PLANO: 9 P. 110 **D6**) programa obras nuevas de artistas emergentes, sobre todo sordos. El centenario **Cherry Lane Theatre** (PLANO: 10 P. 110 **E6**) –la sala más antigua del Off-Broadway, recién remozada– es famoso sobre todo por sus espectáculos con solo uno o dos actores. Si se asiste a una función en uno de estos teatros, quizá podrá presumirse de haber visto antes que nadie esa obra para la que no quedan entradas.

Disfrutar del 'jazz' en directo — JAZZ

Aunque Nueva Orleans sea la cuna del *jazz*, en la década de 1930 Nueva York se había convertido en el corazón de ese nuevo estilo. Los solos de trompeta y los compases de piano sonaban alegremente por toda la ciudad, llenando los escenarios, desde el Cotton Club de Harlem hasta el Village, donde artistas como Billie Holiday y Sarah Vaughan cantaban en el Cafe Society de Sheridan Square (p. 118). Todavía actúan en el Village maestros de la improvisación, y vale la pena dedicar una noche a perderse en su música.

Si se busca autenticidad, hay que empezar por el prestigioso **Village Vanguard** (PLANO: 11 P. 110 **E4**), por el que han pasado todos los grandes (Thelonius Monk incl.) desde 1935. Una tranquila noche de lunes podría convertirse en una fiesta de *big-band* con la Vanguard Jazz Orchestra, que empezó a tocar aquí en 1966.

El **Smalls** (PLANO: 12 P. 110 **G1**) es un íntimo club de *jazz* en un sótano que evoca los tugurios de los tiempos de la ley seca. Sentarse aquí en primera fila es como darse un baño sonoro de metales y bajo. Si no se encuentra sitio, se puede probar en el **Mezzrow** (PLANO: 13 P. 110 **G1**), calle abajo. Resérvese para garantizase asiento.

Desternillarse en un sótano

MONÓLOGOS

Ni caso a los cómicos que venden entradas para espectáculos de poca monta en Times Square: para monólogos hilarantes hay que ir al **Comedy Cellar** (PLANO: 14 P. 110 **F6**), un pequeño club bajo el Olive Tree Café donde guionistas de televisión emergentes ensayan con material nuevo desde la década de 1980. De vez en cuando aparecen figuras de primer nivel como Jerry Seinfeld, Amy Schumer y Wanda Sykes. Por lo general se ofrecen varios espectáculos diarios de 1 h, con un pase los domingos por la tarde. Si no se encuentra asiento, véase lo que tiene programado a la vuelta de la esquina el **Village Underground** (PLANO: 15 P. 110 **F6**), donde actúan músicos y cómicos.

Dejar salir al artista interior

CLASES CON ARTE

Si la creatividad del Village despierta al artista que todo mortal lleva dentro, varias organizaciones no lucrativas imparten clases para todos los niveles.

Los jóvenes hacen equilibrios en la barra de la **Joffrey Ballet School** (PLANO: 16 P. 110 **E4**) desde 1953. No importa si se es un principiante o un perfeccionista de las puntas: cualquiera puede asistir a las clases de *ballet* para pulir sus *pliés* (se exige matrícula).

En **Greenwich House Pottery** (PLANO: 17 P. 110 **H3**) se dan clases de 2 h a ceramistas en ciernes, que pueden modelar sus vasijas a mano o en los tornos del taller; después de elegir un esmalte, el equipo residente horneará esas obras maestras en 3-6 semanas.

En las mismas salas donde Sigourney Weavery y John Leguizamo leyeron escenas en su día se puede averiguar si se poseen habilidades para dominar un escenario. El famoso taller de interpretación **HB Studio** (PLANO: 18 P. 110 **C5**) sigue siendo un templo para profesionales del oficio, con cursos de declamación, teatro musical, expresión corporal y otras disciplinas. Los posibles estudiantes pueden asistir como oyentes a una clase para ver si pica el gusanillo.

Conocer el Meatpacking District PASEO POR EL BARRIO

A finales del s. XIX los mataderos de este barrio alimentaban a una población en constante crecimiento, e incluso cuando la industria cárnica entró en declive los mayoristas del sector continuaron trabajando. Una reliquia de aquella actividad es el **Gansevoort Market Meat Center** (PLANO: 19 P. 110 **C4**), con profesionales que proveen de carne a restaurantes selectos. El **Hector's Diner,** donde antes comían los trabajadores del turno de noche, es otro raro vestigio de aquellos tiempos. En las décadas de 1970 y 1980, un nuevo oficio ocupó las antiguas naves industriales: los clubes de sexo BDSM como el Anvil, enfocados a los gais que vagaban por la calles adoquinadas y también a los trabajadores sexuales transgénero, *drag queens* y desarraigados en general (entre ellos un joven RuPaul).

En las postrimerías de la década de 1990, el barrio mudó de nuevo cuando se instalaron comercios de lujo que trajeron al distrito a un nuevo tipo de compradores. El **Pastis** (PLANO: 20 P. 110 **C4**), una *brasserie* de ambiente parisino y símbolo del nuevo Meatpacking, marcha sobre ruedas en su nueva ubicación en Gansevoort St; un sitio ideal para tomar algo antes de echarse a caminar por la High Line (p. 114).

JARDINES PARA PASEAR

St. Luke in the Fields Garden

En Hudson St, tras una tapia de ladrillo con enredaderas, se oculta este jardín con serpenteantes caminos de pizarra que llevan a rincones con bancos.

Jane Street Garden

Una reja de forja guarda este jardín trazado en un solar en 1973. Unos pocos bancos flanquean su paseo bordeado de plantas: un sitio delicioso para leer o tomar un café del Plantshed, al otro lado de la calle.

Abingdon Square

Este parquecito triangular del West Village se halla bordeado de bancos en torno a un monumento de la I Guerra Mundial de 1921. Los tulipanes lo embellecen en primavera, y el mercadillo ecológico (8.00-14.00 sa) atrae todo el año a los vecinos.

Saludar a los fantasmas del Chelsea Hotel REFERENTE CULTURAL

PLANO: 21 P. 110 **D2**

Este edificio de 1884 de ladrillos rojos y balcones de forja representa la cima del estilo Reina Ana; pero si resulta fascinante no es por la arquitectura, sino por los artistas que ocuparon sus habitaciones *shabby chic* (campestre desenfadado) en los días de esplendor. La dirección solía aceptar como pago obras de arte en vez de efectivo, acertada política con huéspedes como Jackson Pollock, Bob Dylan, Robert Mapplethorpe o Jimi Hendrix. Leonard Cohen y Janis Joplin vivieron aquí una aventura, recordada en la canción *Chelsea Hotel #2* del primero. La novia de Sid Vicious, huésped estable, apareció acuchillada en la habitación de la pareja en 1978. Madonna posó para las fotografías de su escandaloso libro *Sex* (1992). Tras años de litigio, los nuevos propietarios realojaron a la mayoría de los residentes, y el establecimiento se reabrió en el 2022 como hotel. Aunque el ambiente actual es de lujo discreto, se siente la presencia de los antiguos clientes, sobre todo por las pinturas que cuelgan en las paredes. En el **Lobby Bar** o el lujoso restaurante retro **El Quixote,** ambos en el hotel, se puede brindar por el pasado bohemio de Nueva York.

Recordar el pasado literario del Village

LUGARES CON HISTORIA

No es raro ver en los cafés del Village a tanta gente aporreando sus portátiles, y es que el barrio ha sido un foco literario desde el s. XIX. Sea cual sea el género preferido, seguro que hay algún lugar al que peregrinar. El escritor y activista James Baldwin vivió tres años en **81 Horatio St.** Mark Twain pasó dos años en **14 W 10th.** El novelista Norman Mailer acuchilló a su mujer Adele Morales con una navaja en su apartamento de **73 Perry St** (ella no presentó cargos, pero se divorciaron poco después). Tras el éxito de su obra teatral *Una pasa al sol,* Lorraine Hansberry compró una vivienda en **112 Waverly Pl.** La poeta "*flapper* feminista" Edna St Vincent Millay vivió en una de las casas más singulares del Village: una construcción en **75 ½ Bedford St** que no llega a 3 m de ancho. Y en la histórica **White Horse Tavern** (PLANO: 22 P. 110 **D5**), abierta desde 1880, apetece

LA FIESTA DE LOS ESPECTROS

En octubre aparecen calabazas en los pórticos y asoman esqueletos por las ventanas. Pero el momento estelar de Halloween en el West Village es su famoso desfile por la Sexta Avenida la noche del 31 de octubre. La celebración empezó como una fiesta callejera en la década de 1970, alentada por los artistas del barrio y gente de la farándula; hoy congrega a decenas de miles de participantes (basta con disfrazarse) y cientos de miles de espectadores. Pese a la inmensa popularidad que ha adquirido el desfile, lo más interesante siguen siendo los enormes muñecos artesanos que danzan por las calles: un guiño al origen artístico de la fiesta.

tomar un trago en recuerdo de los poetas Dylan Thomas y Delmore, en cuya barra de madera pasaron tantas horas.

Entrar en un santuario budista en el Rubin MUSEO

PLANO: 23 P. 110 **E3**

Entrar en estos antiguos grandes almacenes de Chelsea es sumergirse en la cultura himalaya. El **Rubin Museum of Art** es el primer museo occidental dedicado al arte del Himalaya y alrededores, con una colección extraordinaria que abarca 1500 años. La maestría de los artistas budistas se manifiesta en tejidos suntuarios, esculturas terribles, tallas en piedra pakistaníes y pinturas butanesas. Para vivir una experiencia inmersiva, la instalación **'Tibetan Buddhist Shrine Room'** incorpora las imágenes, sonidos y olores de un santuario doméstico tradicional.

Buscar localizaciones televisivas CIRCUITO A PIE

Si se siente un cierto *déjà vu* al pasear por el Village y Chelsea, quizá se deba a que estos lugares ya se han visto por televisión. Los neoyorquinos se mofan de cómo los protagonistas de *Friends* podían pagar su enorme apartamento. Y no podían: aquel *loft* era en realidad un plató en unos estudios de Los Ángeles. Aun así, el edificio del plano exterior, en **90 Bedford St,** atrae en peregrinación a los fans de la serie. A pocas manzanas, en **66 Perry St,** se encuentra la casa de Carrie Bradshaw en *Sexo en Nueva York,* a la que regresa en la secuela *And Just Like That;* según el guion debería estar en Upper East Side, pero la televisión obra su magia.

Comerse Bleecker Street GASTRONOMÍA

Aunque el West Village se ha convertido en uno de los vecindarios más lujosos y deseados de la ciudad, todavía quedan restos de su pasado obrero e inmigrante. El mejor tramo para conocer su historia gastronómica quizá sea Bleecker St entre la Sexta y la Séptima avenidas. La gente hace cola para conseguir sitio en el **John's of Bleecker St** (PLANO: 24 P. 110 **H3**), con fotos y demás recuerdos rodeando sus reservados de aire antiguo; aquí sirven desde 1929 unas *pizzas* deliciosas cocidas en enormes hornos de ladrillo, así como platos de pasta y otro con mucha salsa de tomate. Para prepararse un festín italiano propio, solo hay que retirar un tique y esperar turno en **Ottomanelli & Sons** (PLANO: 25 P. 110 **G3**), cuyos expertos carniceros ayudan a elegir el corte perfecto. Al otro lado de la calle, **Faicco's Italian Specialities** (PLANO: 26 P. 110 **H4**) ofrece víveres para *gourmets* desde 1900; su fantástico sándwich de pechuga de pollo nunca falla. Los amantes del queso deberían ir a **Murray's Cheese** (PLANO: 27 P. 110 **H4**), con una extraordinaria selección de quesos de todo el mundo. La ruta por la manzana termina con una nota dulce en la **Pasticceria Rocco** (PLANO: 28 P. 110 **H4**), rebosante de pasteles arcoíris, *cannoli* y *sfogliatella,* y con el *espresso* más cargado que se puede tomar de aquí a Milán.

Hallar obras de arte público ESCULTURAS CALLEJERAS

PLANO: 29 P. 110 **E4**

Para descubrir (gratis) la creatividad del Downtown hay que estar atentos a las obras de arte expuestas en, sobre y bajo estas calles. Entre las torres del University Village de la Universidad de Nueva York **(505 LaGuardia Pl)** asoma el *Busto de Sylvette,* una escultura en hormigón de Picasso de 4 m de alto. A 20 min andando por el oeste, el **New York City AIDS Memorial** recuerda a los 100 000 neoyorquinos que mató el sida. Mientras se esperan los trenes A, C o E en la **14th St Station** en la Octava Avenida quizá se repare en un caimán saliendo de una alcantarilla o un plutócrata caricaturesco agarrando una bolsa con dinero: no representan a usuarios del metro, sino que forman parte de la instalación *La vida bajo tierra* de Tom Otterness, que ocupa toda la estación. Visitando galerías en Chelsea es difícil pasar por alto el mural *Monte Rushmore* de Eduardo Kobral **(10th Ave con 22nd St),** que reinventa el célebre monumento con las efigies de Frida Kahlo y tres artistas modernos de Nueva York: Andy Warhol, Keith Haring y Jean-Michel Basquiat.

Localizaciones en el plano de la p. 110

Lo mejor para...

$ Económico $$ Medio $$$ Alto

Comer

Restaurantes con buenas críticas

Semma $$$
30 E4
Los picantes *chutneys* de Semma trasladan al verano del sur de la India, donde el fuego de cada plato hace sudar. *17.00-22.00 lu-sa*

JeJu Noodle Bar $$$
31 D6
A pesar del *Nighthawks* que se lee en el toldo, aquí no hay pinturas de Edward Hopper, sino *ramen* coreano (lo llaman *"ramyun"*) con estrella Michelin. *17.00-22.00 mi-vi, desde 15.00 sa y do*

Minetta Tavern $$$
32 F6
A esta taberna abierta en 1937 iban bohemios habituales como E. E. Cummings. La reforma del 2009 la mantiene fiel a sus orígenes. *17.00-24.00, 12.00-15.30 mi-vi, desde 11.00-15.30 sa y do*

Tacos

Los Tacos No 1 $
33 C3
En el Chelsea Market (p. 117) está la matriz de esta cadena de tacos mexicanos auténticos; hay que pedirlos con todo. *11.00-22.00 lu-sa, hasta 21.00 do*

Taco Mahal $
34 G3
Mezclar tacos con sabores indios resulta en exquisiteces "indolatinas" como pan plano (*roti* o *naan*) con rellenos como *palak paneer. 11.00-22.00 lu-mi y do, hasta 23.00 ju-sa*

Comida mediterránea

Shukette $$
35 C1
El pan pita abre el apetito para las raciones de *labneh, baba ghanoush*, berenjena crujiente, albóndigas de trucha alpina y otras delicias de Oriente Próximo ideales para compartir. *17.00-23.00 lu-sa, 16.00-22.00 do*

Anixi $$
36 D1
Nada que ver con aquellas covachas noventeras que olían a pachulí: este bastión de la carne vegana con cortinas de terciopelo y arañas de luces es tan sofisticado como su carta de inspiración mediterránea. *Horario variable*

Qanoon $$
37 C2
Los restaurantes palestinos son raros en Nueva York, pero en el Qanoon ("parrilla", en árabe) sirven ricas verduras y carnes asadas. *17.00-22.00 lu-do, 10.00-16.00 sa y do*

'Brunch' y bollería

Banter $
38 F6
Este alegre local australiano es ideal para el *brunch* y el almuerzo. *8.00-15.00 lu-vi, hasta 16.00 sa y do*

Cookshop $$
39 C2
Para un *brunch* antes (o después) de caminar por la cercana High Line (p. 114). Por sus cócteles (¡ese *cookshop mary*!), imaginativas propuestas con huevos y mesas al aire libre, es un clásico de Chelsea. *Horario variable*

Magnolia Bakery $

40 D5

Esta popular cadena se hizo famosa por sus *cupcakes*, pero la verdadera estrella del lugar es su pudin de plátano. *9.30-22.00 do-ju, hasta 23.00 vi y sa*

Hector's Cafe Diner $

41 C4

El tiempo se detuvo en este modesto *diner* bajo la High Line donde los vecinos y algún que otro turista dan cuenta de tortitas, tortillas y hamburguesas. *Horario variable*

Beber

Bares de vinos con comida

St Jardim

42 G1

Con ventanales enormes y mesas al aire libre en una bocacalle del Village, este café y bar de vinos abierto todo el día es perfecto para ver gente compartir platos de inspiración mediterránea. *Horario variable*

Buvette

43 G3

Tomar un *espresso* o un vino, o sentarse a comer: todo es posible en este café-bar-restaurante rendidamente francófilo rebosante de gente del barrio, parejas y paseantes del West Village. *8.00-24.00*

Clásicos LGTBIQ+

Julius'

44 G1

Un sitio acogedor y sin pretensiones. Una foto en blanco y negro de 1966 recoge la protesta pionera de la Mattachine Society. *16.00-2.00 lu-ju, hasta 4.00 vi, 12.00-4.00 sa, hasta 2.00 do*

Cubbyhole

45 D4

Las mujeres abarrotan este acogedor bar LGTBIQ+ desde 1994, con gramola y un techo decorado con los objetos más inverosímiles. *16.00-2.00 lu-ju, hasta 4.00 vi, desde 14.00 sa, 14.00-2.00 do*

Eagle NYC

46 B1

Fetichistas del cuero y tipos macizos con suspensorios se pasean por este palacio gay de tres plantas, bailando y bebiendo con desenfreno. En verano, los maratones de cerveza en la azotea son de aúpa. *22.00-4.00 lu-sa, desde 17.00 do*

Le Bain

47 C4

Los DJ marcan la pauta en este club en la azotea del Standard Hotel con vistas fabulosas. La fiesta gay Paradisco caldea las tardes de los domingos en invierno. *Horario variable*

Cerveza y bares de copas

124 Old Rabbit Club

48 F6

Las cervezas artesanas raras, tanto importadas como locales, son la especialidad de este local tan bien escondido (hay que buscar la palabra "Rabbit"); destacan las Grimm Artisanal Ales de Brooklyn (p. 225). *18.00-2.00 lu-sa, 16.00-24.00 do*

Bandits

49 E6

Tras sentarse en un reservado verde y admirar a Farrah Fawcett en la galería de retratos sobre las paredes enmaderadas, si no se toman demasiadas cervezas se podrá llegar hasta el baño palpando la pared afelpada junto a la puerta. *Horario variable*

Happiest Hour

50 E4

El Pacífico reina en este bar con palmeras en el papel pintado, pop sesentero y cócteles de playa con frutas. La Happiest Burger evoca fantasías de Cali. *Horario variable*

Cóctelerías elegantes

Employees Only

51 D5

Este fabuloso bar tipo *speakeasy* abrió una nueva era en la alta mixología cuando sirvió su primer cóctel con clara de huevo en el 2004, y todavía marca la pauta. *18.00-4.00*

Little Branch

52 E6

Bajar a este sótano es como regresar a los tiempos de la ley seca: los clientes entrechocan los vasos y sorben cócteles artesanos, y a veces el *jazz* en directo acompaña la labor de los mixólogos. *18.00-1.00 lu-mi, hasta 3.00 ju-sa, hasta 24.00 do*

Jungle Bird

53 D3

En este bar de dos niveles corren ríos de cócteles *sofixticados* con toques tropicales (como el que le da nombre). La planta baja es para grupos pequeños o citas; arriba el ambiente es más golfo. *Horario variable*

Café, té y galletas

Té Company

54 G1

Aquí se sirven tés taiwaneses en hoja suelta y dulces tan bonitos que podrían salir en una película de Wes Anderson. *12.00-18.00 ma-ju, desde 11.00 sa y do*

Yanni's Coffee

55 E3

El aroma a frutos secos del café de goteo y a mantequilla de las deliciosas galletas recién horneadas invitan a entrar. *7.00-17.00 lu-vi, desde 20.00 sa y do*

Comprar

Moda global

Cueva

56 G2

Una valla sándwich anuncia en la acera las prestigiosas firmas representadas en esta selecta tienda de ropa masculina, una lista que da la vuelta al mundo pasando por EE UU, Suecia o Japón.

Zuri

57 D5

Esta tienda de Bleeker St se distingue por sus multicolores vestidos de talla única. Zuri hace honor a su nombre ("bueno", en suajili) con su ropa keniata de origen ético.

Librerías y papelerías

Goods for the Study

58 F5

Diaristas y dibujantes se quedan boquiabiertos ante la variedad de papel y artículos de escritorio que vende este proveedor de despachos y oficinas.

Printed Matter, Inc

59 B1

Nada de lo que venden las librerías convencionales se encuentra en estos ordenados anaqueles con miles de ideas condensadas en revistas raras y ediciones limitadas de monografías sobre artistas.

Ultramarinos y tés exóticos

Myers of Keswick

60 D4

Veterana tienda británica con, p. ej., berberechos en escabeche Parsons, caramelos de goma Percy Pig y suficientes tartaletas saladas para saciar al ejército de Su Majestad.

McNulty's Tea y Coffee Co, Inc

61 D5

Las gastadas tablas del suelo, los aromáticos sacos de café y los grandes tarros de té parecen de otra época, y lo son: esta tienda abrió sus puertas en 1895.

Sugerencias de lugares para comer, beber y comprar en **p. 140**

Explora
Union Square, Flatiron y Gramercy

Union Square, Gramercy y Flatiron atraen a una frenética amalgama de universitarios, neoyorquinos de rancio abolengo y todo tipo de fauna humana de por medio. El mejor escaparate de este batiburrillo es Union Square, famoso parque donde ajedrecistas, *hare krishnas,* vendedores de manzanas y manifestantes se mezclan con los agobiados usuarios del metro. Siguiendo al norte por Bloomingdale se llega a Flatiron, un valioso conjunto arquitectónico con rascacielos señoriales, restaurantes con estrellas Michelin y grandes almacenes. Por el este, Gramercy, con su parque, es bastante más tranquilo.

Cómo desplazarse

Metro
Union Sq es un nudo ferroviario. Las líneas 4/5/6 vienen de Upper East Side y South Brooklyn, la L de Williamsburg y la N/Q/R de Queens y Brooklyn. Para ir a Times Sq se toma la Q; para el Flatiron District, la N/R hasta 23rd St y Broadway o la 6/8 hasta 23rd en Park Ave South.

Autobús
El M14A y el M14D cruzan la ciudad por 14th St, solo para autobuses; el M23 circula por 23rd St.

Edificio Flatiron (P. 132).
HIT1912/SHUTTERSTOCK ©

★

LO MEJOR

Caminar por el **FLATIRON DISTRICT** (P. 132) para admirar su arquitectura angulosa, incluido el icónico rascacielos epónimo.

Comprar delicias artesanas en el **UNION SQUARE GREENMARKET** (p. 133) y disfrutarlas después sentado en un banco del parque.

Tomar una cerveza italiana en la azotea de **EATALY** (p. 139) o apuntarse a una clase para perfeccionar el arte de la pasta.

Enriquecer el menaje del hogar en **FISHS EDDY** (p. 136).

CIRCUITO A PIE

Los rascacielos de Flatiron

Las aceras del Flatiron District son remolinos de gente que va y viene de tiendas y restaurantes, pero al levantar la mirada surge otra perspectiva, la del esplendor de la Edad Dorada de la ciudad y la energía de la sociedad finisecular. En este barrio bien conservado, cada fachada cuenta historias de una metrópolis que nunca ha dejado de cambiar.

INICIO	FINAL	DURACIÓN
Iglesia de la Santa Comunión	26th St esq. Fifth Ave	960 m; 1 h

1 De la iglesia al teatro

Se parte de este templo neogótico en la esquina noreste de 20th St con la Sexta Avenida. Erigida a mediados del s. XIX, la iglesia episcopaliana de la Santa Comunión se convirtió sucesivamente en el legendario club nocturno Limelight, un centro comercial, un gimnasio y –próximamente– en un teatro a cargo del director Michael Arden, ganador del Tony.

2 Una avenida elegante

Caminando al norte por la Sexta Avenida aparece un conjunto de magníficas construcciones en hierro que durante la Edad Dorada alojaron unos grandes almacenes frecuentados por mujeres acomodadas. La zona se conocía como la "Milla de las Señoras" hasta que el comercio se desplazó al norte, empezando por el traslado de Macy's a Herald Square en 1902.

3 Una tarta en el cielo

Elegante como un barco de 87 m varado entre tres calles, el **edificio Flatiron** (originalmente, edificio Fuller) gana en belleza cuanto más se contempla su fachada triangular de piedra caliza y terracota. Los críticos lo denostaron cuando se inauguró en 1902; el *New York Tribune* lo tildó "roñoso trozo de tarta". Pero a la gente le encantó, y sus fotos dieron la vuelta al mundo.

4 El tamaño sí importa

Al rodear la fuente del Madison Square Park van apareciendo gigantes de la arquitectura en una panorámica de 360°. Por el este, revestido de mármol y con un campanario, el **Met Life** (213 m) se convirtió en el edificio más alto de la ciudad en 1909. Por el norte se alza otro antiguo poseedor del récord de altura: el Empire State Building (p. 152).

5 Fachadas caprichosas

Continuando por el borde oriental del parque se pasa ante otros dos gigantes: el **Tribunal de Apelaciones** (27 Madison Ave), una construcción *beaux arts* de 1899 con pórtico de templo romano, y el **edificio New York Life** (51 Madison Ave) de Cass Gilbert (1928), con un coronamiento piramidal dorado de seis plantas de altura.

6 'La Dama Pintada'

Por último, en la esquina sureste de W 26 St con la Quinta Avenida, el mural de 30 m de Tristan Eaton **'La Dama Dorada'** (236 Fifth Ave) se inspira en la corista Evelyn Nesbit, una Marilyn Monroe finisecular cuyo celoso marido disparó a su amante (el arquitecto Stanford White) no lejos de Madison Square Park.

Más información
Imprescindible p. 133
Experiencias p. 135
Comer p. 140
Beber p. 141
Comprar p. 141
0
200 m
A
B
C
D
1
2
3
4
5
6
Empire State Building
KOREATOWN
W 33rd St
E 33rd St
33rd St
W 32nd St (Korea Way)
E 32nd St
W 31st St
E 31st St
W 30th St
E 30th St
W 29th St
E 29th St
Fifth Ave
Madison Ave
KIPS BAY
28th St
W 28th St
E 28th St
Museum of Sex
NOMAD
W 27th St
E 27th St
W 26th St
E 26th St
Broadway
Park Ave S
Lexington Ave
Third Ave
Madison Square Park
W 25th St
E 25th St
W 24th St
E 24th St
Shake Shack
Eataly
23rd St
W 23rd St
E 23rd St
Edificio Flatiron
FLATIRON DISTRICT
Fotografiska New York
W 22nd St
E 22nd St
Harry Potter New York
Gramercy Park
W 21st St
E 21st St
Cuna de Theodore Roosevelt
Gramercy Tavern
W 20th St
E 20th St
National Arts Club
GRAMERCY
Fishs Eddy
W 19th St
E 19th St
Caffè Panna
Pete's Tavern
Daily Provisions
W 18th St
E 18th St
Union Square Greenmarket
Dear Irving
W 17th St
E 17th St
CAMP
5th Avenue
Books of Wonder
W 16th St
E 16th St
Evelyn's Playground
Irving Pl
UNION SQUARE
Union Square
W 15th St
E 15th St
Kidding Around
14th St-Union Sq
3rd Ave
W 14th St
E 14th St
W 13th St
E 13th St
GREENWICH VILLAGE
University Pl
Fourth Ave
EAST VILLAGE
W 12th St
E 12th St
Strand Book Store
1
2
3
4
5
6
7
8
9
10
11
12
13
14
15
16
17
18
19
20
21
22
23
24
25
26
27
28
29
30
31
32
33
34
35
36
37
38
39

★ IMPRESCINDIBLE

Unirse al gentío en Union Square

Confluencia del Uptown, el Downtown, el este y el oeste, Union Square es como el arca de Noé de Nueva York, donde se juntan al menos dos ejemplares de cada especie de los mares de hormigón de la ciudad: una compleja red urbana de granjeros, compradores, patinadores, ociosos y activistas.

Protest Park (El parque de las protestas)

PLANO: P. 132 **B5**

Union Square no nació como parque: una verja de hierro circundó este espacio desde su inauguración en 1839 hasta 1872. Pero el nombre se convirtió en una profecía: en 1882, unos 10 000 trabajadores unieron aquí sus fuerzas en demanda de "menos trabajo y más salario" en el primer desfile del Día del Trabajo en Nueva York.

Las protestas sociales y políticas definieron la identidad de Union Square en las décadas siguientes. Al caminar hoy por el extremo sur del mismo se verá probablemente alguna concentración. Y aunque no se oiga ninguna manifestación, siempre hay una protesta silenciosa. La prueba se encuentra mirando al sur: en un edificio de 10 plantas, el llamado **reloj climático** inició en el 2020 la cuenta atrás digital del tiempo que le queda al mundo para controlar el cambio climático antes de que sus efectos sean irreversibles.

CONSEJO
Visitar la zona coincidiendo con el horario del Union Square Greenmarket (8.00-18.00 lu, mi, vi y sa) y con hambre, porque hay muchas exquisiteces que probar.

Productos de granja

Pese a la tradición reivindicativa del parque, hoy su principal reclamo son los productos frescos. Granjeros, panaderos y artesanos del área metropolitana de Nueva York venden sus géneros en el **Union Square Greenmarket** (foto p. 134), el mayor mercado callejero de la ciudad. En temporada, 140 puestos instalados en los lados norte y oeste del parque venden a unos 60 000 clientes desde víveres

Escanea este código QR para información sobre actividades en el Greenmarket.

LITTLENYSTOCK/SHUTTERSTOCK ©

UNA PAUSA
En verano, en el extremo norte del parque, **Torch & Crown,** la única fábrica de cerveza de Manhattan, que puede visitarse todo el año en el Village, abre una terraza-cervecería.

caseros para chefs (verduras frescas, carnes y quesos artesanos) hasta surtidos de pícnic (fruta, pan, dulces y sidra).

Tras la compra solo queda dirigirse a los bancos o a una de las mesas de merendero metálicas dispersas por el parque: no hay sitio malo para observar a la gente.

Alegría navideña

El mercado de Union Square es una delicia todo el año, pero desde mediados de noviembre hasta el 24 de diciembre es especial, cuando parque acoge el **Holiday Market,** un mercadillo navideño a la europea. El ambiente es particularmente encantador por la noche, cuando se puede pasear bajo las luces de colores buscando un regalo único mientras se toma un chocolate caliente.

EXPERIENCIAS

Pasear por Irving Place
PASEO CALLEJERO

Algo raro en las calles neoyorquinas, Irving Pl solo abarca seis manzanas: desde 14th St hasta 20th St entre Park Avenue y la Tercera Avenida. Samuel Ruggles, que urbanizó esta zona en la década de 1830, la bautizó así por Washington Irving, el autor de *La leyenda de Sleepy Hollow,* del que cuentan que vivió en **49 Irving Pl.** A pesar de la placa que recuerda al escritor, la historia no es cierta: por lo visto la inventaron Elsie de Wolfe y Elisabeth Marbury, una influyente pareja de lesbianas del s. XIX muy dada al histrionismo. Pero muchos personajes conocidos sí que anduvieron por estas manzanas, como William Sydney Porter (pseudónimo: O. Henry), que escribió *El regalo de los Magos* cuando vivía en **55 Irving Pl;** bebedor irredento, paraba mucho por la **Pete's Tavern** (PLANO: 1 P. 132 **C5**), al otro lado de la calle. El Pete's es el bar-restaurante más antiguo de la ciudad con actividad ininterrumpida: sirven cerveza desde 1864. Para un marco a tono con el esplendor de la zona en la Edad Dorada, hay que reservar en el **Dear Irving** (PLANO: 2 P. 132 **C5**), una coctelería de decoración victoriana. La ruta termina reponiendo fuerzas en la Irving Farm (p. 141), donde preparan café bien cargado desde 1996.

Asomarse a un jardín privado
RUTA ARQUITECTÓNICA

En el extremo norte de Irving Pl aguarda un paraíso, pero solo para las 300 personas que tienen llave de la verja. Y es que el **Gramercy Park** (PLANO: 3 P. 132 **C4**) está reservado para los moradores de las 39 casas circundantes, tal como lo previó Samuel Ruggles en 1831. Vale la pena rodear su perímetro bordeado de fachadas italianizantes, griegas y neogóticas. En Gramercy Park South, el exclusivo **National Arts Club** (PLANO: 4 P. 132 **C4**) fue diseñado por el arquitecto y paisajista Calvert Vaux, uno de los artífices de Central Park; su galería de arte está abierta al público. Al lado queda **Players,** un club privado que fundó el actor shakespeariano Edwin Booth (hermano del asesino del presidente Lincoln). Los actores James Cagney *(Yanqui Dandy),* Margaret Hamilton (la bruja de *El mago de Oz*) y Jimmy Fallon vivieron en **34 Gramercy Park East,** y Thomas Edison hizo lo propio en **24 Gramercy Park South.** Para entrar en el jardín sin poseer una de sus codiciadas llaves no queda otra que visitarlo en Nochebuena, cuando se abre al público durante 1 h.

Imaginarse al pequeño 'Teedie' en su casa natal
MUSEO DE HISTORIA

PLANO: 5 P. 132 **B4**

Cuatro décadas antes de que el 26º presidente de EE UU cargara con su conocido 'garrote' por Washington D.C., un joven "Teedie" (su mote de niño) hacía garabatos en una casa rojiza de **28 E 20th St.** El edificio de 1848 donde creció Theodore Roosevelt fue derribado cuando aún vivía él, pero la reconstrucción actual es una maravilla. El mobiliario original y las restauraciones acordes a la época resucitan los fantasmas familiares, y en la planta baja dos galerías exponen objetos como la camisa que llevaba Roosevelt cuando le dispararon en 1912. Después de ver el documental de 25 min –un curso intensivo sobre la vida de Roosevelt–, se efectúa un circuito guiado gratis (10.30, 11.30, 13.30 y 14.30) por las habitaciones de la casa. Es fácil pasar por alto este sobrio edificio; búsquese el cartel del National Park Service.

Volver a la infancia en Flatiron

DIVERSIÓN EN FAMILIA

Si se viaja con críos o se lleva un niño dentro, esta parte de la ciudad ofrece mil aventuras. La más apasionante es **Harry Potter New York** (PLANO: 6 P. 132 **B4**), una tienda dedicada al mundo mágico tan enorme (tres plantas y 6100 m²) que aparece en la World Record Academy; conviene reservar tiempo para el Butterbeer Bar, donde sirven la dulce "cerveza de mantequilla" *potteriana* (¡sin alcohol!) de barril, en botella o incluso como helado. Cerca queda una de las mejores librerías infantiles independientes de la ciudad, **Books of Wonder** (PLANO: 7 P. 132 **A5**), que inspiró la tienda de Meg Ryan en la comedia *Tienes un e-mail* (1997). El mismo espíritu infantil se revela en forma de juguetes en **Kidding Around** (PLANO: 8 P. 132 **A6**), con regalos cuidadosamente seleccionados para niños de todas las edades. Después de las compras toca divertirse en la tienda matriz de **CAMP 5th Avenue** (PLANO: 9 P. 132 **A5**), con una programación rotatoria de actividades, y, por último, desmadrarse en el **Evelyn's Playground** (PLANO: 10 P. 132 **C5**), en Union Square, donde trepar a lo alto de la cúpula de metal representa una gesta para los niños de la ciudad.

Alegrar la cocina en Fishs Eddy

COMPRAS PARA EL HOGAR

PLANO: 11 P. 132 **B4**

Fishs Eddy (@fishseddynyc) encarna ese descaro tan neoyorquino en el sector del menaje de cocina. Aquí llevan "haciendo platos" desde 1986, tan divertidos como, p. ej., uno con una ardilla que dice "no me toques la nueces" o una jarra con la Estatua de la Libertad. Además, la tienda vende trabajos de su artista residente Ben Lovitz, cuya serie "Pigeons of NYC" rinde homenaje a las omnipresentes palomas neoyorquinas. Los graciosos retratos de mascotas en la trastienda son también de Lovitz, que de vez en cuando se pasa por el lugar para hacer nuevas obras maestras; y si la visita no coincide, no pasa nada, porque acepta encargos (benlenovitz.com). Conviene revisar el Instagram de la tienda: Julie Gaines, la fundadora, organiza ocasionales circuitos por un museo secreto en la última planta.

Emborracharse de fotos MUSEO FOTOGRÁFICO

PLANO: 12 P. 132 **C4**

Fotografiska New York, primera sucursal en EE UU de un conocido museo de fotografía de Estocolmo, ocupa cinco plantas de un edificio neorrenacentista de 1892. Las exposiciones, en continua rotación, incluyen desde glamurosas instantáneas de moda hasta ejemplos del fotoperiodismo más descarnado. Se puede pedir una copa de vino en el café de la planta baja y recorrer el museo con ella, o charlar en los sillones de terciopelo del último piso. Tras la visita, nada como instalarse en una mesa del **Verōnika,** un bar-restaurante con increíbles arañas de luces y un gran ambiente. Y seguir con la fiesta en el Chapel Bar (p. 141), una iglesia convertida en coctelería que se esconde tras una puerta sin letrero en el vestíbulo.

Probar los inventos de Danny Meyer RUTA GASTRONÓMICA

Cuando estrenó un carrito de perritos calientes en el Madison Square Park (p. 138) en el 2001, su idea era apoyar la primera instalación artística del parque. Más de dos décadas después, el carrito es un quiosco permanente que además presume de ser el primer **Shake Shack** (PLANO: 13 P. 132 **B3**) del mundo. El fundador de la popular cadena de hamburgueserías es Danny Meyer, que abrió su primer restaurante, el Union Square Cafe (p. 140), en 1985 a los 27 años (en el 2016 se trasladó a 19th St esq. Park y sigue siendo magnífico). Meyer posee hoy todos los galardones gastronómicos –estrellas Michelin, premios James Beard–, y aunque su imperio se extiende por toda la ciudad, este barrio sigue

MÁS QUE MENAJE

Para una tienda de menaje de hogar, es un gran mérito haberse convertido en una institución. **ABC Carpet & Home,** que empezó como un carro a principios del s. XIX, ha ganado tanta fama que la llaman la "Disneylandia para adultos ricos". Aunque ahora ajustada en tamaño y en una nueva dirección, siempre merece la pena curiosear en su heterogéneo surtido de artículos de la planta baja y/o entre las alfombras de todo el mundo expuestas en el sótano. Resulta asimismo imprescindible cenar en uno de los tres restaurantes de Jean-Georges Vongerichten: el **abc kitchen,** el buque insignia; el **abc cocina,** de inspiración latina, y el vegano abcV (p. 140).

siendo su matriz. Aquí se encuentran la **Gramercy Tavern** (PLANO: 14 P. 132 **B4**), famosa por sus menús estacionales, y el primer local de su pastelería y café, **Daily Provisions** (PLANO: 15 P. 132 **C4**), donde hay que probar el *cruller* (una rosquilla trenzada).

Su hija, Hallie Meyer, triunfa en el Gramercy Park con la heladería italiana **Caffè Panna** (PLANO: 16 P. 132 **C4**). Una propuesta: empezar el día con la hamburguesa del padre y terminar con el *affogato sundae* de la hija.

Navegar entre 29 km de libros

LIBRERÍA

PLANO: 17 P. 132 **C6**

La ciudad de Nueva York tiene muchas y magníficas librerías, con **Strand** entre las primeras de la lista. Esta docta institución de 12th St desde 1927 es la única superviviente de la antigua Book Row en la Cuarta Avenida. Los "29 km" de libros nuevos, usados y raros de esta tienda independiente (2,5 millones de títulos) ocupan tres plantas, con los saldos expuestos fuera. La 1ª planta aloja una sucursal de la **Brooklyn Roasting Company,** y en el último piso se organizan sesiones de firmas y lecturas. Si el surtido resulta abrumador, las mesas de la entrada dividen las novedades por temas, aunque lo mejor es tomar un café y perderse en el laberinto libresco.

Repasar la educación sexual

MUSEO

PLANO: 18 P. 132 **B2**

Al **Museum of Sex** ("MoSex") hay que ir sin prejuicios, no en vano su finalidad es principalmente didáctica: "conservar y presentar la historia, evolución e importancia cultural de la sexualidad humana". Un ejemplo: cuando el museo inauguró su primera exposición temporal, *NYCSEX: Cómo Nueva York transformó el sexo en Estados Unidos,* en el 2002, presentó de paso a su primera junta directiva, con presencia de historiadores y especialistas de las universidades más prestigiosas. Otro ejemplo es la exposición *Artifact,* con una muestra de las más de 15 000 pie-

MADISON SQUARE PARK

Este es mucho más que el sitio donde estuvo el primer Shake Shack –aunque ya es un sabroso motivo para venir–: cuenta además con una fantástica zona para perros, muchos bancos e instalaciones temporales de arte siempre interesantes. Cuando se abrió al público en 1847, este manchón verde marcaba el extremo norte de Manhattan. En 1915 era el centro de la ciudad, y las casas de piedra rojiza de la época de Edith Wharton dieron paso a los grandes rascacielos. Hoy no llega a ser Times Square, pero el bullicio en el lugar nunca cesa.

zas de la colección permanente, como un zapato chino para pies de loto, un vibrador de principios del s. XX y un ejemplar de la revista *Playboy* en braille. Para algo menos cerebral, habrá que explorar las cuatro galerías de *Super Funland,* un carnaval erótico con una máquina que adivina el futuro en la que aparece RuPaul y una cabina biométrica de besos que mide la pasión de la pareja. La tienda ofrece un gran surtido de "juguetes". Edad mínima para entrar: 18 años.

Dominar el arte de la pasta en Eataly COMIDA Y CLASES

PLANO: 19 P. 132 **A3**

No está nada mal aventurarse por este palacio del epicureísmo italiano. La primera sucursal de Eataly en EE UU consta de más de 8000 km^2 abarrotados de lasañas, carnes, quesos, aceites de oliva, pastas secas y pestos, amén de siete restaurantes, entre ellos el precioso bar de azotea Serra (p. 141), abierto todo el año. Aquí se comen todos los clásicos italianos: *panini,* pasteles, pasta, *pizza* y suficiente *gelato* para que toda Nueva York sienta la punzada del frío en la cabeza.

Pero en lugar de vagar de acá para allá, quizá se prefiera ir con alguna finalidad, como la de pulir las habilidades culinarias en una clase de elaboración de pasta bajo el magisterio de un *pastaio* profesional o perfeccionar una receta de *pizza* napolitana. Aunque el visitante no vaya a convertirse en el próximo Mario Batali, puede pasar un buen rato tomando unos vinos mientras aprende algo nuevo. Las clases suelen durar 1-2 h (inscripción en eataly.com/us_en/stores/nyc-flatiron). Hay otro Eataly grande en el Downtown cerca del One World Trade Center (p. 50).

SUGERENCIAS

Lo mejor para...

Localizaciones en el plano de la **p. 132**

$ Económico $$ Medio $$$ Alto

Comer

Alta cocina memorable

Eleven Madison Park $$$
20 B3
Consagrado a la sostenibilidad y constante en su excelencia (tres estrellas Michelin), el chef Daniel Humm elevó la apuesta en el 2021 con un menú vegetariano. *17.30-22.00 lu-mi, 17.00-23.00 ju-do, 12.00-14.00 sa*

Cosme $$$
21 B4
Enrique Olvera, del Pujol en ciudad de México, aporta su estilo a este restaurante con sus refinadas versiones de clásicos transfronterizos. *17.30-21.30 do-ju, hasta 22.00 vi y sa, 12.00-14.30 sa y do*

Casa Mono $$$
22 C5
Para ver cómo se preparan tapas españolas con una estrella Michelin junto a la barra o comentar cada rico bocado en la mesa. Si no se tiene reserva, se puede esperar en el vecino Bar Jamón. *12.00-23.00*

abcV $$$
23 B5
Jean-Georges Vongerichten triunfa con sus tres ABC asociados a los almacenes del mismo nombre. Este brillante vegano merece elogios adicionales. *12.00-15.00 y 17.00-22.00 lu-vi, 11.00-15.00 y 17.30-22.00 sa y do*

Cocina mediterránea

Union Square Cafe $$$
24 C4
Danny Meyer consolidó su prestigio en 1985 cuando abrió este restaurante con platos de estilo italiano y servicio excepcional. *11.30-22.30 do-mi, hasta 23.00 ju-sa*

ilili $$
25 A2
Las semillas de granada brillan en este restaurante donde la cocina libanesa se viste de gala. La carta complace por igual a carnívoros y vegetarianos. *Horario variable*

Kyma $$$
26 A5
En el Kyma ("ola" en griego), los deliciosos platos de pescado y marisco llevan hasta Nueva York las aguas del mar Jónico. *11.30-22.00 lu-ju, hasta 23.00 vi y sa, hasta 21.00 do*

La Pecora Bianca Nomad $$
27 A3
El ambiente es lo principal: las mesas en la calle evocan una plaza europea. *11.30-22.00 lu-mi, hasta 22.30 ju y vi, desde 10.00 sa y do, hasta 21.00 do*

Sabores asiáticos

Cote $$$
28 B4
Los carnívoros se pondrán las botas con el Butcher's Feast en esta *steakhouse* coreana-americana. *17.00-22.00 do-mi, hasta 1.00 ju-sa*

Laut $$
29 B5
Gran embajada gastronómica del sureste asiático donde cada bocado evoca las cocinas de Malasia, Singapur y Tailan-

dia. *11.30-15.15 lu-vi, 17.00-21.45 lu-ju, hasta 22.00 vi, desde 13.00 sa y do*

Beber

Bares de azotea

Serra

30 A3

Joya de la corona de la cadena de comida italiana Eataly (p. 139), este bar ajardinado celebra cada estación con una decoración apropiada. Para relajarse con una Peroni y/o hincar el diente a una buena pasta. *11.00-22.30*

230 Fifth

31 A2

Turistas, parejas, compañeros de trabajo, familias..., todo el mundo adora las vistas del Empire State desde este bar con mesas dentro y fuera. *16.00-24.00 lu-ju, hasta 3.00 vi, 11.30-4.00 sa, 11.30-24.00 do*

Lugares históricos para cerveza y cócteles

Chapel Bar

32 C4

El antiguo confesonario de esta iglesia convertida en coctelería es el mejor sitio para revelar los pecados entre copa y copa. Perfecto para después de visitar Fotografiska (p. 137). *18.00-2.00 ma-sa*

Old Town Bar

33 B5

Sigue igual que en 1892: barra de caoba, techos de estaño y unos urinarios impresionantes. Hay que pedir martinis y hamburguesas. *11.30-24.00 lu, 11.30-0.30 ma-sa, 12.00-22.00 do*

Oscar Wilde

34 A2

Como el escritor que le da nombre, este bar rezuma recargamiento victoriano: papel pintado con florituras, chimenea de mármol y la barra más larga de la ciudad. A Wilde le habría encantado. *Horario variable*

Café artesano

Irving Farm

35 C5

Animado local en un bajo (el primer establecimiento de una minicadena) en una calle realmente preciosa, donde saborear café procedente de granos seleccionados a mano. *7.00-17.00 lu-vi, desde 8.00 sa y do*

COPPA

36 B2

Un sitio magnífico para tomar el café antes de pasear por el Madison Square Park (P. 132), y de noche, un acogedor cubil para beber vino. *6.30-18.00, 19.00-23.00*

Comprar

Tiendas especializadas

Bedford Cheese Shop

37 C5

La famosa quesería de Brooklyn trae el ambiente *foodie* artesano del distrito periférico a los manhattanitas amantes de los lácteos. Buen sitio para proveerse para el pícnic o zamparse una rica tabla de quesos.

Ten Ichi Mart

38 A4

Pequeña tienda de comestibles japonesa con toda clase de exquisiteces económicas, como *mochi* de todos los sabores.

Paragon Sports

39 B5

Estos grandes almacenes de tres plantas son, desde 1908, un edén para deportistas y practicantes de actividades al aire libre. También se puede solicitar aquí un permiso para usar las pistas de tenis de la ciudad.

Sugerencias de lugares para comer, beber y comprar en **p. 163**

Explora Midtown

Mitificado como el "cruce de caminos del mundo", Times Square representa para los forasteros el emblema de Nueva York: comercio, gentío y ocio 24 h. Es inevitable rendirse a las luces de 42nd St y Broadway, pero sin olvidar las zonas al este y oeste: Koreatown, repleta de restaurantes; Hell's Kitchen, territorio LGTBIQ+; y el verdor del Bryant Park. Ciertos sectores del Midtown han recibido nombres como el "Tenderloin" o "Solomillo" (por los jugosos sobornos a la policía en los burdeles del barrio en el s. XIX) y el "distrito de la Confección" (por las fábricas textiles de principios del s. XX).

Times Square se convirtió en el centro de Nueva York hacia la década de 1960, aunque el remozamiento de mediados de la década de 1990 condujo a su *disneyficación*. Pero no todo es lustre en el Midtown: los restos mugrosos del pasado se mezclan con rascacielos rutilantes, ilustrando el camaleónico instinto adaptativo de esta ciudad.

Cómo desplazarse

Metro

Al Midtown se llega con facilidad con casi todas las líneas. Para el oeste del Midtown se toma la 1/2/3, 7, A/C/E o N/Q/R/W hasta Times Sq-42nd St; para el este del Midtown, la 4/5/6 hasta Grand Central-42nd St. El S (*shuttle* o lanzadera) une ambas estaciones. La B/D/F y M llevan al Rockefeller Center. La 1/2/3 y A/C/E conducen a Madison Square Garden con 34th St.

Times Square (p. 148).

★

LO MEJOR

Ver la siguiente obra ganadora de un Tony o un musical de éxito en **BROADWAY** (p. 154).

Admirar a Picasso, Van Gogh y Warhol en el **MUSEUM OF MODERN ART** (p. 150).

Contemplar varios millones de bombillas brillando como el sol en **TIMES SQUARE** (p. 148).

Emprender una ruta gastronómica por enclaves culturales como **CURRY HILL** y **KOREATOWN** (p. 159).

CIRCUITO A PIE

Admirar las cumbres de Billionaires' Row

Las torres que horadan las nubes al sur de Central Park han transformado el perfil urbano neoyorquino desde el 2010. Los rascacielos de la "avenida de los Multimillonarios" son más altos, esbeltos y lujosos que la media de los edificios altos de Nueva York.

INICIO	FINAL	DURACIÓN
220 Central Park South	432 Park Ave	2,4 km; 1 h

1 Las casas más caras de EE UU

220 Central Park South es un imán para las grandes fortunas de Nueva York. En el 2021, Joe Tsai, dueño de Brooklyn Nets, adquirió dos pisos por 157,5 millones de US$: la tercera suma más alta jamás pagada por una residencia en EE UU. En cuanto a la más cara, la hazaña le corresponde al rey de los fondos de cobertura, Ken Griffin, que compró un piso en el mismo edificio por 238 millones de US$.

2 Precios de un ático

Sin contar la aguja de 124 m del One World Trade Center (p. 50), la **Central Park Tower** es desde el 2020 el edificio más alto de Nueva York (472 m). Vivir en el ático de tres plantas cuesta unos 200 millones de US$.

3 Dormidos en el cielo

No hacen falta millones para quedarse en el **One57** (2014), pero sí pagar más de 800 US$/noche. Los huéspedes despertarán entre las nubes en el Park Hyatt New York, un lujoso hotel en el edificio.

4 Arquitectura esbelta

Si los edificios de Billionaires' Row fueran supermodelos, **111 West 57th** (2021) sería la mítica Twiggy. Llamada también torre Steinway, posee el récord del rascacielos más esbelto del mundo, con una relación altura-anchura de 24:1. Su perfil escalonado hace guiños a la era *art déco* de Nueva York.

5 Grandes angulares

Es preciso desviarse por Central Park para apreciar estos rascacielos desde la distancia: se entra por 59th St con la Sexta Avenida, se rodea el estanque pasando por el **Gapstow Bridge** y se estira el cuello para ver a los gigantes del Midtown que empequeñecen la ciudad a su alrededor.

6 Los problemas de los ricos

Tampoco hay por qué envidiar a los vecinos de Billionaires' Row. La vida en **432 Park Ave,** erguida en las alturas desde el 2014, no siempre es tan dichosa. Las quejas por el rectángulo de 425 m de Rafael Viñoly incluyen grietas en las paredes, problemas de cañerías y ascensores que se paran con vientos fuertes: todo en consonancia con una fachada inspirada en un cubo de basura (no es broma) y que algunos comparan con un dedo corazón.

A
B
C
D
1
2
3
4
5
6
UPPER WEST SIDE
Central Park
Central Park South
Columbus Circle
Columbus Ave
W 59th St
W 58th St
W 57th St
W 56th St
W 55th St
W 54th St
W 53rd St
W 52nd St
W 51st St
W 50th St
W 49th St
W 48th St
W 47th St
W 46th St
W 45th St
W 44th St
W 43rd St
W 42nd St
W 41st St
W 40th St
W 39th St
W 38th St
W 37th St
W 36th St
W 35th St
W 34th St
W 33rd St
W 32nd St
W 31st St
W 30th St
W 29th St
W 28th St
Eleventh Ave
Tenth Ave
Ninth Ave
Eighth Ave
Seventh Ave
Sixth Ave (Avenue of the Americas)
Broadway
Twelfth Ave (West Side Hwy)
Dyer St
High Line
9A
55
41
Jazz at Lincoln Center
39
Museum of Arts & Design
57th St-7th Ave
57th St
16
Carnegie Hall
32
Hudson River Park
Dewitt Clinton Park
63
7th Ave
43
61
50th St
47
67
Worldwide Plaza
49th St
50
Don't Tell Mama
47th-50th Sts-Rockefeller Center
53
68
64
THEATER DISTRICT
Puesto de TKTS
52
3
44
29
HELL'S KITCHEN
57
2
Joe Allen
5
Museum of Broadway
69
62
40
Birdland
Sardi's
1
31
Times Square
30
42nd St-Port Authority
42nd St-Times Sq
42nd St-Bryant Park
Terminal de autobuses de la Port Authority
Garment District
Túnel de Lincoln
Drama Book Shop
4
19
HERALD SQUARE
48
37
34th St-Hudson Yards
34th St-Penn Station
Macy's
34th St-Herald Sq
71
Edge
7
Estación de trenes de Moynihan
33
Madison Square Garden
Penn Station
46
Flower District
Museum at FIT
38

The Pond
5th Ave-59th St
E 59th St
59th St
Estación del teleférico a Roosevelt Island
58
65
35 Bergdorf Goodman
W 57th St
E 58th St
E 57th St
34 Tiffany & Co
51 49
Museum of Modern Art
Madison Ave
Park Ave
Lexington Ave
Third Ave
Second Ave
First Ave
Sutton Pl
E 56th St
E 55th St
E 54th St
E 53rd St
E 52nd St
E 51st St
E 50th St
Fifth Ave-53rd St
45
59
Lexington Ave-53rd St
17 Paley Center for Media
Radio City Music Hall
28
Fifth Ave
Catedral de St Patrick
15
51st St
8
36
Saks Fifth Avenue
66
Top of the Rock
E 49th St
E 48th St
E 47th St
E 46th St
E 45th St
E 44th St
E 43rd St
E 42nd St
E 41st St
E 40th St
E 39th St
E 38th St
E 37th St
E 36th St
E 35th St
E 34th St
E 33rd St
E 32nd St
E 31st St
E 30th St
E 29th St
TURTLE BAY
DIAMOND DISTRICT
Franklin D Roosevelt Dr
18 Naciones Unidas
Grand Central Terminal
Grand Central Market
60
E 44th St
Terminal de Grand Central
10
11
56
W 43rd St
Summit One Vanderbilt 6
9 Edificio Crysler
W 42nd St
42nd St-Grand Central
12
13
5th Ave
Bryant Park
New York Public Library
Madison Ave
MURRAY HILL
Río East
70 54
Park Ave S
14
Morgan Library & Museum
St Vartan Park
Empire State Building
Jongro Rice Hotdog
Bangia
Dons Bogam
33rd St
21
26 22
20 27 23
25 24 Her Name is Han
H Mart
Jongro BBQ
HanGawi
Turntable LP Bar
Broadway
Jazz Gallery 42
NOMAD
Curry Hill
0
500 m
Más información
Imprescindible p. 148
Experiencias p. 154
Comer p. 163
Beber p. 164
Comprar p. 165
E
F
G
H
1
2
3
4
5
6

★ IMPRESCINDIBLE

Times Square por la noche

Sin atenuadores lumínicos y abarrotada las 24 h, Times Square es un chorrito de Las Vegas, una gotita de Disney y un diluvio digital de mercantilismo a la americana. Se adore o se deteste, es difícil no quedar hipnotizado por tanto brillo.

PLANO: P. 146 **D4**

CONSEJOS
Ignorar a los vendedores, como los que, disfrazados de dibujo animado, importunan a los niños para fotografiarse y exigen propina (a veces agresivamente). Si se toma un taxi, es buena idea alejarse algunas manzanas para sortear el tráfico.

Escanea este código QR para más información sobre acontecimientos en Times Square.

El nombre de la plaza

El dinero ha sido siempre el motor de Times Square. Esta zona se llamaba antes Longacre Sq, y cuando la IRT (el primer metro de Nueva York) anunció una estación Longacre en 1904, las empresas pensaron que trasladarse a sus cercanías podría beneficiarlas. Una de ellas fue el *New York Times,* que aquel mismo año se mudó de Nassau St a Broadway esq. 42nd St. ¡Genial decisión! Con una estación de metro 'en casa', el diario aceleró la distribución e incrementó las ventas entre los viajeros. Y la plaza cambió de nombre en honor al periódico.

Aunque el *Times* se trasladó al oeste en 1913, una de sus tradiciones se ha mantenido: recibir el nuevo año. Celebrado por primera vez en 1904 para festejar la reciente inauguración de la sede del periódico, la **Nochevieja** atrae hoy a aproximadamente un millón de personas, que se congregan el 31 de diciembre para ver cómo baja una esfera de cristal Waterford desde 1 Times Square a medianoche.

La capital de la publicidad

Las fachadas son los rostros de los barrios neoyorquinos, pero aquí lo que cuenta es la publicidad. Los exteriores de los edificios son en realidad lienzos para que se anuncien los productos, muchos de los cuales incorporan vallas publicitarias con vídeos en bucle. Con 40 US$ se compran 15 s de fama en la pantalla de 1672 m²

NICO DE PASQUALE PHOTOGRAPHY/GETTY IMAGES ©

que envuelve las 46 plantas del edificio **TSX Broadway** en 49th St; solo hay que descargar la *app* TSX, subir el vídeo y listo: ya se ha triunfado.

De los 'peep shows' a los peatones

Pero no siempre fue recomendable dejarse caer por este barrio. Desde la década de 1960, Times Square se convirtió en un foco de *peep shows,* cines X y trileros de los naipes; en 1981, la revista *Rolling Stone* describió 42nd St como la "manzana más degradada de EE UU". Todo cambió a mediados de la década de 1990 cuando el Ayuntamiento bajó la calificación X de la zona a G (el "Cowboy Desnudo" se libró). Hoy pasan por Times Square unas 360 000 personas al día. Subiendo los 27 escalones rojos sobre el **puesto TKTS** en 47th St se verá una asombrada multitud de visitantes.

UNA PAUSA

Evitar los restaurantes de Times Square e ir al **Restaurant Row,** en una manzana de 46th St entre la Octava y la Novena avenidas, o a Hell's Kitchen, en la Novena, con comida internacional.

★ IMPRESCINDIBLE

Descubrir el Museum of Modern Art

Si se piensa en grandes artistas desde el s. XIX –Van Gogh, Matisse, Picasso, Kahlo, Rothko, Warhol, Bourgeois–, es probable que el MoMA tenga alguna obra suya entre las 200 000 de su colección. Para los estetas, es un encuentro con la sublimidad del arte; y para los no iniciados, un curso cultural intensivo.

PLANO: P. 146 **E2**

CONSEJO
Las entradas con hora asignada son prescriptivas; además, cada día se vende un número limitado. Los lunes y martes suele haber menos aglomeraciones que los fines de semana.

Escanea este código QR para acceder a planos y audioguías del MoMA.

Joyas de la colección

Intentar ver los 58 500 m^2 de espacio expositivo del MoMA lleva medio día o más, además de asegurarse la fatiga museística. Es mejor recorrer cronológicamente la colección centrándose en las grandes figuras. Las piezas rotan por las galerías al menos una vez al año, así que los primerizos podrían perderse algunas obras famosas, si bien para los repetidores cada vez supone una experiencia distinta.

La 5ª planta cubre las décadas de 1880 a 1940 e incluye los remolinos celestes de *Noche estrellada* de Van Gogh, los nenúfares impresionistas de Monet y, con suerte, el andrógino *Autorretrato con el pelo corto* de Frida Kahlo. La 4ª planta abarca las décadas de 1940 a 1970, con Jackson Pollock y Andy Warhol como maestros de ceremonias; destaca también la impresionante *American People Series #20: Die* (1967) de Faith Ringgold, su versión del *Guernica* de Picasso. En la 2ª planta, desde la década de 1970 hasta hoy, se exponen *Equal* de Richard Serra, ocho bloques de acero de 80 t apilados de dos en dos, y trabajos del pintor Jean-Michel Basquiat y la fotógrafa Catherine Opie. Las exposiciones temporales suelen ser tan espectaculares como variadas.

STEFANO POLITI MARKOVINA/SHUTTERSTOCK ©

Fuera de las galerías

El **Abby Aldrich Rockefeller Sculpture Garden,** con obras de grandes como Giacometti y Picasso (gratis 9.00-10.15), ofrece un descanso de tanta sala interior. Y si llueve, lo mejor es meterse en uno de los cines del MoMA; la entrada es gratis con el tique del museo (véase moma.org/film). Las familias pueden visitar el **Family Art Lab** para crear sus propias obras de arte.

Tienda y comida

En la maravillosa tienda del MoMA hay pósteres, grabados y libros preciosos. Al otro lado de la calle, los muebles, joyas y objetos artísticos de la **MoMA Design Store** hacen volver la cabeza.

Para comer en el museo están el **Bar Room** y el menú a precio fijo del **Modern** (los dos caros), además de las cafeterías en las plantas 2ª y 6ª.

DESVÍO ARTÍSTICO

Con el tique del MoMA se entra gratis en MoMA PS1 (p. 166), en Queens, hasta 14 días después de su adquisición.

★ IMPRESCINDIBLE

Escalar el Empire State

King Kong no eligió este rascacielos por casualidad. El One World Trade Center quizá sea más alto, y el edificio Chrysler, más bonito, pero si se habla de hitos del *skyline* neoyorquino, el Empire State es el rey. Tras la vertiginosa subida en ascensor aguardan unas vistas espectaculares.

PLANO: P. 146 **E5**

CONSEJO
Los tiques tienen hora asignada, y con frecuencia se consiguen para el mismo día. Por la puesta del sol hay que pagar 10 US$ extras. Calcúlese más o menos 1 h para verlo todo.

Escanea este código QR para comprar la entrada.

Competición de rascacielos

Construido en 410 frenéticos días, este emblema *art déco* con armazón de acero y revestimiento de piedra caliza y granito fue el edificio más alto del mundo cuando se inauguró en 1931. Sus 103 plantas alcanzan los 381 m en vertical; 443 m con la antena. El edificio Chrysler (p. 155), su rival de entonces, había fijado el récord en 1930 instalando en secreto una aguja en el último momento para ganar el codiciado título de “el más alto”. A diferencia del Chrysler, el Empire State ostentó el título durante 40 años, hasta que las Torres Gemelas del World Trade Center lo superaron en 30 m.

Vistas y exposiciones

El Empire State tiene dos miradores: el principal en la planta 86, al aire libre, y una pequeña sala circular con enormes ventanales en la planta 102. Como esta última cuesta 35 US$ más, se puede decir que el primero es más que suficiente. Desde la planta 86 hay que enfocar los prismáticos al cercano edificio Chrysler para admirar sus espléndidos detalles *art déco*.

La entrada da acceso a las exposiciones de las plantas 2 y 80, que versan sobre la historia de la construcción del edificio y su lugar en la cultura popular. Es fundamental sacarse la foto de rigor

GORODENKOFF/SHUTTERSTOCK ©

con la enorme mano de *King Kong*, procurando interpretar lo mejor posible el papel de Ann Darrow (la mujer que fascina al gorila).

La hora de la visita

La **Starbucks Reserve Sunrise Experience** deja a los madrugadores en el Empire State los sábados a las 5.45 (135 US$) en un circuito con mucho café y poca gente. Para no levantarse tan temprano, se puede ir entre las 12.00 y las 14.00, una vez pasado el primer aluvión del día, o bien más tarde (después de las 22.00: los miradores abren hasta las 24.00). Contemplando las luces de la ciudad se revelan ciertas las palabras de Deborah Kerr a Cary Grant en *Tú y yo:* "No se puede estar más cerca del cielo en Nueva York".

ESPECTÁCULO NOCTURNO

Al anochecer, las 30 últimas plantas del Empire State se iluminan con focos LED con más de 16 millones de tonalidades alusivas, quién sabe, a estaciones, fiestas, equipos deportivos...

EXPERIENCIAS

Codearse con estrellas de Broadway

ESPACIOS TEATRALES

Ver un espectáculo en Broadway es, aparte del trabajo en la oficina, lo que atrae a muchos neoyorquinos al Midtown. A excepción, claro está, de los actores y cantantes talentosos que vienen desde muy lejos para triunfar en Nueva York. Coristas, bailarines y otros profesionales de la industria de la farándula viven, matan el tiempo y, con suerte, actúan en la zona. Para conocer un poco del viejo Broadway hay que visitar el **Sardi's** (PLANO: 1 P. 146 **C3**), un restaurante con las paredes cubiertas de caricaturas de clientes famosos. En el **Bar Centrale** (p. 164) y el **Joe Allen** (PLANO: 2 P. 146 **C3**), ambos en Restaurant Row de 46th St, es posible ver a actores brindando tras la función. El **Don't Tell Mamma** (PLANO: 3 P. 146 **C3**), un piano-bar con mucha historia, atrae a artistas de cabaré y alguna que otra cantante famosa. A la **Drama Book Shop** (PLANO: 4 P. 146 **C4**), diseñada por el escenógrafo de *Hamilton,* acuden expertos y coleccionistas en busca de libretos. El interactivo **Museum of Broadway** (PLANO: 5 P. 146 **D3**) merece una visita, sobre todo si se es un joven con inquietudes teatrales; se muestran vestuarios y atrezo de las producciones más míticas de Broadway, como *Oklahoma, Cats, The Producers* y *Wicked.*

Comparar vistas

PERSPECTIVAS URBANAS

Para dar con ángulos emocionantes de la selva de cristal del Midtown lo mejor es subir a los miradores más altos, preferiblemente al atardecer, cuando la ciudad muta del día a los resplandores de la noche.

En las plantas 91 y 92 de **Summit One** (PLANO: 6 P. 146 **F4**) hay una sala de espejos y otra con globos plateados; incluso los aseos miran a la ciudad: desde el de caballeros parece tocarse el edificio Chrysler.

Los rascacielos de Hudson Yards parecen un Dubái en miniatura. El más alto, el **Edge** (PLANO: 7 P. 146 **B5**),

DESCUENTOS EN TEATROS

Hoy los precios de las entradas para los teatros de Broadway suelen tener tres cifras, pero hay modos de conseguir buenos asientos por mucho menos. La **caseta TKTS** bajo la escalera roja de Father Duffy Square en Union Square ofrece hasta un 50% de descuento para el mismo día de la función (las colas son largas). Para la mayoría de los espectáculos se organizan loterías que venden a los ganadores localidades preferentes a precio de ganga. Muchas producciones ofrecen *rush tickets:* entradas rebajadas que se venden por orden de llegada. La *app* **TodayTix** ofrece descuentos en todas sus modalidades, loterías digitales incluidas.

inyecta adrenalina adicional con la valla de cristal inclinada para asomarse y ver pasar los taxis 100 pisos más abajo. Si se buscan emociones fuertes, hay que ponerse casco y arnés para ascender por el exterior en la escalada urbana más alta del mundo (185 US$, menos la entrada).

El **Top of the Rock** (PLANO: 8 P. 146 **E2**), remate del 30 Rockefeller Plaza, ofrece tres niveles de perspectivas, entre ellas una panorámica de 360° desde la planta 70. A 260 m de altura y sin barreras de cristal, es perfecto para sacar fotos, y sin añadidos innecesarios. La entrada a todos los miradores debe reservarse en línea para una franja horaria.

Contemplar el edificio Chrysler ARQUITECTURA

PLANO: 9 P. 146 **F4**

Custodiado por águilas de cromo-níquel y coronado por una cúpula de siete niveles que semeja el sol naciente, el edificio Chrysler se inauguró en 1930 como sede central de la compañía automovilística y representa la cima de la arquitectura *art déco* neoyorquina. Con sus 319 m y 77 plantas, mantuvo el récord del edificio más alto del mundo 11 meses, hasta que el cercano Empire State lo superó. La mejor vista del mismo se obtiene desde la esquina de la Tercera Avenida con 44th St o enfocándolo con los telescopios desde el mirador del Empire State (p. 152). Aunque el Chrysler no tiene restaurante ni mirador, su vestíbulo es un suntuoso premio de consolación. Los guardias acompañan por su perímetro mientras se admira en el techo una Capilla Sixtina del s. xx: *El transporte y el esfuerzo humano* de Edward Trumbull, un inmenso mural de 29 x 30 m con edificios, aeroplanos y obreros de las plantas de montaje de Chrysler que representan la promesa de la industria y la modernidad.

Aminorar el paso en Grand Central ESTACIÓN DE TRENES

No se debe atravesar a la carrera, como los usuarios de Metro North, el vestíbulo *beaux arts* de esta terminal ferroviaria de 1913. **Grand Central** (PLANO: 10 P. 146 **F4**) evoca la magia de los viajes en tren, y vale la pena dedicar al menos 1 h a admirar sus tesoros. Se empieza por cruzar el vestíbulo con molduras de mármol para contemplar la bóveda aguamarina del techo, que representa (mal) las constelaciones nocturnas. Lo que se ve hoy es una copia de 1944 que cubre el fresco primigenio del francés Paul Cesar Helleu, dañado por el agua. La restauración de la década de 1990 añadió luces titilantes (previstas por Helleu). Las pinzas del cangrejo de Cáncer guían hacia el extremo noreste, con un pequeño rectángulo negro: una mancha de hollín sin retocar. Otra maravilla escondida, entre el vestíbulo principal y la sala Vanderbilt, es la "Galería de los Susurros", donde una argucia acústica permite a dos personas situadas en extremos opuestos de la galería conversar en voz baja. No faltan sitios donde comer y beber: el **Grand Central Market** (PLANO: 11 P. 146 **F4**), de comida rápida, el **Oyster Bar & Restaurant** (PLANO: véase 10 P. 146 **F4**), gastronómico, la **City Winery** (PLANO: véase 10 P. 146 **F4**) o el **Campbell** (p. 164), con *jazz* en directo por la noche los fines de semana.

Hacer una pausa en el Bryant Park

ESPACIO VERDE

PLANO: 12 P. 146 **E4**

Quioscos, partidas de ajedrez y actividades para toda la familia: este parque de aire parisino amortigua el barullo del Midtown, si bien al almuerzo recibe una marea de oficinistas que se disputan las mesas con vistas a los rascacielos. El patio del **Bryant Park Grill** es ideal para tomar un cóctel al atardecer, y el vecino **Bryant Park Cafe** abre al aire libre de mediados de abril a noviembre. Por el lado norte, el pimpón puede ser muy competitivo. Los niños dan vueltas en los 14 ponis de **Le Carrousel.** El ambiente se anima mucho en verano, cuando se proyectan películas gratis a la luz de las estrellas en las **noches de cines** del Bryant Park (con manta y comida se disfrutan más). El parque luce magnífico también en invierno, cuando se encuentran regalos fantásticos en el **mercadillo** entre Acción de Gracias y Navidad, o se puede patinar sobre hielo en la mayor **pista** gratis de la ciudad. Cuesta imaginar que en la década de 1970 esta fuera una zona asolada por la delincuencia. Para información adicional, visítese la web del parque (bryantpark.org).

Estudiar en la New York Public Library

BIBLIOTECA Y EXPOSICIONES

PLANO: 13 P. 146 **E4**

Custodiada por dos leones de mármol (la *Paciencia,* al sur, y la *Fortaleza,* al norte), la sede central de la red de bibliotecas públicas de Nueva York era la mayor construcción en mármol del país cuando

'SIDEWALK SHEDS'

Para un edificio, un andamio es como una máscara: no se sabe qué aspecto tiene tras las tablas y mallas verdes. Socorridos cuando llueve y prácticos como barras para hacer ejercicio, los andamios obstruyen las aceras y tapan el sol a los vecinos; pero, por feos que sean, son sospechosos habituales del paisaje urbano. Y como muchas veces sale más caro reparar las fachadas que pagar las multas por no retirarlos, en ocasiones estos "cobertizos de acera" (así los llaman las ordenanzas municipales) siguen en pie más tiempo del que quisieran los neoyorquinos. Al menos 1000 llevan instalados más de tres años, y en el 2022 se retiró uno en un edificio del Village después de... ¡23 años!

se inauguró en 1911, y aún sigue siendo un suntuoso templo civil. Si se busca un lugar estimulante para leer y escribir, la magnífica **Rose Reading Room** es un paraíso, con 90 m de largo, hileras de mesas y altos techos artesonados con pinturas de cielos y nubes. El acceso está limitado a circuitos guiados de 15 min (11.20, 13.30 y 15.00 lu-sa) o a personas "con trabajo que hacer": si se enseña un libro, un cuaderno o un ordenador –con intención de utilizarlos–, probablemente dejarán traspasar el cordón de la entrada. En la planta baja se montan exposiciones temporales de calidad museística. Para saber más sobre este universo de libros hay que apuntarse a una visita guiada (gratis) o retirar una audioguía (gratis también) en el mostrador de información del señorial vestíbulo.

Pasmarse ante el interior de la Morgan Library & Museum

ARQUITECTURA Y MUSEO

PLANO: 14 P. 146 **F5**

El legado del multimillonario John Pierpoint Morgan (1837-1913) como mecenas del arte puede equipararse a su fama como financiero y magnate siderúrgico. La Morgan Library constituye solo una mínima parte de su colección, pero da idea de su extraordinaria variedad. La atracción estelar es la biblioteca abovedada de tres plantas con paredes enmaderadas, un tapiz neerlandés del s. XVI, motivos zodiacales en el techo y ejemplares raros de joyas como la Biblia de Gutenberg. Casi igual de impresionante es la antesala de la biblioteca: una rotonda con techos pintados que representan la Antigüedad, la Edad Media y el Renacimiento. En otras salas se exponen dibujos, grabados y manuscritos y objetos históricos. Además, un refinado café ocupa un espacio moderno diseñado en el 2006 por Renzo Piano, el arquitecto del Whitney (p. 117). El circuito guiado gratis a las 12.30 de martes a domingo profundiza en lo más destacado del museo.

Orar en la catedral de St Patrick

IGLESIA

PLANO: 15 P. 146 **E2**

Más de cinco millones de personas visitan cada año San Patricio, y al recorrer este templo católico se entiende por qué: nada más traspasar sus enormes puertas de bronce se siente un inevitable sobrecogimiento. Consagrada en 1879 como sede de la archidiócesis de Nueva York en Nolita, la construcción de esta catedral neogótica duró más de 20 años, y la de sus espléndidas agujas, que como mejor se aprecian es desde la estatua de *Atlas* ante el Rockefeller Plaza al otro lado de la calle, nueve años más. De las 70 vidrieras, la Rose Window de 10 m de altura es la más espectacular, instalada en la década de 1950. Por detrás del altar mayor, una cripta acoge los ataúdes de todos los cardenales de Nueva York y los restos del esclavo liberto Pierre Toussaint, el primer afroamericano en proceso de beatificación. En la periferia de la ciudad cuando se construyó, hoy, la profusa decoración de su fachada contrasta con los templos del lujo consumista que se erigen en derredor.

Escuchar un concierto en el Carnegie Hall CONCIERTOS

PLANO: 16 P. 146 **D1**

¿Cómo se llega al Carnegie Hall? Algunos dirán: "práctica, práctica, práctica"; pero los neoyorquinos saben que hay que tomar la línea N/R/W hasta 57th St esq. la Séptima Avenida y caminar una manzana al norte hasta el edificio romano de ladrillo de 1891. ¿Y por qué molestarse? Acústica, acústica, acústica. El arquitecto William Burnet Tuthill aplicó la tecnología de sonido más avanzada de Europa: desde la curvatura de los palcos hasta la forma del techo y los pesados cortinajes de terciopelo. Nada menos que Tchaikovski dirigió el concierto inaugural, y en la sala principal, el **Isaac Stern Auditorium,** han actuado los grandes de la música clásica, el *jazz* y el folk. El más pequeño **Zankel Hall** acoge a nombres más vanguardistas, y el **Weill Recital Hall** queda para la música de cámara. El circuito guiado (20 US$) es muy recomendable.

Ver los programas de televisión favoritos BIBLIOTECA DIGITAL

PLANO: 17 P. 146 **E2**

En la época del *streaming,* la sola idea de una videoteca parece anacrónica. Pero, como cabría esperar del principal instituto de medios de comunicación del país, el **Paley Center for Media** ha evolucionado con los tiempos. La biblioteca digital de la 4ª planta permite elegir entre más de 160 000 programas internacionales de televisión y radio, con sus anuncios correspondientes, y una sala de cine proyecta en pantalla grande programas populares de todos los géneros. Chequéese el calendario de actividades para informarse sobre charlas de actores y directores y exposiciones temporales.

Globalizarse en las Naciones Unidas ARQUITECTURA

PLANO: 18 P. 146 **H3**

Territorio internacional, la sede de la ONU se emplaza sobre una plataforma en FDR Dr con anchas vistas de Queens. Para entrar en el sacrosanto edificio hay que apuntarse a un circuito guiado de 1 h (se exige reserva y documento identificativo oficial; registro en 801 First Ave). Es fascinante ver las salas de las asambleas que aparecen con frecuencia en los noticiarios, las cabinas para los intérpretes y otros rincones. Todo el recinto exhibe el estilo de mediados del s. XX propio de los arquitectos Le Corbusier y Oscar Niemeyer. Un extra: la ecléctica colección de arte donada por los estados miembros (http://visit.un.org).

Comer en Koreatown

RUTA GASTRONÓMICA

Antes en el **Garment District** (PLANO: 19 P. 146 **D4**), este tramo de 32nd St entre Madison Ave y la Sexta Avenida pasó a llamarse K-Town cuando comenzaron a instalarse negocios coreanos en la década de 1990, y ahora la zona es un reducto de cocina coreana. La tienda de comestibles **H Mart** (PLANO: 20 P. 146 **E6**) es el punto de partida ideal, donde asombra la variedad de *kimchi,* fideos, tentempiés fritos y otras exquisiteces. Para iniciarse en la comida callejera coreana, el **Jongro Rice Hotdog** (PLANO: 21 P. 146 **E5**) ofrece una variante del *corn dog* (perrito empanado americano). Dos de los mejores sitios para barbacoa coreana son el **Dons Bogam** (PLANO: 22 P. 146 **F5**) y, en una 2ª planta, la informal **Jongro BBQ** (PLANO: 23 P. 146 **E6**), que parece una plaza de pueblo. El **Her Name is Han** (PLANO: 24 P. 146 **E6**) se llena al almuerzo por su *bulgogi* clásico con *banchan* (guarniciones) variadas. Para saborear la alta cocina vegetariana del **HanGawi** (PLANO: 25 P. 146 **E6**) hay que descalzarse y sentarse sobre unos cojines en el suelo. Para vivir plenamente la experiencia de K-Town se aconseja pasarse por el **Bangia** (PLANO: 26 P. 146 **E5**), con cerveza y cocina caseras coreanas, y desgañitarse luego en el karaoke del **Turntable LP Bar** (PLANO: 27 P. 146 **E6**).

Triunfar en el Radio City Music Hall

CIRCUITO POR UN TEATRO

PLANO: 28 P. 146 **E2**

El circuito por el Radio City Music Hall permite conocer los entresijos de este famoso teatro y sala de conciertos. El señorial vestíbulo, descrito como "*jazz* visual", deja pasmado con su esplendor *art déco* e inmenso mural *Fuente de la Juventud*. El telón pesa más de 1800 kg y el sistema hidráulico del escenario puede elevar más de 80 t, así que cuando izaron a seis elefantes adultos desde el sótano fue coser y cantar. El momento estelar de la visita quizá sea una

LOS MICROBARRIOS DEL MIDTOWN

El Midtown es inmenso, si bien los turistas suelen limitarse a la parte central. Vale la pena explorar **Curry Hill,** un tramo de Lexington Ave entre 26th St y 30th St con unas dos docenas de restaurantes indios. El menguante **Flower District,** que hoy se reduce a las tiendas de 28th St entre las Sexta y Séptima avenidas, ofrece un caleidoscopio floral. El histórico **Garment District,** entre 34th St y 42nd St y las Sexta y Octava avenidas, conserva sus esencias arquitectónicas y algunos vestigios de las manufacturas textiles; aquí se confeccionan hoy la mayoría de los vestuarios para los espectáculos de Broadway.

MEJORES CELEBRACIONES ANUALES EN EL MIDTOWN

NY Comic Con
Un cuarto de millón de personas se divierte cada octubre disfrazados de héroes de cómic.

Desfile de Acción de Gracias de Macy's
Personajes de dibujos animados y miles de espectadores en un itinerario de 4 km (nov).

Encendido del árbol de Navidad del Rockefeller Center
La Navidad empieza a finales de noviembre con el encendido de sus 50 000 luces LED.

NY Boat Show
En enero, los fans de *Bajo cubierta* pueden subir a bordo de embarcaciones a motor en un palacio de congresos.

Armory Show
Galerías, coleccionistas, compradores y estetas del arte se dan cita en el acristalado Javits Center, normalmente a principios de septiembre.

breve charla a cargo de una de las Rockettes, que sale de un camerino con todo el vestuario e interpreta un guion sobre los ensayos y actuaciones del grupo. Los aficionados al *kitsch* se emocionarán al ver a las bailarinas en su anual **Christmas Spectacular,** en cartel por Navidad desde 1933.

Navegar en el oeste del Midtown

PUERTO

Casi todos los atractivos costeros del Midtown quedan al oeste. El **Intrepid Sea, Air & Space Museum** (PLANO: 29 P. 146 **A3**), en un portaaviones que sobrevivió a una bomba en la II Guerra Mundial, acoge un impresionante museo militar interactivo con vídeos, objetos históricos y camarotes donde se paró el tiempo. Los cazas y helicópteros militares de la cubierta tal vez animen a probar los avanzados simuladores de vuelo del museo. Desde un muelle al sur del *Intrepid*, los cruceros de la **Circle Line** (PLANO: 30 P. 146 **A4**) ofrecen una perspectiva flotante del perfil de la ciudad. El crucero de 90 min *Landmarks* es una experiencia obligada para los neoyorquinos y un rito de paso para los becarios de finanzas en verano, por lo general en una salida nocturna con copas. Al lado de la Circle Line, en el muelle 84 (en 44th St), **Manhattan Kayak Co** (PLANO: 31 P. 146 **A3**) ofrece una amplia variedad de clases y circuitos de kayak y surf a remo. Para practicar kayak gratis en una zona más limitada del Hudson, hay que ir al norte hasta el muelle 96 (en 55th St) y la **Manhattan Community Boathouse** (PLANO: 32 P. 146 **A1**).

Conocer por dentro el Madison Square Garden

CIRCUITO POR UN ESTADIO

PLANO: 33 P. 146 **C6**

El Madison Square Garden es más que la sede de los New York Knicks de la NBA y los Rangers de la NHL. Aquí derrotó Frazier a Ali en el combate por el título mundial del peso pesado en 1971, y las entradas para el concierto de Año Nuevo de Phish siempre se agotan. Si no se tiene interés en rascarse el bolsillo para un partido o actuación, vale la pena contratar un circuito. Construido sobre la estación de Penn tras el polémico derribo del edificio primigenio, la fachada del estadio parece la de un complejo de oficinas setentero. La reforma del 2011 dejó unas instalaciones actualizadas. El futuro emplazamiento del Madison y la estación de Penn es una delicada cuestión municipal que enfrenta a políticos, arquitectos, urbanistas y promotores. La visita guiada da acceso a zonas reservadas, palcos VIP, sala de trofeos y vestuarios; sorprende, teniendo en cuenta que sus usuarios son deportistas, que los tapizados de los vestuarios de los Rangers y los Knicks sean tan fastuosos como los del vestíbulo de un hotel de lujo.

Gastar en la Quinta Avenida GRANDES ALMACENES

Para curiosear o comprar, el Midtown concentra algunos de los mejores grandes almacenes de la ciudad. Las ventas de **Tiffany & Co's** (PLANO: 34 P. 146 **E1**) el día de 1837 en que abrió ascendieron a 4,98 US$; hoy algo ridículo. La ropa y otros artículos de los grandes almacenes **Bergdorf Goodman** (PLANO: 35 P. 146 **E1**) son de máxima calidad desde 1899, como los precios; desde el **BG,** el restaurante de la 7ª planta, se ve la esquina sureste de Central Park, pero es fascinante también para observar a las señoronas. Las 10 plantas de **Saks Fifth Avenue** (PLANO: 36 P. 146 **E2**), su tienda insignia, exponen artículos de marcas de lujo (algunos parecen piezas de una instalación); los percheros con artículos rebajados a la entrada de cada planta ahorran cientos de dólares. Al suroeste de toda esta opulencia, y con precios mucho más asequibles, los grandes almacenes **Macy's** (PLANO: 37 P. 146 **D5**) se extienden desde Broadway hasta la Séptima Avenida esq. 34th St. La estrella roja del logotipo se inspiró en un tatuaje en la mano de su fundador, Rowland Hussey Macy, capitán ballenero de Nantucket.

Estudiar la moda en el FIT MUSEO

PLANO: 38 P. 146 **D6**

Los más modernos no deberían perderse las exposiciones del **Fashion Institute of Technology** (FIT), una de las colecciones de prendas, tejidos y complementos más completas del mundo, con más de 50 000 piezas desde el s. XVIII hasta hoy. El museo de la escuela presenta innovadoras exposiciones temporales, como las recientes sobre el *hip hop* y una muestra con 300 zapatos de los 5000 pares de sus fondos. La web (fitnyc.edu/museum/index.php) informa sobre proyecciones de películas y charlas con diseñadores.

NO TE PIERDAS...

Playwrights Horizon
Toda una institución del Off-Broadway este teatro es famoso por promocionar a escritores prometedores de EE UU.

6½ Avenue
La única calle de Nueva York con un número fraccionario es un pasaje peatonal que atraviesa varios edificios y sirve de atajo a oficinistas y visitantes.

AKC Museum of the Dog
Las luminosas galerías de la 1ª planta de este museo contienen pinturas de perros, y la biblioteca del piso alto, libros sobre todas las razas y varias docenas de títulos sobre comportamiento canino.

Ahondar en la creatividad en el Museum of Arts & Design MUSEO

PLANO: 39 P. 146 C1

Este es un museo para los devotos del diseño. Las cuatro plantas del MAD exhiben labores de artesanía, desde muebles y tallas en madera hasta cristal soplado y joyas de metal. Las exposiciones temporales son muy innovadoras: una de las más recientes estuvo dedicada al "humor y la irreverencia" en la escultura cerámica; otra, a los cambios de imagen de Taylor Swift. En la 6ª planta, los talleres de los artistas residentes se pueden visitar de jueves a sábado. Los sábados y domingos se imparten talleres interactivos para familias inspirados en las exposiciones. Y en el bar-restaurante **Robert** de la 9ª planta se pueden tomar unas copas con vistas a Columbus Circle.

Escuchar 'jazz' en el Midtown SALA DE MÚSICA

El Village y Harlem no son los únicos barrios con garitos de *jazz* sobresalientes: el Midtown tiene tres señeros. El más prestigioso quizá sea el **Birdland** (PLANO: 40 P. 146 **C3**), llamado así por la leyenda del *bebop* Charlie Parker ("Bird"), que triunfó en el club primigenio en 1949. Hoy es un espacio íntimo donde actúan grandes figuras; una sala más pequeña del sótano se reserva para artistas noveles.

En lo alto del Time Warner Center, el **Jazz at Lincoln Center** (PLANO: 41 P. 146 **C1**) consta de tres espacios ultramodernos con el trompetista Wynton Marsalis como director artístico: el Rose Theater, de tamaño medio; la acristalada Appel Room; y el Dizzy's Club, de ambiente informal y con espectáculos todas las noches (entrada 15-40 US$). El talento de los músicos –y las vistas de Central Park– son excepcionales.

En la 5ª planta no hay que olvidarse de la **Jazz Gallery** (PLANO: 42 P. 146 **E6**), uno de los espacios más innovadores, donde actúan jóvenes talentosos. Es un sitio que no destaca por su ambiente: aquí se viene por la música; las copas es mejor dejarlas para otro sitio.

Lo mejor para...

Localizaciones en el plano de la **p. 146**

$ Económico $$ Medio $$$ Alto

Comer

Alta cocina

Le Bernardin $$$
43 D2
Excelentes pescados y mariscos en este restaurante con tres estrellas Michelin. *12.00-14.30 lu-vi, 17.00-22.30 lu-ju, hasta 23.00 vi y sa*

Barbetta $$$
44 C3
El tiempo se paró en este maravilloso restaurante con especialidades piamontesas (ñoquis, *risotto*); es un espacio tan señorial como un teatro de Broadway. *16.30-23.00 ma-sa, 12.00-14.00 mi y sa*

Monkey Bar $$$
45 F2
Razones para gastarse aquí un pico: el enorme mural de la era del *jazz*, la extensa carta de la *steakhouse* y la lista de cócteles. *Horario variable*

Mercados de abastos

Mercado Little Spain $$
46 B6
El famoso chef José Andrés traslada la península ibérica al nivel inferior del Hudson Yards con quioscos y mesas donde disfrutar de la cocina española. *11.00-21.00*

Urban Hawker $$
47 D2
Puestos especializados en comida callejera singapurense como pollo con arroz de Hainan (escalfado, asado o frito); el mejor lo sirven en el Hainan Jones. *10.00-22.00, hasta 21.00 do*

Comida para llevar

Sushi 35 West $$
48 D5
Difícil de encontrar; hay que subir la escalera sobre la tabaquería, atravesar el pasillo y listo: el mejor *sushi* para llevar del Midtown. *11.30-21.00 lu-vi, 15.30-21.00 sa*

Ace's Pizza $
véase 8 E2
Cuando entra hambre por la zona del Rockefeller Center, aquí venden *pizzas* en porciones al estilo de Detroit: rectángulos de masa con salsa y queso. *11.30-19.00 lu-vi, hasta 18.00 sa y do*

Dainobu $
49 E1
Tienda de comestibles japonesa ideal para comprar un almuerzo envasado, como *sushi*, y zampárselo en Central Park (p. 192). *9.00-22.00*

Restaurantes asiáticos

LumLum $$
50 B3
Si se lanza un dardo en Hell's Kitchen, seguro que se clava en un restaurante tailandés, pero mejor probar primero este, con decoración playera. Especialidad: pescado. *Horario variable*

Blue Willow $$
51 E1
Si los platos de Sichuan no seducen, el interior seguro que sí: las lámparas *vintage* y otros detalles retro transportan a la China de los años veinte. *11.30-22.00 lu-vi, desde 12.00 sa y do*

Panaderías

Amy's Bread $

52 C3

Amy empezó en Hell's Kitchen en 1992; ahora vende dulces por toda la ciudad. En este establecimiento pueden probarse sus famosas *baguettes* y pasteles. *8.00-19.00*

Sullivan Street Bakery $

53 A3

Sus tartas y panes están muy bien, pero el éxito de esta cadena abierta desde 1994 se debe a sus *pizzas* rectangulares a la romana. *7.00-18.00*

Beber

Café

Culture Espresso

54 E5

Aunque su café es de los mejores del Midtown, aquí mandan las galletas, tan buenas que rivalizan con las de Levain 55 B1 (p. 206). *7.00-19.00*

Remi43 Flower & Coffee

56 G3

La fatiga de tanto cemento y andar se alivia en esta floristería y café con un *latte* sublime. *7.00-18.00*

Sceney Spots for Drinks

Pebble Bar

véase 8 E2

Los inversores que frecuentan este bar han logrado crear un ambiente de coctelería genial en el Rockefeller Center. *16.00-24.00 do-mi, hasta 2.00 ju-sa*

Bar Centrale

57 C3

Este bar sin letrero es uno de los preferidos por los actores de Broadway, donde disfrutan con el *jazz* tras la caída del telón. Está encima del Joe Allen. *17.00-23.30 ma-sa*

Darling

58 E1

Para hacerse idea de cómo vive el 0,0001% de la población en el único *lounge* de azotea de Billionaires' Row (P. 146). Las mejores vistas se obtienen desde el patio, 47 plantas por encima de Central Park. *17.00-24.00 ma-ju, hasta 1.00 vi y sa*

Coctelerías acogedoras

Tomi Jazz

59 G2

A este club japonés de *jazz* en un sótano hay que ir después de las 18.00, cuando el *whiskey* corre con tanta libertad como las notas de un solo de saxo. *17.00-1.00 do-ju, hasta 3.00 vi y sa*

Lantern's Keep

60 E3

Este íntimo y oscuro salón del Iroquois Hotel se especializa en tragos clásicos, algunos del s. XIX. Los bármanes, con pajarita, aconsejan encantados. *17.00-22.00 lu, hasta 23.00 ma-sa*

Campbell

véase 10 F4

Aquí estuvo en 1920 la oficina del financiero John W. Campbell, y sentado en los mullidos sillones de cuero de esta coctelería de Grand Central parece que se está esperando a John D. Rockefeller. *13.00-2.00, desde 12.00 sa y do*

Cerveza y antros

As Is

61 B2

Este templo del lúpulo es de lo mejorcito, con 20 variedades de barril. No hay que desdeñar la comida. *15.00-cierre lu-vi, desde 12.00 sa y do*

Rudy's Bar & Grill

62 B3

Con el cerdito por fuera, es el mejor tugurio de Hell's Kitchen: jarras de cerveza baratas, reservados con parches de cinta americana en la tapicería y perritos calientes gratis.

8.00-4.00 lu-sa, desde 12.00 do

Bares LGTBIQ+

Industry

63 C2

Bar gay con tres espacios separados para relajarse, hacer *cruising* y bailar temas pop. No hay que perderse el espectáculo nocturno de la *drag* Kizha Carr. *18.00-4.00*

Dickens

64 C3

Se puede cenar y beber en las cuatro plantas de este palacio del Midtown, versión refinada y literaria de los típicos bares LGTBIQ+ oscuros de Hell's Kitchen. En temporada el bar de azotea es sensacional. *Horario variable*

Comprar

Antigüedades y subastas

Argosy

65 F1

Desde 1925, esta casa de siete plantas luce abarrotada de antigüedades como libros, monografías de arte, recuerdos del mundo del espectáculo, carteles y mapas. Los precios, de caros a de saldo.

Christie's

66 E3

Visitar esta famosa casa de subastas es gratis y permite ver tesoros sorprendentes, desde cerámica antigua hasta obras maestras modernas. Para asistir a una subasta es preciso inscribirse.

Juguetes y trenes

FAO Schwarz

véase 8 E2

Se proclama como la juguetería más antigua de EE UU (abrió en 1862 y está en Nueva York desde 1970), y este edén infantil es sin duda impresionante; aquí se expone el famoso piano en el suelo de *Big*.

New York Transit Museum Store

véase 10 F4

Por el lado este de la terminal de Grand Central, junto a la oficina del jefe de estación, esta filial del New York Transit Museum de Brooklyn es una tienda y galería con objetos relacionados con el transporte.

Complementos y menaje

Fine & Dandy

67 B2

Pequeña tienda para comprar complementos retro: sombreros, por supuesto, pero también corbatas de pajarita, pañuelos ascot, gemelos e incluso botines.

Delphinium Home

68 C3

Coqueta, algo extravagante y muy divertida: así es la tienda de Hell's Kitchen adonde ir para comprar tarjetas, velas, menaje de hogar y regalos más bien *kitsch* para casi todo el mundo.

Domus

69 B3

Colchas indias, tapetes guatemaltecos, *pashminas* de Cachemira, pendientes de ópalo peruanos: gran selección de artículos del mundo.

Miscelánea

M&J Trimming

70 E5

Este clásico del Garment District inspira a los diseñadores desde 1936 con su deslumbrante surtido de botones, cuentas, lentejuelas, cintas, diamantes de imitación, plumas...

B&H

71 C5

Blimie & Herman empezó en 1973 vendiendo cámaras y hoy es un templo de la electrónica, con una cinta transportadora que lleva a los clientes sus juguetes *high-tech*.

★ MERECE LA PENA

Experimentar con el arte en el MoMA PS1

Si el MoMA de Manhattan (p. 150) es Beyonce, el MoMA PS1 de Queens (foto) es Solange, la hermana pequeña y más vanguardista de una famosísima institución del arte contemporáneo. Aquí se discute sesudamente el significado de las esculturas no estáticas, pero también se organizan bailes en verano.

CONSEJOS
Mostrar el tique del MoMA hasta 14 días después de la compra para entrar gratis al MoMA PS1; descargar la *app* Bloomberg Connects para consultar la guía digital gratis del museo.

Escanea este código QR para información sobre horarios, entradas y eventos.

Abrir fronteras

El PS1 triunfó por primera vez en 1976, cuando su fundadora Alanna Heiss –defensora de los espacios de arte alternativos– abrió un centro en una escuela neorrenacentista abandonada de Long Island City e invitó a artistas como Richard Serra, James Turrell y Keith Sonnier a crear obras específicas para el lugar. El resultado fue la exposición inaugural de PS1: *Rooms.*

De aquella primera cita quedan algunos restos, como *Meeting de Turrell,* que enmarca el cielo nocturno a través de una abertura en el techo de la 3ª planta. Pero la obra que mejor encarna los inicios contestatarios del museo es *Exit – Don't Fight City Hall* de Richard Artschwager, cinco bombillas pintadas con la palabra "exit" en un corredor de ladrillo sin salida: su burlona respuesta a una disposición del ayuntamiento que obligaba al museo a colocar cinco letreros de "salida" en el edificio antes de abrirlo al público.

Creaciones modernas

El PS1 acoge hoy exposiciones vanguardistas y experimentales. El visitante podría encontrarse mirando vídeos a través de tablas en el suelo, observando gnomos creados con "escombros del capitalismo" o curioseando a través de una grieta en la pared. También se organizan *performances,*

CHRISTINA HORSTEN/PICTURE ALLIANCE VIA GETTY IMAGES ©

lecturas de poesía y conciertos de música vanguardista. No hace mucho, una instalación interactiva del tailandés Rirkrit Tiravanija llevó el arte moderno a la cocina ofreciendo a los visitantes dos tipos de chile verde tailandés: uno con ingredientes especializados y otro con productos de un supermercado neoyorquino.

No menos impresionante es la tienda del PS1, **Artbook,** con muchos de los libros ilustrados de los que se encuentran en el MoMA y títulos más raros o descatalogados.

Sonidos estacionales

Algunas noches de julio y agosto, el patio del PS1 acoge **Warm Up,** conciertos de música electrónica que se ofrecen en una estructura construida al efecto. Tampoco hay que perderse las **Sunday Sessions** de otoño e invierno.

UNA PAUSA
En el **Ora's Market** tienen pasteles, ensaladas y sándwiches, pero para una comida memorable hay que ir al **Casa Enrique,** un mexicano con un mole extraordinario.

CIRCUITO A PIE

Itinerario artístico por Astoria

Astoria encarna la esencia de Queens: diversidad cultural y creatividad desbordante. Aquí no se ven las señoriales casas rojizas de Brooklyn: solo edificios de altura media con costados de PVC. Pero el barrio embellece con arte cada una de sus anodinas manzanas.

INICIO	FINAL	DURACIÓN
Museum of the Moving Image	Noguchi Museum	3,2 km; 3 h

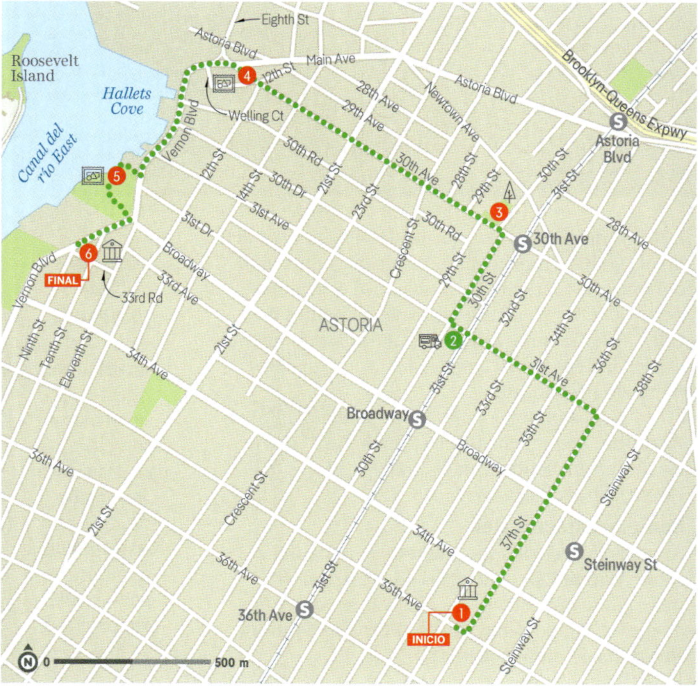

1 Detrás de la pantalla

Se parte del **Museum of the Moving Image,** dedicado al cine, la televisión y el vídeo. Es fácil perderse entre la magia de las "imágenes en movimiento" que dan nombre al museo, con exposiciones que abarcan desde retrospectivas de directores hasta mezclas de sonido. Con el tiempo justo, váyase directamente a la galería dedicada a Jim Henson, el creador de los *Pitufos*.

2 Pita, por favor

El penacho de humo guía hasta el **King Souvlaki,** famoso *food truck* que trae a Astoria los sabores de Atenas, como la *pita* de pollo *souvlaki* en un pan enrollado y con patatas fritas, o la brocheta de salchicha de cordero, asada al carbón.

3 Verdor griego

Un buen sitio para comer es cualquier banco del pequeño **Athens Square Park.** Astoria es ante todo un barrio griego, y este parque rinde homenaje a algunos símbolos de esa nación: un busto de Aristóteles, una estatua sedente de Sócrates y un anfiteatro con música griega e italiana en verano.

4 Calles multicolor

Caminando al este por 30th Ave se llega al **Welling Court Mural Project,** un conjunto de arte callejero a la altura de los murales de Bushwick (p. 226), con obras de maestros del espray como los neoyorquinos Buff Monster y COST. Las calles de la zona se abren como los radios de una rueda: hay que recorrerlas todas hasta dar con las obras favoritas.

5 Parque escultórico

A un corto trecho al sur queda el **Socrates Sculpture Park,** con enormes instalaciones artísticas y vistas al río East. En 1986, el escultor Mark di Suvero se puso al frente de un equipo de artistas que impidieron que esta ribera del East se convirtiera en un vertedero. Ha llovido mucho desde entonces, y los fines de semana estivales se puede practicar kayak gratis justo al norte en Hallets Cove.

6 Meditación sobre el minimalismo

Se termina en el **Noguchi Museum,** una antigua fábrica convertida en un oasis zen por el diseñador minimalista Isamu Noguchi, que transformó este espacio en su estudio. A su muerte en 1988, el lugar se convirtió en un museo donde también se venden sus famosas lámparas de papel.

Sugerencias de lugares para comer, beber y comprar en **p. 184**

Explora
Upper East Side

Este bastión de elegancia señera desciende desde Central Park hasta el río East. Aquí es donde los Vanderbilt daban bailes fastuosos y los famosos todavía agasajan a sus invitados en edificios anteriores a la guerra. Por el oeste del barrio, la Quinta Avenida es la "Milla de los Museos" desde 82nd St hasta el final del parque. Madison Ave concentra las *boutiques* y restaurantes más de postín.

Hacia el río East reinan los profesionales jóvenes; cuando dan las 17.00 suena la sinfonía de sus copas entrechocándose en los bares de la Segunda Avenida. El rico Upper East Side puede parecer como conservado en ámbar: ciertamente no es la vanguardia de la ciudad, pero encarna parte de sus tradiciones, protegidas por gente que ama demasiado su barrio como para cambiarlo.

Cómo desplazarse

Metro

Las líneas 4/5/6 recorren Lexington Ave; la Q, la Segunda Av hasta 72nd St, 86th St y 96th St; la F para en 63rd St y Lexington Ave.

Autobús

Es lo mejor para ir al oeste. Los servicios que circulan por 66th St, 72nd St, 79th St, 86th St y 96th St cruzan Central Park hasta Upper West Side. Las líneas M1, M2 y M4 recorren la Quinta Avenida y Madison Ave entre el Village y Harlem.

Teleférico entre Manhattan y Roosevelt Island (p. 175).

CARLA SILENE/SHUTTERSTOCK ©

LO MEJOR

Caminar entre tesoros –desde objetos egipcios hasta pinturas modernas– en el **METROPOLITAN MUSEUM OF ART** (p. 176).

Admirar las riquezas vienesas en la **NEUE GALERIE** (p. 180), una mansión llena de retratos de Gustav Klimt y con un café austríaco.

Sorber cócteles en el **BEMELMANS BAR** (p. 182), con pianistas de *jazz* amenizando la velada.

Escapar a **ROOSEVELT ISLAND** (p. 175) para vistas panorámicas de la ciudad y tráfico bajo mínimos.

CIRCUITO A PIE

Contemplar la arquitectura de la Edad Dorada

Conforme a finales del s. XIX los inmigrantes abarrotaban los bloques de Lower Manhattan, los ricos de Nueva York se mudaban ciudad arriba. Bordeando Central Park, la Quinta Avenida aún conserva vestigios de la que fue apodada la 'Millionaire's Row' (avenida de los Millonarios).

INICIO	FINAL	DURACIÓN
East 65th St esq. Quinta Avenida	Cooper-Hewitt Smithsonian Design Museum	2,2 km; 1 h

1 Codearse con los Vanderbilt

Se parte de la esquina de East 65th St con la Quinta Avenida. Hasta mediados del s. XIX, poca gente soñaba con vivir tan al norte. Pero cuando Caroline Astor, la reina de la alta sociedad neoyorquina, se mudó aquí en 1895, la **Quinta Avenida** se convirtió en el lugar de moda para la élite. Su palacio desapareció (como tantos otros), pero su influjo perdura.

2 La mansión de un explotador

Se para ante el castillo urbano convertido en museo (p. 181) que perteneció al magnate **Henry Clay Frick, conocido como** el "hombre más odiado de EE UU" por explotar a los obreros siderúrgicos, algo que, por supuesto, no le impidió vivir sin escatimar en lujos.

3 Europa y EE UU

Entre 78th St y 79th St se dan cita los estilos europeos imitados por los estetas de la Edad Dorada de la ciudad. El hermoso edificio en piedra caliza de 3700 m² en **1 East 78th St** (1909) remeda el bordelés Château Labottière. Su vecino, la **Payne Whitney House** (1909), en 972 Fifth Ave, emula la majestuosidad del Renacimiento italiano. El **Ukrainian Institute of America** (1897) impresiona por su fachada del gótico francés con tracería.

4 Vecinos ricos

Se continúa hasta **998 Fifth Ave,** un complejo de apartamentos con traza de *palazzo* italiano (1910). En una época en que los neoyorquinos más pudientes optaban por mansiones individuales, este edificio anticipó las construcciones en altura con portero donde viven típicamente hoy.

5 Lujo en derredor

Ahora se hace un breve desvío por Central Park en busca de la perspectiva. Desde el camino de grava que rodea el **Jacqueline Kennedy Onassis Reservoir** (la primera dama solía hacer *jogging* aquí) se pueden ver los altísimos edificios de Billionaires' Row (p. 144) y las torres gemelas del San Remo (p. 203) en Central Park West, otra arteria del lujo inmobiliario.

6 Una casa modesta

Se termina en el **Cooper-Hewitt Smithsonian Design Museum** (1902). Andrew Carnegie, el primer propietario de esta mansión con 64 habitaciones, dijo a sus arquitectos que quería la vivienda "más modesta y sencilla" de Nueva York. Desde el jardín (abierto al público) de esta "casa de campo" georgiana se comprobará si los arquitectos respetaron sus directrices.

Más información
Imprescindible p. 175
Experiencias p. 180
Comer p. 184
Beber p. 184
Comprar p. 185
0
1 km
A
B
C
D
1
2
3
4
5
6
Museum of the City of New York
103rd St
E 103rd St
E 102nd St
UPPER EAST SIDE
E 100th St
E 99th St
Madison Ave
Park Ave
Lexington Ave
Second Ave
Central Park
Metropolitan Hospital
E 97th St
E 96th St
96th St
E 95th St
E 94th St
Carl Schurz Park
Franklin D Roosevelt Dr
E 93rd St
Jewish Museum
E 92nd St
E 91st St
Río East
ASTORIA
E 90th St
Guggenheim Museum
E 89th St
E 88th St
Third Ave
First Ave
Fifth Ave
Neue Galerie
86th St
Heidelberg
E 87th St
E 86th St
William Greenberg Desserts
YORKVILLE
Faro de la Roosevelt Island
E 84th St
Lexington Candy Shop
York Ave
E 83rd St
East End Ave
E 82nd St
Metropolitan Museum of Art
E 81st St
Pastrami Queen
E 80th St
Octagon
E 79th St
E 78th St
77th St
Bemelmans Bar
E 77th St
Lenox Hill Hospital
E 76th St
E 75th St
UPPER EAST SIDE
JG Melon
E 74th St
Frick Madison
E 73rd St
Main St
E 72nd St
72nd St
Frick Collection
Asia Society & Museum
Roosevelt Island Bridge
E 71st St
New York Hospital - Weill Cornell Medical Center
Roosevelt Island
E 70th St
E 69th St
E 68th St
68th St-Hunter College
E 67th St
Río East
Canal East Río East
Park Avenue Armory
E 65th St
Rockefeller University
E 64th St
Lexington Ave-63rd St
E 63rd St
Roosevelt Island
Renwick Smallpox Hospital (500m), Franklin D Roosevelt Four Freedoms State Park (650m)
E 62nd St
Lexington Ave-59th St
E 61st St
E 60th St
Ed Koch Queensboro Bridge
5th Ave-59th St
E 59th St
59th St
Estación del teleférico de la Roosevelt Island
Graduate

★ IMPRESCINDIBLE

Tomar el teleférico a Roosevelt Island

Desde la Segunda Avenida esq. 60th St, el teleférico rojo lleva en 4 min a **Roosevelt Island,** una franja de tierra de 3,2 km de largo entre Upper East Side y Queens. Aquí hay que poner el reloj en hora insular para ver Nueva York desde el carril de tráfico lento.

PLANO: P. 174 **D5**

Reclusión insular

Pese a su estética chic universitaria, Roosevelt Island esconde un pasado triste. En el s. XIX, esto era Blackwell's Island, un vertedero humano adonde iban a parar neoyorquinos pobres, enfermos, discapacitados y condenados. En la década de 1950 la isla quedó casi abandonada, pero todavía sobreviven algunos vestigios. En la punta norte se alza un **faro** neogótico construido por reclusos en 1872. A un paseo de 10 min al sur se llega al **Octagon,** un lujoso complejo de apartamentos que ocupa el antiguo "asilo de lunáticos" de Nueva York. Por el lado sur, la yedra invade las ruinas del **Renwick Smallpox Hospital,** inaugurado en 1856 para evitar una epidemia de viruela.

Vistas del parque

Las partes modernas de Roosevelt Island son más alegres, en especial el **Franklin D. Roosevelt Four Freedoms State Park;** desde su punta sur se divisa la mole de Naciones Unidas en Manhattan (p. 158) y el letrero de Pepsi-Cola (1936) en Long Island City.

Sobre el río East

Para disfrutar de buenas vistas hay que ir hasta el **Graduate,** el primer hotel de la isla. La **Panorama Room** –con enormes ventanales– domina Manhattan, Queens y Brooklyn desde la planta 18. Las vistas desde el **Anything at All,** un restaurante del hotel, quizá animen a quedarse la noche.

CONSEJO

En vez de caminar, tómese el Red Bus (gratis) para dar la vuelta a la isla. Con anchos carriles y poco tráfico, la isla es ideal para pedalear en una Citi Bike.

Escanea este código QR para información sobre el teleférico.

★ IMPRESCINDIBLE

Sumergirse en la cultura mundial en el Metropolitan Museum of Art

Este museo fundado en 1870 es una celebración de 5000 años de creatividad a través del arte. El millón largo de piezas de los fondos del Met abarca el mundo entero, con pinturas, esculturas, tejidos e incluso una tumba egipcia cerrada por un foso. Es el mayor museo de todo el hemisferio occidental.

PLANO: P. 174 **A3**

CONSEJO
La entrada por el Great Hall brinda una primera impresión magnífica del interior, pero para evitar el gentío hay que ir a la cola de 81st St.

Escanea este código QR para comprar un tique con hora asignada.

Arte egipcio

La historia de Egipto se repasa viajando por el tiempo a través de 39 salas que van desde el Paleolítico hasta la época romana (c. 300 000 a.C.-400 d.C.). Se parte de la **tumba de Perneb,** una cámara sepulcral de piedra caliza con bajorrelieves pintados (sala 100). Tras pasar por pirámides y estatuas funerarias se hace un alto para contemplar el misterioso *Fragmento del rostro de una reina* (c. 1390-1336 a.C.) en la sala 136 y admirar la precisión de láser del escultor. El **templo de Dendur** (sala 131) es el único templo egipcio completo del hemisferio occidental, leavantado hace más de 2000 años a orillas del Nilo.

Arte griego y romano

Las más de 30 000 piezas del museo conforman el conjunto de arte grecorromano más completo de Norteamérica. Se empieza al sur del **Great Hall** para contemplar los dioses esculpidos bajo un techo abovedado *beaux arts*. Tanto placer visual anima a regocijarse, pero aguardan tesoros aún mayores en el soleado **patio de esculturas romanas Leon Levy y Shelby White** (foto; sala 162), donde impresionan las estatuas sin cabeza de las mitológicas *Tres Gracias:* la Belleza, la Alegría y la Abundancia.

MARCOBRIVIO.PHOTOGRAPHY/SHUTTERSTOCK ©

Pintura europea

De Giotto a Gauguin, en el Met no falta de nada: iconografía religiosa desde el s. XIII, todos los maestros neerlandeses y una selección de impresionistas franceses del s. XIX. A diferencia de la *Noche estrellada* del MoMA (p. 150), aquí no hay que pelearse con la gente para ver las pinturas de Vincent Van Gogh; ante el *Campo blanco con cipreses* (sala 822), el visitante se imagina una noche tempestuosa en Saint-Rémy-de-Provence. No hay que marcharse sin elogiar *La comida del león* del pintor autodidacta Henri Rousseau (sala 825).

UNA PAUSA
En el **Great Hall Balcony Cafe** de la 2ª planta tienen pasteles, sándwiches, *sushi,* café, vino y cerveza (horario 11.00-16.15 ju-ma, 17.00-20.15 vi y sa).

Arte islámico

Las 15 galerías dedicadas a la península Arábiga, Turquía y Asia central y meridional se hallan repletas de objetos sagrados y profanos. El esmaltado **mihrab** (nicho de oración) es una ensoñación

CITAS CON ARTE
Los fines de semana el Met se pone romántico con la música en directo de la "Noche de las Citas" en el **American Wing Cafe** y el **Petrie Court Cafe** (horario 17.00-21.00 vi y sa).

azul enmarcada por los cinco pilares del islam con inscripciones cúficas (sala 455). Los aficionados al interiorismo deberían parar en la sala 461 para maravillarse ante los panes de oro de la dieciochesca **Damascus Room.**

Ala americana

Esta colección de dos plantas en el extremo noroeste del museo abarca desde la época colonial hasta principios del s. XX, como el mítico *Washington cruzando el Delaware* de Emanuel Luetze, que preside la sala 760. Si se necesita un estimulante, hay que parar en el American Wing Cafe de la **Charles Engelhard Court** (foto), un jardín con esculturas estadounidenses enmarcado por una fachada de mármol que en su día estuvo en Wall Street.

Arte moderno y contemporáneo

Georgia O'Keeffe, Edward Hopper, Jackson Pollock y Salvador Dalí: el extremo suroeste del museo es una nómina de colosos del arte que arranca a finales del s. XIX; cabe destacar *America Today* de Thomas Hart Benton (sala 909), un inmenso mural que representa a EE UU al principio de la Gran Depresión.

Para los niños

Lo que más suele agradar a los pequeños son las galerías egipcias y la colección de armas y armaduras medievales; les encantará especialmente la recargada **armadura de George Clifford** en la sala 371. El Met organiza muchas actividades para jóvenes (véase la web) y dispone de folletos y planos específicos para los niños.

Cantor Rooftop Garden Bar

Con instalaciones de arte moderno, este bar ajardinado de la azotea flota sobre el dosel arbóreo de Central Park brindando vistas despejadas de Billionaires' Row en el Midtown (p. 144). Conviene pasarse hacia la puesta del sol, cuando el cielo improvisa una pintura que compite con las obras de arte.

Qué hacer y qué no

Hay que inscribirse para las exposiciones temporales uniéndose a la cola virtual con el código QR de la entrada: suelen ser de lo mejor que ofrecen los museos de la ciudad. Usar la audioguía gratis, que incluye el Highlights Tour, descargable en el móvil (metmuseum.org/audio-guide). Y por último, revisar la web del Met en busca de circuitos gratis por galerías específicas a cargo de guías muy preparados.

No hay que intentar verlo todo en una sola visita. Elegir unas cuantas salas para no saturar los sentidos. No pasar hambre: el museo cuenta con muchos sitios fantásticos para comer, como el **Met Dining Room** en la 4ª planta, con sabrosos platos estacionales que alivian de la fatiga expositiva.

Más arriba

Todos los tiques incluyen la entrada para el mismo día a los **Met Cloisters,** una fortaleza con frescos medievales, tapices y pinturas sobre una loma de Washington Heights encarada al Hudson.

UNA ANTIGUA MASCOTA

En la sala 136, *William* es un hipopótamo de fayenza azul con una labor fundamental: ser la mascota del Met. Descubierto en una tumba egipcia en 1910, el Met lo adquirió en 1917 y se convirtió pronto en el emblema del museo; el nombre se lo puso una revista de humor británica. Los antiguos egipcios temían a los hipopótamos, pero este pequeño *Billy* es una monada.

EXPERIENCIAS

Cubrir 400 años de historia de Nueva York

MUSEO DE HISTORIA

PLANO: 1 P. 174 **A1**

Los neoyorquinos suelen pasar por alto el **Museum of the City of New York,** en un edificio colonial neogeorgiano cerca de Central Park; y es una pena, porque ilustra bien el pasado, presente y futuro de esta ciudad en continua mutación. Como mínimo, hay que dedicar 28 min a *Timescapes,* un documental multipantalla que repasa 400 años de la ciudad en su evolución de pequeña factoría neerlandesa hasta centro neurálgico internacional. Otras exposiciones se centran en el activismo social y neoyorquinos eminentes como el poeta Walt Whitman y la urbanista Jane Jacobs. Precio de la entrada: la voluntad.

Visitar Austria en la Neue Galerie

MUSEO DE ARTE

El arte austríaco y alemán de 1890 a 1940 acapara el protagonismo en esta mansión (1914) de Carrère y Hastings (los arquitectos de la Biblioteca Pública de Nueva York y el Frick). La colección más valiosa de la **Neue Galerie** (PLANO: 2 P. 174 **A3**) son los dibujos y pinturas de Gustav Klimt, como el *Retrato de Adele Bloch-Bauer 1* (1907), que adquirió por 135 millones de US$ el magnate de la cosmética y fundador del museo Ronald Lauder. La librería anexa es casi otro museo, con monografías sobre artistas y libros ilustrados.

Para completar la experiencia vienesa, resérvese mesa en el **Cafe Sabarsky** (PLANO: véase 2 P. 174 **A3**), en la misma mansión y con un diseño propio de la época en que se construyó el edificio (los sillones están tapizados con tela de Otto Wagner de 1912). Por su parte, los platos, como sopa de *goulash,* el *bratwurst* asado y la *topfentorte* (tarta de queso), transportan a los Alpes orientales.

Recorrer el Guggenheim Museum

COLECCIONES MODERNAS

PLANO: 3 P. 174 **A3**

El mítico zigurat invertido del arquitecto Frank Lloyd Wright se eleva en espiral desde la Quinta Avenida en un desafiante distanciamiento de su señorial entorno. El mundo de la arquitectura se conmocionó en 1959 con la inauguración de este museo que aún impresiona. Casi podría decirse que su plato fuerte es el propio edificio, y eso que no resulta fácil eclipsar su contenido. La colección permanente que inició el magnate minero Solomon R. Guggenheim abarca las formas de Picasso, los colores de Kandinsky, las manchas de Pollock y los retratos de Mapplethorpe. Las exposiciones temporales incorporan a grandes nombres del arte moderno y contemporáneo, cuyas obras se exponen en paredes de rampas que suben dando vueltas hacia una cúpula de cristal. Wright concibió unas exposiciones que empezaban en lo alto del edificio y descendían hasta el nivel de la calle, pero hoy la mayoría discurre al contrario.

Entrar en una joya de la Edad Dorada — MUSEO DE ARTE

Cuando el industrial Henry Clay Frick planeó construir una mansión con piedra caliza de Indiana en la Quinta Avenida, su propósito era que se convirtiera en museo tras su muerte. Y hay que congratularse de que se cumplieran sus deseos. Las suntuosas estancias de la **Frick Collection** (PLANO: 4 P. 174 **A5**) exponen obras maestras de artistas europeos como Bellini, Goya, Rembrandt, Turner y Vermeer en marcos dorados. A diferencia de la inmensa colección del Met, esta se ve en 1 h. Cerrado por reformas durante la preparación de esta guía, su reapertura estaba prevista para finales del 2024. Hasta entonces, la colección puede verse cinco manzanas al norte en el **Frick Madison** (PLANO: 5 P. 174 **A4**), un edificio brutalista de 1966 diseñado por Marcel Breuer que contrasta con los cuadros florales decimonónicos del interior.

Saborear el pasado alemán de Yorkville — BRATWURST Y CERVEZA

A finales del s. XIX, la población germanohablante de Nueva York era la tercera más numerosa del mundo, solo por detrás de Berlín y Viena. Yorkville, entre East 79th St, 96th St, la Tercera Avenida y el río East, se conocía como Germantown, y a East 86th St la llamaban con cariño el "bulevar del chucrut". Hoy se escuchan todavía canciones a ritmo de jarras de cerveza en la Segunda Avenida entre 85th St y 86th St. La inmersión germana empieza en el **Heidelberg** (PLANO: 6 P. 174 **B3**), donde se pueden tomar clásicos como cerveza bávara y *schweinshaxe* (codillo de cerdo) desde 1936. Después está el **Schaller & Weber** (PLANO: véase 6 P. 174 **B3**), un templo salchichero desde 1937. Para algo distinto, el vecino **Schaller's Stube Sausage Bar** (PLANO: véase 6 P. 174 **B3**) ofrece versiones internacionales de las salchichas de toda la vida. El propietario, Jeremy Schaller, ya la tercera generación, regenta al lado la coctelería **Jeremy's** (PLANO: véase 6 P. 174 **B3**); instalado en la barra, lo apropiado es pedir un Carl Schurz, un trago a base de ginebra que honra al primer germano-americano elegido senador en EE UU. La visita acaba en el **Carl Schurz Park** (PLANO: 7 P. 174 **C3**), al que pusieron nombre en 1910 cuando los alemanes todavía mandaban en Yorktown.

Pedir un 'Manhattan' en el Bemelmans Bar — PIANO-BAR

PLANO: 8 P. 174 **A4**

Los bármanes con chaqueta de esmoquin roja preparan cócteles, los pianistas acarician el marfil de las teclas bajo un techo de oro de 24 quilates, y los clientes se arrellanan en los bancos corridos color chocolate mientras disfrutan del conjunto. Las razones por las que este bar –en el Carlyle Hotel desde 1947– causó sensación hace poco en TikTok entre la generación Z son múltiples, pero quizá su mayor reclamo sean los murales del ilustrador Ludwig Bemelmans (famoso por *Madeleine*), pintados a mediados de la década de 1940: representan las cuatro estaciones de Central Park y son un reflejo de la clientela, a medio camino entre la elegancia añosa y la juventud despreocupada. Es una estampa de la Nueva York de ayer con un toque del s. XXI.

Para la música en directo se cobra una entrada de 10 US$ por los pianistas (desde 17.30) y de 15-35 US$ cuando arranca el trío de *jazz* (aprox. 21.30). Se exige vestir bien.

Comer en Upper East Side RUTA GASTRONÓMICA

Los restaurantes caros con estrellas Michelin reciben encendidos elogios en Manhattan, pero para saborear la comida más sabrosa de la ciudad no siempre hay que dejar la cuenta a cero: en Upper East Side se localizan no pocos sitios míticos que complacen a los paladares más exigentes desde hace décadas. Se empieza en el **JG Melon** (PLANO: 9 P. 174 **B4**), un sencillo *pub* donde sirven una de las mejores hamburguesas de Nueva York desde 1972; bajarla con un *Bloody Mary* es una tradición del barrio. La siguiente parada es el **Pastrami Queen** (PLANO: 10 P. 174 **B4**), abierto en 1956. Este establecimiento *kosher* nació en Williamsburg, Brooklyn, donde se llamaba "Pastrami King"; el cambio de género le ha dado más empaque si cabe, como demuestra el sándwich epónimo, un rascacielos de ternera. Ahora se cambia lo salado por lo dulce en el **William Greenberg Desserts** (PLANO: 11 P. 174 **A3**), que elabora sus famosas galletas blancas y negras desde 1946. Se termina en la **Lexington Candy Shop** (PLANO: 12 P. 174 **A3**), la cafetería de estilo *luncheonette* más antigua de Nueva York, abierta en 1925; pídase un *egg cream* (leche, soda y sirope).

EL METRO DE LA SEGUNDA AVENIDA

Nació como un sueño en 1919, pero su construcción no empezó hasta 1972. Cuando se inauguró el 1 de enero del 2017, la línea de metro Second Avenue había costado más de 4400 millones de US$... ¡solo la primera sección! Pero fue un dinero bien gastado. Las instalaciones permanentes de azulejos y mosaicos en 72nd St, 86th St y 96th St incluyen obras de artistas reputados como Chuck Close y Sarah Sze. Las calles antes tranquilas de Yorkville son hoy hervideros de actividad, y el atractivo de la línea ha trascendido al barrio. Se ha propuesto prolongarla, pero quién sabe.

Admirar arte judío en una mansión gótica

MUSEO DE ARTE

PLANO: 13 P. 174 A2

Al contemplar la arquitectura gótica francesa del **Jewish Museum** (1908), un proyecto de Charles P. H. Gilbert inspirado en un *château*, podría pensarse que su colección no estará altura; pero no es así. Es uno de los museos judíos más antiguos del mundo (desde 1904), y posee una colección de 30 000 piezas que abarcan 4000 años del arte y la cultura del pueblo hebreo: desde objetos ceremoniales (tesoros recuperados de los saqueos del Holocausto incl.) hasta obras modernas de figuras de prestigio mundial como Kehinde Wiley. Aunque el museo no se ocupa específicamente del mundo judío de Nueva York, una versión de la escultura en aluminio pintada de amarillo *OY/YO* de la neoyorquina Deborah Karr juega con dos expresiones típicas de la jerga neoyorquina; una versión de la obra a mayor escala puede verse por fuera del Brooklyn Museum (p. 220). Las exposiciones temporales se dedican a artistas eminentes como Marc Chagall o ilustran la labor de figuras de la cultura como Helena Rubinstein. Los sábados es gratis.

Asistir a una exposición en la Park Avenue Armory

ESPACIO ARTÍSTICO

PLANO: 14 P. 174 A5

Este mastodonte neogótico del s. XIX fue en su día la armería de un regimiento al que pertenecieron miembros de familias de élite de la Edad Dorada como los Roosevelt, Livingston y Vanderbilt. El antiguo pabellón de instrucción, con 5100 m², es uno de los mayores espacios artísticos diáfanos de Nueva York y acoge frecuentes producciones teatrales con algunas de las escenografías más aparatosas de la ciudad. Los circuitos permiten admirar el interior de las estancias de la 1ª planta; no son regulares: visítese armoryonpark.org para informarse sobre fechas y entradas.

Ver arte oriental con públicos occidentales

MUSEO

PLANO: 15 P. 174 A5

La excepcional colección de la **Asia Society and Museum,** una de las principales instituciones de EE UU dedicadas al arte panasiático, abarca desde el s. XI a.C. hasta la actualidad: de cerámica china de la dinastía Song y bronces indios del período Chola a pinturas modernas japonesas. Fundada en 1956 por John D. Rockefeller III (filántropo y gran coleccionista de arte asiático), la institución ha ido creciendo y ahora organiza actividades culturales como conciertos, eventos culinarios, proyecciones de películas y conferencias. En la tienda tienen *souvenirs* como pañuelos de seda, joyas, libros infantiles y objetos decorativos. La entrada incluye el circuito guiado y es gratis los viernes.

SUGERENCIAS

Lo mejor para...

$ Económico $$ Medio $$$ Alto

Localizaciones en el plano de la **p. 174**

Comer

Alta cocina

Tanoshi $$$

16 C4

Los comensales se apretujan para vivir una experiencia inolvidable de *omakase* en este minúsculo local de *sushi* con los asientos encarados al chef. Se puede llevar la bebida. *18.00-22.30 lu-do, 11.30-14.30 lu-sa*

Daniel $$$

17 A6

En vez de derrochar en el menú degustación, la mejor manera de disfrutar de la cocina francesa del chef Daniel Boulud es a la carta. *17.00-22.00 ma-do*

Mission Ceviche $$$

18 B5

La leche de tigre (zumo de ceviche) pasa por ser un afrodisíaco, y aquí la mayoría de los platos peruanos van bañados en este mágico líquido. *Horario variable*

Sant Ambroeus $$$

19 A4

Tras la sobria fachada de la prestigiosa cadena aparece este bistró y café milanés con toda la sofisticación de Upper East Side. *8.00-22.00 lu-vi, desde 9.00 sa y do*

Cocina internacional

Drunken Munkey $$

20 B2

El papel pintado *vintage* y los letreros con forma de balón de críquet en las puertas hacen pensar en un *pastiche* del Bombay colonial, pero los curris (muy picantes) son su verdadero reclamo. 16.30-24.00

Café y dulces

Variety Coffee Roasters

21 B3

Con pasteles deliciosos, cafés de especialidad y enormes ventanales que alegran el interior enmaderado, es normal que este local de la cadena de Brooklyn en Upper East Side se llene de teletrabajadores. *7.00-21.00*

Orwashers

22 B4

Abierta por húngaros, esta panadería hornea panes de centeno, negros y de grano entero desde 1916. ¿Algo dulce? *Babka* o *strudel* de queso y cereza. *7.00-18.00*

Ladurée

23 A5

La magnificencia de la Edad Dorada pasada por el horno toma forma de *macaron* en esta pastelería francesa ideal para tomar el té. *8.00-19.00*

Beber

Cervecerías y 'gastropubs'

Pony Bar

24 C4

Bar consagrado a las cervezas artesanas de EE UU (y de Nueva York). *15.00-24.00 lu-ju, hasta 3.00 vi-do, desde 12.00 sa y do*

Jeffrey

25 B6

Después del trabajo, la cofradía del lúpulo acude a esta cervecería artesana (y coctelería) bajo el teleférico de Roosevelt Island con 30 tiradores de cervezas en rotación. *16.00-24.00 lu-mi, 12.00-1.00 ju-sa, 12.00-24.00 do*

Penrose

26 B3

Elegante *gastropub* de la Segunda Avenida (paredes de ladrillo visto, espejos *vintage*) famoso por sus martinis "sucios", encurtidos fritos y extraordinaria colección de *whiskeys*. *11.00-3.00 lu-vi, desde 9.30 sa y do*

Gogós y juegos

Ethyl's Alcohol & Food

27 B3

Con números de cabaré, gogós y música setentera, este bar transporta a los tiempos de antes de que el club punk CBGB se convirtiera en una *boutique* de moda. *17.00-tarde lu-sa*

Hex & Co

28 C4

Los juegos de tablero -a elegir entre 1000 (10 US$/jugador) - y la cerveza van de la mano en este café. *11.00-23.00 do-ju, hasta 24.00 vi y sa*

Cócteles y algo más

2nd Floor Bar & Essen

29 C4

Este bar en una 2ª planta con bebidas imaginativas y picoteo judío *(pastrami, gefilte)* evoca la Nueva York de la década de 1920. *17.00-24.00 ma-ju, hasta 2.00 vi y sa*

Auction House

30 B3

Los divanes, espejos dorados y suelos de maderas nobles podrían, tras unos cuantos cócteles, hacer viajar a la época victoriana. *18.00-hasta tarde*

UES.

31 B3

Heladería con un bar de copas "secreto" en la trastienda. *17.00-1.00 lu-mi, hasta 2.00 ju, hasta 3.00 vi y sa, 18.00-24.00 do*

Comprar

Tiendas raras y maravillosas

Creel & Gow

32 A5

Gabinete de curiosidades (caras) en una casa del s. XIX con fascinantes objetos de procedencia internacional: pavos reales disecados, conchas plateadas, dibujos centenarios y piezas similares.

SHOP Cooper Hewitt

33 A2

Diseñadores noveles y consagrados firman el original menaje de hogar de esta tienda de museo (p. 173) instalada en la antigua mansión de Andrew Carnegie.

Tiny Doll House

34 B4

Si ya impresionó la casa de muñecas de Carrie Stettheimer en el Museum of the City of New York (p. 180), las que se exponen aquí (victorianas, *chippendale*, modernas) dejan atónito por su extraordinario detallismo.

Ropa usada

La Boutique Resale

35 A3

Las *fashionistas* del barrio, entre ellas Jackie Onassis, empezaron a aligerar aquí sus armarios en 1954, cuando se llamaba Encore. La Boutique Resale mantiene viva la llama. Descuentos en la planta alta.

Sugerencias de lugares para comer, beber y comprar en **p. 205**

Explora
Upper West Side, Central Park y Harlem

La inauguración de Central Park a finales del s. XIX desató un frenesí inmobiliario. Los elegantes apartamentos de Broadway y las torres *art déco* de Central Park West figuran todavía entre las viviendas más chic de la ciudad; pero, aun en medio de tanto lujo, este barrio ha representado siempre la diversidad de Nueva York.

Artistas, intelectuales y progres se mueven entre las calles con casas de piedra roja y *diners, delis* y grandes instituciones culturales como el Lincoln Center. Y paseando, al final acaban en uno de los grandes espacios verdes de la ciudad... o nadando en el Hudson.

Cómo desplazarse

Metro
Las líneas 1/2/3 facilitan el acceso a cualquier sitio entre Broadway y el Riverside Park. Las líneas B y C son mejores para zonas al este de Broadway como Central Park. Y la A y la D van directas de 59th St-Columbus Circle a 125th St en Harlem.

Autobús
El M104 recorre Broadway entre el Midtown y Harlem. El M110 bordea Central Park West. Las líneas que atraviesan la ciudad por 66th St, 72nd St, 79th St, 86th St y 96th St llevan a Upper East Side.

Lincoln Center (p. 200).

★

LO MEJOR

Escapar del barullo urbano merendando, pedaleando o paseando por **CENTRAL PARK** (p. 192).

Conseguir entradas para una función inolvidable en el **LINCOLN CENTER** (p. 200).

Deambular entre delicadas mariposas y dinosaurios gigantescos en el **AMERICAN MUSEUM OF NATURAL HISTORY** (p. 200).

Pasear por **HARLEM** (p. 190) mientras se reflexiona sobre cómo sus artistas transformaron el barrio en la piedra angular de la cultura neoyorquina durante un siglo.

CIRCUITO A PIE

Sentir el latido de Harlem

Desde que el renacimiento de Harlem electrizó Nueva York, el barrio ha sido cuna de la cultura negra, alumbrando talentos y tendencias de resonancia mundial. Aquí es donde cantaba Billie Holiday, Romare Bearden montaba sus *collages* y Langston Hughes componía su poesía explosiva. Ruidosas y melancólicas, caminar por estas calles es oírlas cantar.

INICIO	FINAL	DURACIÓN
Malcolm Shabazz Harlem Market	Strivers' Row	3,8 km; 3 h

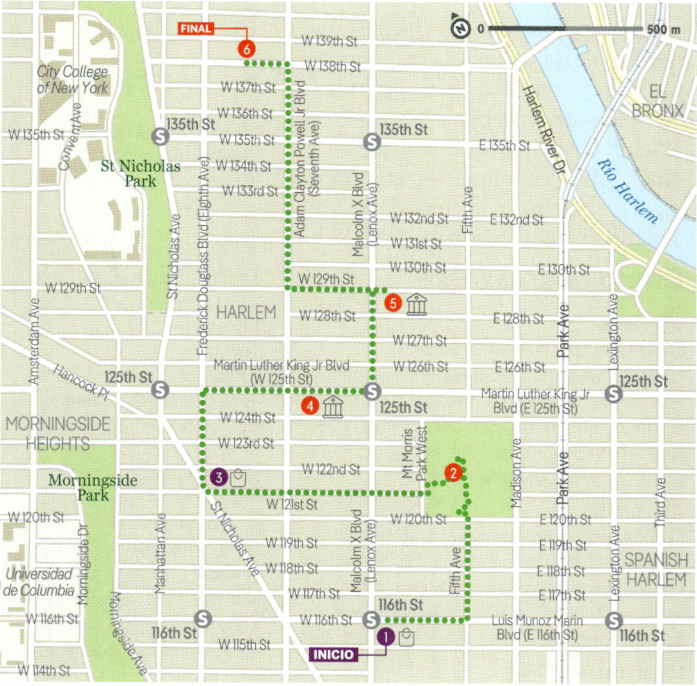

1 La influencia de la inmigración

Se parte del **Malcolm Shabazz Harlem Market,** con tejidos, joyas e instrumentos musicales de países como Nigeria, Kenia y Ghana. Este bazar es el corazón de Little Senegal, donde viven muchos inmigrantes francófonos que se establecieron aquí en la década de 1980.

2 Ritmos urbanos

En una tarde soleada de verano, los ritmos de los grupos de percusión del **Marcus Garvey Park** vibran en el aire. Estas *jam sessions* abiertas a todos mezclan las tradiciones de África Occidental con las caribeñas en una cacofónica oda a la cultura de Harlem. Igual de entretenido es el **Classical Theatre of Harlem,** que en verano ofrece obras gratis de Shakespeare en el parque.

3 Los dandis

Las casas rojas perfectamente conservadas del barrio histórico de Mount Morris reflejan las aspiraciones burguesas de sus primeros residentes. El **Flamekeepers Hat Club** en 121st St revive la elegancia de la Edad Dorada con su colección de sombreros.

4 Excelencia artística

El corazón de Harlem late con toda su fuerza en 125th St; allí está el Apollo, donde empezó Ella Fitzgerald. Pero aquí se viene por el **Studio Museum in Harlem:** esta incubadora de artistas de origen africano tenía previsto inaugurar un nuevo edificio de cinco plantas en el 2024, seguramente la próxima revelación en el mundo del arte.

5 Rapsodia de ébano

En la década de 1920 Harlem era un hervidero de actividad bajo la batuta rítmica de genios como Duke Ellington. Al gran maestro de la *big band* se le homenajea en la única sala del **National Jazz Museum,** asociado al Smithsonian, que es como una carta de amor a las improvisaciones del género, con el piano de media cola de Ellington a la entrada. Acceso gratis.

6 Casas envidiadas

La ruta termina en el barrio histórico de St Nicholas, más conocido como **Strivers' Row,** en W 138th St y 139th St. Desde el renacimiento de Harlem, estas mansiones italianizantes se convirtieron en residencias de figuras como el compositor de *blues* W. C. Handy, el político Adam Clayton Powell Jr., el cantante y bailarín Bill "Bojangles" Robinson y, más recientemente, de un joven Tupac Shakur antes de que se mudara a la Costa Oeste.

A
B
C
D
E
F
1
2
3
4
Río Hudson
Cherry Walk
Ellington in the Park
Riverside Park
Henry Hudson Pkwy
Riverside Park
Monumento a Juana de Arco
Hippo Playground
91st St Community Garden
Soldiers' and Sailors' Monument
9A
Riverside Dr
Nicholas Roerich Museum
Cathedral Pkwy (110th St)
W 110th St (Cathedral Pkwy)
Cathedral Pkwy (110th St)
W 107th St
W 106th St (Duke Ellington Blvd)
W 104th St
W 103rd St
103rd St
W 102nd St
W 101st St
W 100th St
W 99th St
W 98th St
W 97th St
96th St
W 96th St
W 95th St
W 94th St
W 93rd St
W 92nd St
W 91st St
W 90th St
W 89th St
W 88th St
W 87th St
W 85th St
West End Ave
Broadway
Amsterdam Ave
Columbus Ave
Central Park West
UPPER WEST SIDE
Barney Greengrass
86th St
103rd St
Central Park North (110th St)
Blockhouse
Harlem Meer Center
Great Hill
North Woods
West Dr
The Loch
The Pool
North Meadow
East Dr
East Meadow
Charles A. Dana Discovery Center
Conservatory Garden
97th St Transverse
Jacqueline Kennedy Onassis Reservoir
86th St Transverse
Fifth Ave
Madison Ave
Park Ave
Lexington Ave
110th St
E 106th St
E 102nd St
E 96th St
E 91st St
E 86th St
UPPER EAST SIDE

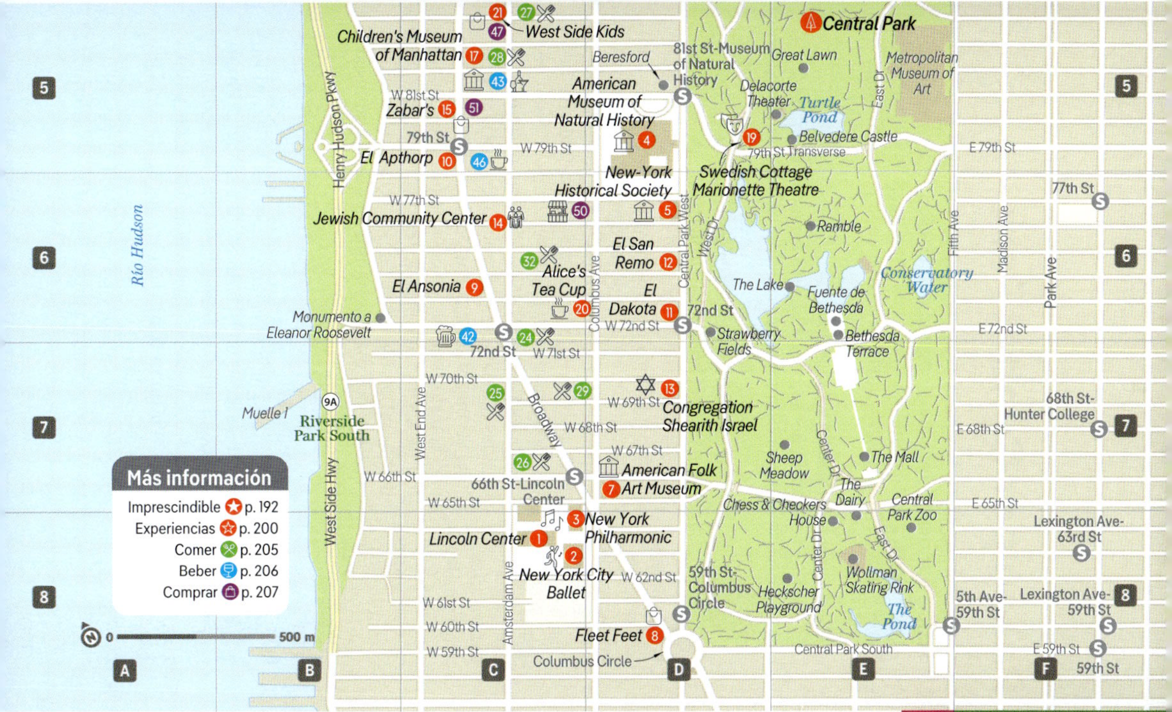
Central Park
Children's Museum of Manhattan
West Side Kids
Beresford
81st St-Museum of Natural History
Great Lawn
Metropolitan Museum of Art
American Museum of Natural History
Delacorte Theater
Turtle Pond
East Dr
W 81st St
Zabar's
79th St
Belvedere Castle
W 79th St
79th St Transverse
E 79th St
El Apthorp
Henry Hudson Pkwy
New-York Historical Society
Swedish Cottage Marionette Theatre
W 77th St
77th St
Jewish Community Center
Ramble
Fifth Ave
Madison Ave
Park Ave
Río Hudson
El San Remo
Central Park West
West Dr
Alice's Tea Cup
Columbus Ave
Conservatory Water
El Ansonia
The Lake
Fuente de Bethesda
El Dakota
72nd St
Monumento a Eleanor Roosevelt
W 72nd St
Strawberry Fields
Bethesda Terrace
E 72nd St
72nd St
W 71st St
W 70th St
Congregation Shearith Israel
W 69th St
68th St-Hunter College
Muelle I
Riverside Park South
West End Ave
Broadway
W 68th St
E 68th St
W 67th St
Sheep Meadow
Center Dr
The Mall
American Folk Art Museum
W 66th St
66th St-Lincoln Center
The Dairy
Central Park Zoo
W 65th St
Chess & Checkers House
E 65th St
New York Philharmonic
Lexington Ave-63rd St
Lincoln Center
West Side Hwy
New York City Ballet
W 62nd St
59th St-Columbus Circle
Wollman Skating Rink
Heckscher Playground
W 61st St
Amsterdam Ave
5th Ave-59th St
Lexington Ave-59th St
The Pond
W 60th St
Fleet Feet
W 59th St
Columbus Circle
Central Park South
E 59th St
59th St
Más información
Imprescindible p. 192
Experiencias p. 200
Comer p. 205
Beber p. 206
Comprar p. 207
0
500 m
A
B
C
D
E
F
5
6
7
8
9A

★ IMPRESCINDIBLE

Paseo por Central Park

Con 341 Ha de césped, estanques y bosques, Central Park parece Manhattan retornado a su estado original, si bien cada metro cuadrado del parque es pura factura humana. Esta majestuosa fusión de naturaleza y arte proporciona un necesario alivio de la vida en la jungla urbana.

PLANO: P. 190 **E5**

CONSEJO
Las dos primeras cifras de los números en la base de las farolas del parque indican las calles transversales cercanas; y las dos últimas, si se está en el este o en el oeste (los pares indican el este).

Escanea este código QR para planos, instalaciones e información adicional.

Pasado y presente

En la década de 1850, esta zona de Manhattan estaba ocupada por granjas porcinas, un vertedero, un cocedero de huesos y Seneca Village, la mayor comunidad de afroamericanos propietarios que hubo en la ciudad antes de la Guerra de Secesión. Todo cambió con el proyecto de crear para la pujante población del Downtown un extenso espacio verde adonde escapar de los agobios de la ciudad.

Las obras empezaron en 1858 cuando un concurso público adjudicó al paisajista Frederick Law Olmsted y al arquitecto Calvert Vaux el honor de hacer realidad aquel oasis. Vinieron después dos décadas difíciles con el desalojo forzoso de unos 1600 vecinos y la contratación de 20 000 obreros para transformar los terrenos en un parque. Central Park suma hoy más de 18 000 árboles, 55 Ha de bosque, 21 parques infantiles y siete lagos y estanques, y recibe más de 40 millones de visitantes al año.

Extremo sur

La mayoría de los visitantes acceden a Central Park por su lado sur en W 59th St. Al bordear el **Pond** (estanque) en el extremo sureste se ven patos y gansos. En invierno una multitud de gente patina en el **Wollman Rink,** con los rascacielos del Midtown de fondo.

Se continúa al noreste hasta el Children's District; pero cuidado, porque los tortuosos caminos

PANDORA PICTURES/SHUTTERSTOCK ©

del parque están pensados para desorientar, en deliberada contraposición a las calles rectas de Manhattan. Al final se llega al **Heckscher Playground,** donde los críos se desfogan en pasarelas, columpios y toboganes. Para sombra, hay que visitar dos construcciones encantadoras: el **Dairy,** que parece una casa de campo victoriana (hoy es un centro de visitantes y tienda de regalos), y la **Chess & Checkers House,** donde se juega a las damas y el ajedrez bajo una pérgola; las piezas se prestan entre 10.00 y 16.30 de miércoles a sábado. Cerca, un centenario **tiovivo** produce destellos de fantasía a lo Mary Poppins.

Por el este se encuentra el pequeño **zoo de Central Park** (cerca de E 64th St; de pago), con pabellones de pingüinos, osos pardos, aves tropicales e incluso un leopardo de las nieves. A los niños (y a

UNA PAUSA
Si no se lleva la cesta de pícnic, se puede comer cerca del Sheep Meadow en **Le Pain Quotidien** o en un **carrito** de tentempiés y bebidas (pago en efectivo).

A PEDALES
Central Park Bike Tours y Citi Bike (p. 32) alquilan bicis para rodear el parque por una carretera de 9,8 km.

muchos adultos) les encanta acariciar a las cabras en la zona infantil y ver a los leones marinos pidiendo la cena.

Lo más visitado de este sector quizá sea el **Sheep Meadow** (foto; cerca de W 67th St), un prado de 6 Ha donde miles de personas montan pícnics, lanzan *frisbees* y toman el sol en verano. El segundo domingo de mes entre mayo y septiembre, multitud de gais se congregan en su centro para celebrar los **Second Sundays.** Unas horas de observación aquí resultan de lo más ilustrativas sobre los habitantes de la ciudad.

Al norte, **Strawberry Fields** (cerca de W 72nd St) es un jardín con forma de lágrima y monumen-

GREGORY JAMES VAN RAALTE/SHUTTERSTOCK ©

to en memoria de John Lennon –asesinado delante de su casa en el edificio **Dakota** (p. 203) en 1980– con un bosquecillo de olmos y un mosaico de azulejos donde se lee, sencillamente, "Imagine".

Yendo al este desde Strawberry Fields se va a parar al **Mall,** probablemente la sección más elegante del parque, con una explanada flanqueada por olmos. Las esculturas de escritores famosos bordean por su extremo sur el **Literary Walk,** junto con el **Women's Rights Pioneers Monument,** un añadido del 2020. En el extremo norte se encuentra la **Bethesda Terrace,** con escalinatas y un pasaje abovedado cubierto que convergen en la **fuente de Bethesda.** La estatua de la fuente ha salido en películas como *Solo en casa 2, Los vengadores* y *Ángeles en América;* pero es famosa sobre todo porque su escultora, Emma Stebbins, fue en la década de 1860 la primera mujer a quien se encargó una obra pública importante en Nueva York.

Si se necesita un poco de intimidad, nada más romántico que alquilar un bote de remos en el **Lake** (lago; abre si el tiempo lo permite) y tomar un cóctel en la **Central Park Boathouse** (pagando un recargo).

Zona central

Cruzando el **Bow Bridge** (al noroeste de la fuente de Bethesda) se entra en uno de los parajes más cautivadores del parque. El **Ramble** es un bosque de 14,5 Ha con cascadas, rocas y caminos sin asfaltar que atraviesan arboledas y matorrales. No tiene nada de raro ver gente enfocando con sus prismáticos el ramaje, pues este es un destino preferente para los observadores de aves. Central Park, situado en el Corredor del Atlántico (una ruta vital para las aves migratorias), funciona como un descansadero. En primavera y otoño, los ornitólogos aficionados pueden avistar más de 200 especies.

EL BARDO EN LA CIUDAD

En verano, el Public Theater (p. 79) ofrece en el Uptown sus famosos montajes gratis de Shakespeare al aire libre en el **Delacorte Theater** de Central Park. Las entradas para el día se consiguen en el mismo teatro (desde temprano hay cola) o mediante la lotería digital. El Delacorte está cerrado por trabajos de "revitalización" hasta el 2025, pero debería ser una prioridad: el sueño de una noche de verano.

GUÍAS EXPERTOS
Si no seduce la idea de deambular a solas por el parque, la **Central Park Conservancy** organiza paseos guiados que abarcan desde el medio natural hasta historias poco conocidas de Central Park y sus parajes y monumentos más famosos. La mayoría cuestan 25 US$ y duran unos 90 min, con descuentos para familias. Visítese la web para horarios y precios; hay que reservar.

Quizá se salga del bosque por el **Belvedere Castle** (cerca de 79th St), una fantasía arquitectónica con torrecillas sobre un afloramiento rocoso en la parte central del parque. Desde sus terrazas se contempla el Delacorte Theater y el **Great Lawn,** una enorme alfombra verde que antes fue un embalse. En verano se celebran conciertos (normalmente gratis) en sus 5,2 Ha, entre los que no faltan ningún año la Filarmónica de Nueva York, la Metropolitan Opera y alguna estrella del pop.

Siguiendo al norte se llega al estanque **Jacqueline Kennedy Onassis Reservoir** (foto). El camino de grava de 2,5 km que lo rodea es territorio de los corredores (p. 202), que lo transitan en estricto sentido horario; hay que comportarse con deferencia si se camina por su misma ruta para sacar una instantánea de los rascacielos reflejados en sus espejadas aguas.

Lado norte

El gentío disminuye conforme se va hacia el Uptown, lo que refuerza la magia del paseo por los **North Woods,** una arcadia de 16 Ha en el sector norte de Central Park que parece una porción de los montes Adirondack trasladada a Manhattan. A orillas del **Loch,** un manso arroyo con tres cascadas y entre árboles (entrada por el Glen Span Arch cerca de W 103rd St), se ven ardillas listadas y algún mapache. Instalada como fuerte durante la guerra de 1812, la **Blockhouse** es la construcción más antigua del parque. Adentrándose en la espesura, los rascacielos desaparecen y el tráfico se convierte en un murmullo.

Por el este, el **Conservatory Garden** (a la altura de E 105th St) interrumpe la naturaleza salvaje del bosque con jardines geométricos de estilo europeo.

JOE JOSEPHS/SHUTTERSTOCK ©

Este paraje de 2,4 Ha es oficialmente una "zona tranquila" con tres secciones -francesa, inglesa e italiana-, cada una con su fuente. En primavera es de admirar la explosión multicolor de los pétalos.

Más al norte, el recién reconstruido **Harlem Meer Center** (su apertura está prevista para el verano del 2024) ofrece actividades al aire libre como patinaje en invierno y natación en verano. Este centro recreativo mira al Harlem Meer, un lago artificial (*meer* significa "mar pequeño" en neerlandés) donde los pescadores practican la captura sin muerte (se consiguen cañas en el **Charles A. Dana Discovery Center**). Cuando hace bueno, es más frecuente ver aquí neoyorquinos, asoleándose en los bancos como tortugas, que turistas.

MAREA ROSA

Muchos árboles florecen en primavera: los cerezos Yoshino tiñen de rosa la orilla este del Reservoir; los okame, el otro lado; y **Cherry Hill** deslumbra en E 72nd St.

★ IMPRESCINDIBLE

Atrapar la luz en el Riverside Park

Aunque la cinta verde de 8 km que va de 59th St a 155th St se vea eclipsada por el cercano Central Park, este apacible refugio cautiva por muchos motivos, como las vistas del río Hudson desde sus senderos escalonados y el espectáculo de las luces cuando empieza a ponerse el sol.

PLANO: P. 190 **B2**

CONSEJO
Para ver en verano la puesta del sol con una cerveza, se va con la línea 1 hasta 103rd St y luego se camina al oeste hasta el **Ellington in the Park.**

Escanea este código QR para un plano y un calendario de eventos.

Semillas de cambio

Este parque no ha dejado de cambiar desde que Frederick Law Olmsted (artífice de Central Park) lo concibió a mediados del s. XIX. Calvert Vaux, su prolífico colaborador, y el urbanista Robert Moses participaron en el diseño, que convirtió promontorios ventosos y vías férreas en explanadas ribereñas.

La última ampliación, una delgada franja verde entre 59th St y 72nd St, se llama **Riverside Park South** (foto; inaugurado en el 2001), donde los restos herrumbrosos del **69th St Transfer Bridge** recuerdan el transporte de los vagones de carga a través del río. Hoy, en estos tranquilos senderos, lo más parecido a las veloces locomotoras quizá sean los ciclistas que se dirigen apresurados al trabajo.

Monumentos espléndidos

A partir de 72nd St, el parque se ensancha para incluir un carril-bici ribereño, montículos herbosos y paseos con varios niveles. Una escultura en bronce de **Eleanor Roosevelt** (1996) parece ensimismada en sus pensamientos en 72nd St, acaso preguntándose por qué fue la segunda estatua de Nueva York dedicada a una mujer de carne y hueso. La primera, **Juana de Arco** (1915), galopa desafiante en 93rd St sobre un pedestal con fragmentos de la torre de Ruán donde estuvo presa.

Unas cuantas manzanas al sur, en W 89th St, el **Soldiers' and Sailors' Monument** (1902),

JAMES ANDREWS1/SHUTTERSTOCK ©

circundado por 12 columnas corintias, honra a los soldados de la Unión que lucharon en la Guerra de Secesión. La **Grant's Tomb,** grandioso mausoleo al general nordista y 18º presidente de EE UU, queda 3,2 km al norte en 122nd St.

Flores y romanticismo

Es un placer recorrer el **Cherry Walk** (entre 100th St y 125th St) en abril y mayo, cuando los pétalos de los cerezos tiñen de rosa el paseo. Igual de bonito es el **91st St Community Garden,** inmortalizado en la comedia *Tienes un e-mail.*

El ambiente más pintoresco del parque lo ofrece el **Ellington in the Park** (abierto abr-nov), un restaurante informal al aire libre con vistas al Hudson; llléguese antes del atardecer para conseguir una mesa en el nivel superior y ver la puesta de sol por detrás de Nueva Jersey.

UNA PAUSA
El **Pier i Cafe,** en el Riverside Park South, ofrece comida, café y cócteles (abierto abr-oct) al aire libre.

EXPERIENCIAS

Aplaudir en el Lincoln Center

ARTES ESCÉNICAS

El complejo de travertino de 6,4 Ha de asientos del Lincoln Center (PLANO: 1 P. 190 **C8**) ofrece algunos de los mejores espectáculos de la ciudad.

La **Metropolitan Opera House** (PLANO: véase 1 P. 190 **C8**) deleita a los aficionados de septiembre a junio con óperas clásicas *(La bohème, Madame Butterfly)* y modernas; entradas de 25 a 500 US$.

El David H. Koch Theater es la sede del prestigioso **New York City Ballet** (PLANO: 2 P. 190 **C8**), cuyo primer director fue el coreógrafo George Balanchine. Los espectadores de 13 a 30 años pueden conseguir *rush tickets* por 30 US$.

La **New York Philharmonic** (PLANO: 3 P. 190 **C8**) tiene su sede en el David Geffen Hall, que acaba de salir de una reforma de 550 millones de US$. La orquesta profesional más antigua del país (desde 1842) combina a los clásicos con piezas vanguardistas. Los *rush tickets* para los conciertos más populares se venden en taquilla el mismo día por 22 US$.

Aquí pueden verse también montajes teatrales de Broadway y el Off-Broadway, películas en el **Film at Lincoln Center** (PLANO: véase 1 P. 190 **C8**) y espectáculos del **Big Apple Circus** (parecido al Cirque du Soleil) en una carpa que se instala por Navidad.

Asombrarse en el American Museum of Natural History

MUSEO DE LA CIENCIA

PLANO: 4 P. 190 **D5**

Se podría pasar toda la vida (o al menos una tarde) explorando el American Museum of Natural History (AMNH), un centro de investigación científica que siempre encandila a los pequeños. Por la entrada principal en Central Park West se accede a la altísima **Theodore Roosevelt Rotunda,** donde los esqueletos de un barosaurio y un alosaurio están enzarzados en perenne combate. Desde aquí se

ESCENAS DE SAN JUAN HILL

El Lincoln Center corona lo que antes se conocía como **San Juan Hill,** un barrio ocupado por negros y latinos hasta mediados del s. XX, como mostraba el musical *West Side Story*. El urbanista Robert Moses lo arrasó con su proyecto de "desalojos y demoliciones" financiado con fondos federales, lo que dejó sitio para la elitista institución cultural. Aquel plan –una forma velada de racismo burocrático– desplazó a 7000 familias y 800 negocios, pero antes, en 1961, dio tiempo a rodar la adaptación cinematográfica de *West Side Story* en sus calles vacías.

recorre un laberinto de galerías con dioramas de mamíferos, rapaces, primates y otras criaturas. El **Milstein Family Hall of Ocean Life** sorprende con sus lecciones interactivas sobre las cadenas tróficas marinas, todo bajo la réplica colgante de una ballena azul de 29 m. Los aspirantes a entomólogos deberían ver el David Family Butterfly Vivarium en el nuevo **Gilder Center,** donde las mariposas se les posarán en los brazos. Los astronautas de sofá disfrutan en el **Rose Center for Earth & Space,** con un cine esférico que transporta a lejanas galaxias. Y no hay que olvidar los cientos de dinosaurios fósiles de la última planta, que despiertan el interés por la paleontología en visitantes de todas las edades.

Ver lámparas Tiffany en la New-York Historical Society MUSEO DE HISTORIA

PLANO: 5 P. 190 **D6**

El museo más antiguo de Nueva York (1804) es un depósito de objetos de valor incalculable y un centro de investigación que abarca todas las fases de la evolución de la ciudad, siempre didáctico y jamás aburrido. Curiosas y fascinantes, sus 60 000 piezas son extraordinariamente variadas. Tras ver el sillón de la jura presidencial de George Washington, se recorre una galería con un centenar de modernistas lámparas Tiffany de Louis Comfort Tiffany y las llamadas "chicas Tiffany", que trabajaron anónimamente con el maestro de la Edad Dorada. Y sin olvidar las exposiciones temporales, como las recientes sobre la famosa jurista de Brooklyn Ruth Bader Ginsburg, y una de las instituciones más deliciosas de Nueva York: la *deli* judía. La ampliación de 7400 m² todavía en ejecución será la primera sede del **American LGBTQ+ Museum,** cuya inauguración está prevista para el 2026; situado junto al AMNH en Central Park West, estará muy bien ubicado para combinar los dos museos o hacer una agradable parada antes de adentrarse por el parque.

Acercarse al Himalaya en un pequeño templo MUSEO DE ARTE

PLANO: 6 P. 190 **B1**

Si se pregunta a muchos vecinos de Upper West Side por el **Nicholas Roerich Museum,** probablemente se quedarán en blanco. Escondida en una calle residencial cerca del Riverside Park (p. 198), esta casa de tres plantas convertida en museo –en este caso pequeño, lo que se agradece– es una joya poco conocida del barrio donde se exponen 150 cuadros del prolífico Nicholas Konstantinovich Roerich (1874-1947), poeta, filósofo y pintor nacido en Rusia. Sus obras más destacadas son representaciones del Himalaya, donde se estableció con su familia en 1928. Los paisajes de montaña son una maravilla: los helados picos tibetanos plasmados en brillantes franjas de pintura azul, blanco y púrpura quizá recuerden a Georgia O'Keeffe o Rockwell Kent. Muchos viernes de invierno se celebran conciertos de Rachmaninov y Mozart; visítese la web. Entrada gratis, aunque se admiten donativos.

Estudiar la obra de artistas autodidactas

MUSEO DE ARTE

PLANO: 7 P. 190 **D7**

Otra propuesta cultural gratis en Upper West Side es el **American Folk Art Museum,** con tres pequeñas galerías que montan exposiciones rotatorias de artistas sin formación académica. Colchas multicolor, patitos de reclamo tallados a mano y blocs de dibujo centenarios son algunas de las piezas exhibidas. La tienda de regalos es un conjunto artístico no menos fascinante de libros, joyas, accesorios, pañuelos, etc. El primer y tercer miércoles de cada mes se organiza **Jazz + Wednesdays,** cuando el guitarrista de *jazz* Bill Wurtzel interpreta clásicos del cancionero americano.

En sus marcas, listos... ¡ya!

ATLETISMO AL AIRE LIBRE

Con kilómetros de senderos sombreados, Upper West Side atrae a *runners* de toda la ciudad. Antes de pisar el pavimento conviene hablar con los expertos dependientes de **Fleet Feet** (PLANO: 8 P. 190 **D8**) en Columbus Circle para asesorarse sobre el calzado más adecuado. Después solo falta unirse a los corredores en los caminos cerrados al tráfico de Central Park (p. 192).

Cubrir la ruta circular de 9,8 km del parque es un paseo militar; solo hay que ahorrar resuello para la colina cerca de W 106th St y acordarse de seguir el sentido horario. Para un esprint corto lo mejor es la pista de gravilla de 2,6 km que rodea el Jacqueline Kennedy Onassis Reservoir (p. 196); cerca de E 90th St hay que saludar a Fred Lebow, el fundador del Maratón de Nueva York, pero deprisa, porque su escultura tiene el cronómetro en la mano.

El maratón de la ciudad se celebra el primer domingo de noviembre, y conseguir un dorsal es casi tan difícil como la propia carrera. Quienes llegan a la línea de meta lucen por toda la ciudad sus medallas, orgullosos de su entrada efímera en la élite neoyorquina.

Admirar inmuebles caros

RUTA ARQUITECTÓNICA

Las imponentes fachadas de Upper West Side han fijado el modelo de lo que significa vivir en un "apartamento" refinado desde hace más de un siglo. Aunque estos edificios no admiten visitantes, algunos lucen exteriores ricamente decorados de toda una manzana de largo a los que vale la pena dedicar 1 h.

Se parte del **Ansonia** (PLANO: 9 P. 190 **C6**) (73 St y Broadway), una construcción *beaux arts* de 1904. En la década de 1970, Bette Midler se desgañitaba en los Continental Baths, una casa de baños gay y cabaré que ocupaba antes el sótano.

El siguiente es el **Apthorp** (PLANO: 10 P. 190 **C5**) (78th St y Broadway), del que se ocupó la guionista Nora Ephron en su ensayo del 2006 *Moving On, A Love Story,* sobre este edificio neorrenacentista italiano donde vivió 24 años.

El **Dakota** (PLANO: 11 P. 190 **D6**) (72nd St y Central Park West) es el edificio de apartamentos más famoso y exclusivo del barrio. Leonard Bernstein, John Lennon y Yoko Ono vivieron en esta fortaleza con traza de *château,* pero la comunidad de propietarios rechazó a Cher y Judd Apatow.

Más al norte se alzan dos impresionantes edificios de caliza firmados por Emory Roth: el **San Remo** (PLANO: 12 P. 190 **D6**) (74th St/75th St), con torres gemelas, y el Beresford (81St /82nd St), ambos neorrenacentistas.

Vivir a lo 'kosher' en Upper West Side

CULTURA JUDÍA

Los judíos estadounidenses han forjado la cultura de Upper West Side durante más de un siglo, desde que recalaron en esta zona huyendo de las políticas excluyentes practicadas en el s. xx en las viviendas al este de Central Park. Abundan las sinagogas notables (véase el edificio *beaux arts* de **Congregation Shearith Israel** (PLANO: 13 P. 190 **D7**)), y la programación cultural del **Jewish Community Center** (PLANO: 14 P. 190 **C6**) incluye películas y conferencias para todas las confesiones.

En este barrio los regalos más valiosos adoptan la forma de comida. El mercado **Zabar's** (PLANO: 15 P. 190 **C5**), bastión *kosher* para sibaritas, es una institución desde que lo abrieron unos inmigrantes judíos ucranianos en 1934. Con un extraordinario surtido de quesos, carnes, aceitunas, caviar, pescado ahumado y exquisiteces recién horneadas, es perfecto para apro-

¿ARTE O BASURA?

Por el costado de un anodino edificio de W 79th St, la silueta negra de un niño empuña un martillo y amenaza con destrozar una boca de incendios real. ¿Es un grafiti? ¿Es arte? El autor estaría encantado de suscitar esas preguntas, porque el mural lo pintó Banksy y es el único que se conserva de la estancia del anónimo artista callejero en Nueva York en el 2013, cuando durante todo un mes pintó clandestinamente, como un guerrillero, casi una obra diaria. El *Hammer Boy* se ha ganado el cariño de la comunidad, y Zabar's, toda una institución del barrio, lo protege tras una mampara de plexiglás que mantiene limpia.

MÁS CULTURA EN UPPER WEST SIDE

Beacon Theatre
Esta sala de 1928 es un teatro de tamaño medio con visibilidad perfecta donde han actuado figuras tan populares como Trevor Noah, John Legend y Tori Amos.

West Side Comedy Club
Una larga lista de cómicos mata de risa al público en el pequeño escenario de este local de barrio abierto todas las noches.

Symphony Space
Sus espectáculos de música y danza siempre curiosos (y a veces incomprensibles) incluyen versiones filmadas de obras de teatro y óperas de Broadway, el Met y otros.

visionarse de delicias y disfrutarlas en el Riverside Park (p. 198).

Barney Greengrass (PLANO: 16 P. 190 **C4**) es otra institución del Upper West Side desde 1908, y se lo conoce como el "rey del esturión" por la calidad de su pescado ahumado. Se puede desayunar en las mesas junto a los abarrotados expositores o llevarse el almuerzo al café contiguo.

Planear un día para los pequeños

DIVERSIÓN EN FAMILIA

Algunos días, las sillitas de paseo parecen superar en número a los coches en Upper West Side, y es lógico, porque este barrio es ideal para ir con los críos. Si el AMNH (p. 200) resulta un poco anticuado, el **Children's Museum of Manhattan** (PLANO: 17 P. 190 **C5**) presenta exposiciones interactivas tan divertidas como didácticas. *Dynamic H2O* alegra los veranos explicando a los niños el suministro de agua en la ciudad. Si luce el sol es momento de visitar los parques infantiles del barrio, como el **Hippo Playground** (PLANO: 18 P. 190 **B4**), en el Riverside Park (p. 198), donde los críos pueden jugar con esculturas de hipopótamos. Dentro de Central Park, el **Swedish Cottage Marionette Theatre** (PLANO: 19 P. 190 **D5**) es un delicioso teatro de títeres (11.00 y 13.00 ju-do). Después de tantas emociones, el **Alice's Tea Cup** (PLANO: 20 P. 190 **C6**) tienta con ricas golosinas. Y para premiar el buen comportamiento (o evitar una rabieta) se encontrarán regalos para todos los gustos en **West Side Kids** (PLANO: 21 P. 190 **C5**), la mejor juguetería del barrio.

Lo mejor para...

$ Económico $$ Medio $$$ Alto

Localizaciones en el plano de la P. 190

Comer

Exquisiteces para llevar

Absolute Bagels $

22 C1

Estos *bagels* elaborados por inmigrantes tailandeses quizá inquieten a los puristas, pero la cola da la vuelta a la manzana. *6.00-19.00*

Mama's TOO! $

23 C1

El gentío en la puerta de esta pequeña pizzería se comprende tras probar la Angry Nonna (*pepperoni* picante con miel). *12.00-23.00*

Gray's Papaya $

24 C6

Las luces, intensas; la paleta cromática, setentera; los perritos calientes, riquísimos y sin gollerías: no hay nada más neoyorquino que este famosísimo local sin asientos. *8.00-20.00, lu-mi, 10.00-20.00 sa y do*

Cena antes del espectáculo

Tatiana $$$

véase 3 C8

Hace falta suerte para conseguir mesa en este restaurante de inspiración afrocaribeña en el David Geffen Hall que figura en casi todas las listas de "lo mejor de Nueva York". Como consolación está el bar del vestíbulo. *17.00-22.00 lu-sa*

Cafe Luxembourg $$$

25 C7

Los neoyorquinos pudientes empezaron a trasegar cócteles y devorar raciones de *steak tartare* en este bistró francés en la década de 1980. *Horario variable*

Old John's Diner $$

26 C7

En la zona del Lincoln Center, esta imperdible *luncheonette* destila encanto cincuentero. Para los niños se recomiendan los *egg creams;* para los adultos, los Manhattan. *7.00-22.00 lu-mi, desde 9.00 sa y do*

Comida reconfortante en Upper West Side

Jacob's Pickles $$

27 C5

Jacob eleva el humilde encurtido a cotas nobilísimas en este ruidoso restaurante con refinada comida y cerveza artesana. *10.00-24.00 lu-mi, desde 9.00 sa y do*

Peacefood Cafe $$

28 C5

Los veganos del Uptown vienen a este espacio blanco y luminoso atraídos por sus *panini* de seitán fritos, *pizzas,* zumos energéticos y postres pecaminosos. *11.30-21.00*

El Mitote $$

29 C7

La comida callejera tapatía y los platos mexicanos se sirven en vistosas bandejas en esta antojería. Buscando "los 41 maricones" se entiende mejor el mural de inspiración LGTBIQ+. *11.30-22.00*

Fusión asiática

Chick Chick $$
30 C4
Los sándwiches de pollo inspirados en Corea y Nashville mandan en este palacio de la volatería; el arroz frito con *kimchi* y los *ramen* completan la carta. *16.30-22.00 lu-sa, 11.30-15.00 vi-do, 16.30-21.00 do*

Bánh $$
31 C1
El sureste asiático llega a Upper West Side en forma de comida vietnamita casera como tortas de arroz con judías mung y sándwiches *bánh mì*. *18.00-22.00 ma-sa, 12.00-16.00 vi-do, to 21.00 do*

Galletas y pasteles

Levain $
32 C6
El primer local de esta cadena es el que tiene más encanto; cada galleta de 170 gr es un delicioso capricho, y la de pepitas de chocolate y nueces, la más popular. *8.00-20.00*

Silver Moon Bakery $
33 C1
La gente hace cola para los dulces de Judith Norell, que olvidó el clavecín y se matriculó en una escuela de repostería de París antes de abrir esta pequeña pastelería. *8.00-19.00*

Cocinas étnicas de Harlem

Terenga $
34 F1
Los sabores de África Occidental llenan cuencos en esta cafetería informal y no tan conocida, a pocos pasos de Central Park. El local en el Midtown abre de lunes a viernes. *12.00-21.00 sa, hasta 20.00 do*

Lechonera La Isla $
35 F1
La población portorriqueña de Nueva York es la más numerosa fuera de la isla, y aquí se sirven especialidades boricuas: cochinillo, pastelillos y morcilla, igual que en San Juan. *9.00-21.00*

Mejores desayunos de Harlem

Harlem Biscuit Company $
36 D1
Estos pastelitos hacen furor cerca de St Nicholas Park. Los rellenos de ingredientes de inspiración cajun y sureña exigen aflojarse el cinturón. *8.00-14.00*

Lido $$
37 D1
El *brunch* de los fines de semana se lo toman muy en serio desde el 2011 en este italiano que sobresale entre las notables opciones de Adam Clayton Powell Jr. Blvd. *12.00-22.00 lu-mi, desde 10.30 sa y do*

Alta cocina del Sur

Sylvia's $$
38 E1
Fundado por Sylvia Woods in 1962, este símbolo de Harlem atrae a muchos vecinos, famosos e incluso algún presidente con su extraordinaria cocina sureña. *11.00-20.00 do-ma, hasta 22.00 mi-sa*

Ginny's Supper Club $$
39 E1
En el Red Rooster, en el piso alto, sirven clásicos de la comunidad afroamericana; el local de la planta baja es como un *speakeasy* de la era del *jazz. 18.00-22.00 ju-sa, 10.00-12.30 do*

Slutty Vegan $$
40 D1
Buen sitio para iniciarse en el veganismo, esta cadena de hamburguesas sin carne tiene establecimiento en Harlem. *12.00-22.00 ma-ju y do, hasta 24.00 vi y sa*

Beber

Cerveza y cócteles

Nobody Told Me

41 C1

La coctelería más enrollada en un radio de 10 manzanas. Los reservados de las ventanas son perfectos en verano. *12.00-2.00 lu-mi, desde 11.00 sa y do*

Gebhard's Beer Culture

42 C6

Las 16 cervezas artesanas de barril de Beer Culture entran de maravilla con el picoteo de bar. *15.00-24.00 lu-ju, 12.00-2.00 vi y sa, hasta 24.00 do*

Dead Poet

43 C5

Aquí cada cual brinda por su poeta muerto preferido con cócteles como el Edgar Allan Poe, con vodka Misguided Spirits. *14.00-4.00 lu-ju, desde 13.00 vi, desde 12.00 do y sa*

Lucille's

44 D1

Café por el día, cócteles de noche y ambiente relajado siempre, más *jazz* en directo los miércoles y jueves a las 20.00. *8.00-22.00 ma, hasta 23.00 mi-sa, hasta 21.00 do*

Café artesano

Plowshares

45 C2

Plowshares entró en el sector del café de especialidad en el 2008 cuando abrió este establecimiento en el distrito de Bloomingdale en Upper West Side. Tienen otro local en Harlem. *8.00-15.00*

Irving Farm

46 C5

Este local de la conocida minicadena en una planta baja es más grande de lo que parece: por detrás de la barra hay un salón muy luminoso. *7.00-17.00 lu-mi, 7.30-18.00 sa y do*

Comprar

Tiendas únicas

Magpie

47 C5

Amplio surtido de artículos ecológicos: material de escritorio, collares de resina reciclada y muchas piezas de comercio justo o de diseñadores locales.

Shishi

48 C3

Los percheros cambian continuamente en este espacio con ropa y complementos de mujer estilosos y asequibles.

Trintage

49 E1

El nombre, fusión de *trendy* y *vintage*, define esta tienda de Harlem con una selección de prendas chic a precios razonables de mujer.

Antigüedades y libros de segunda mano

Grand Bazaar NYC

50 C6

Este mercadillo al aire libre -uno de los más antiguos de la ciudad- tiene un poco de todo y es ideal como plan de domingo.

Westsider Books

51 C5

Se necesita una escalera para alcanzar algunos de los libros raros y de segunda mano de esta tienda con anaqueles hasta el techo. Para vinilos *vintage* está Westsider Records en W 72nd St.

Olde Good Things

52 C4

¿Un marco de cobre de una ventana del Flatiron (p. 130) convertido en espejo? Pues cosas así es lo que tienen (al menos para ver) en esta tienda de elementos arquitectónicos recuperados.

Sugerencias de lugares para comer, beber y comprar en **p. 230**

Explora Brooklyn

El pueblo neerlandés que en el s. XVII se conocía como "Breuckelen" es hoy el barrio más poblado de Nueva York, con 2,6 millones de habitantes según el último censo, y un creador de tendencias dentro y fuera de EE UU. La imagen de Brooklyn como epicentro mundial de lo *cool* se manifiesta sobre todo en Williamsburg, con manzanas y manzanas de bares animados, restaurantes y tiendas. Por el este queda Bushwick, una zona industrial inundada de arte callejero.

Pero Brooklyn no es solo un reino *hipster* y bohemio: también es un barrio surgido de la inmigración, diverso y lleno de parques y edificios históricos.

Cómo desplazarse

Metro

Las líneas L y J/M/Z van a Williamsburg y Bushwick. La G conecta South Brooklyn con Queens vía Williamsburg hasta más allá de Downtown Brooklyn. Para Dumbo y Brooklyn Heights valen las líneas A/C, F o 2/3.

Autobús

El B60 atraviesa Williamsburg y Bushwick; el B62 conecta Williamsburg con Downtown Brooklyn.

Ferri

Es un estupendo medio de transporte alternativo. La ruta por el río East une Manhattan, Dumbo, Williamsburg y otros puntos. Para más rutas visítese ferry.nyc.

Puente de Brooklyn y el Brooklyn Bridge Park (p. 214).

LITTLENYSTOCK/SHUTTERSTOCK ©

★

LO MEJOR

Pasar un día al aire libre en el **BROOKLYN BRIDGE PARK** (p. 214), con vistas espectaculares del perfil urbano neoyorquino.

Bailar hasta el alba en el **HOUSE OF YES** (p. 229), fabuloso centro de la vida nocturna en Bushwick.

Admirar en Bushwick kilómetros de **MURALES** (p. 226) de artistas internacionales.

Combinar arte y bosque en el enorme **BROOKLYN MUSEUM** (p. 220) y su exuberante vecino el **PROSPECT PARK** (p. 218).

CIRCUITO A PIE

Retroceder en el tiempo en Brooklyn Heights

Con más de 600 edificios anteriores a la Guerra de Secesión, este es el barrio mejor conservado del Kings County. Después de conocer las historias de las casas rojas con entramado de madera, cabe regodearse con las vistas de Lower Manhattan.

INICIO	FINAL	DURACIÓN
Estación de metro Clark St	Long Island Bar	2 km; 1½ h

1 Calentando motores

Se empieza con un café artesano en el **Drip,** en la estación de Clark St. Antes de que el metro fuera el transporte habitual, los lugareños iban a Manhattan en barco. Cuando en 1914 entró en servicio el ferri, a Brooklyn Heights lo llamaron el "primer barrio satélite de EE UU".

2 El 'tren' de la libertad

La siguiente parada es la **iglesia de Plymouth,** conocida como la "Estación Central" del "Ferrocarril Clandestino", la red de ayuda a esclavos prófugos. En las décadas de 1850 y 1860, el reverendo Henry Ward Beecher organizaba aquí subastas falsas para comprar la libertad de esclavos. Una placa en el banco 80 recuerda la visita del candidato presidencial Abraham Lincoln en 1860.

3 Prosa de barrio

Truman Capote vivió en Brooklyn Heights, al que dedicó su ensayo *Brooklyn: A Personal Memoir.* Los amantes de la literatura deberían pasarse por **70 Willow St,** donde Capote escribió *A sangre fría* y *Desayuno en Tiffany's* en la década de 1950.

4 Una carretera con vistas

Las vistas de Manhattan son espléndidas desde **Brooklyn Heights Promenade,** un paseo sobre la autopista Brooklyn-Queens conocido como la "explanada"; proyectado por Robert Moses en 1950, nació de un acuerdo con los vecinos, porque en principio la autopista iba a atravesar Hicks St, partiendo el barrio por la mitad.

5 Un bonito burdel

Si las bestezuelas de terracota de la **Herman Behr Mansion** (1888) en 82 Pierrepont St pudieran hablar, contarían los secretos de la que fue mansión de un industrial, hotel, burdel, residencia de franciscanos y, hoy, edificio de apartamentos de un dormitorio.

6 Disfraz industrial

Tras curiosear en los establecimientos de Montague St (los cruasanes de **L'Appartement 4F** son la perfección hecha hojaldre), se para en **58 Joralemon St,** con unas extrañas ventanas negras; no es una casa adosada más, sino el ingenioso disfraz de una salida de ventilación del metro, adaptado a las leyes de protección patrimonial del barrio.

7 Un trago en Atlantic Ave

La ruta termina en un reservado de vinilo rojo del **Long Island Bar,** ilustre abrevadero desde 1951. Con los cócteles de Toby Cecchini, inventor del *Cosmopolitan,* no es raro que la gente del barrio lo llene día y noche.

A
B
C
D
1
2
3
4
5
6
Coney Island
Coney Island-Stillwell Ave
W 12th St
W 8th St-NY Aquarium
Nathan's Famous
Surf Ave
Luna Park
Kensington Walk
W 15th St
Deno's Wonder Wheel Park
Coney Island
Riegelmann Boardwalk
Playa de Coney Island
0
200 m
Chickee's Vintage
N 12th St
Marsha P Johnson State Park
Kent Ave
Tacos El Comal
Nassau Ave
Rey de Reyes
McCarren Parkhouse
McCarren Park
Brooklyn Brewery
Artists & Fleas
N 9th St
N 6th St
Berry St
Bedford Ave
N 11th St
Talea
Richardson St
Bedford Ave
Spoonbill & Sugartown
Metropolitan Ave
Don Panchito
WILLIAMSBURG
Union Ave
Lorimer St
Antoinette
Kent Ave
Wythe Ave
Grand St
S 1st St
S 2nd St
Birria-Landia
City Reliquary
Metropolitan Ave
Quimby's
Río East
Williamsburg Bridge
Berry St
Bedford Ave
Havemeyer St
Grand St
Broadway
SOUTH WILLIAMSBURG
Lorimer St
Brooklyn Heights
Río East
Puente de Manhattan
Puente de Brooklyn
Jane's Carousel
Pebble Beach
Celestine
VINEGAR HILL
John St
Pearl St
Plymouth St
River Cafe
Empire Stores
Hudson Wilder
Muelle de ferris de Fulton
Butler Bakeshop
Water St
Evil Twin Brewing
Jay St
Water St
Front St
Brooklyn Flea
Front General Store
Furman St
Old Fulton St
Em Vietnamese Bistro
Brooklyn Bridge Park
BROOKLYN HEIGHTS
DUMBO
Brooklyn-Queens Expwy
York St
DOWNTOWN BROOKLYN
278
0
200 m
Broadway
Union Ave
Flushing Ave
Marcy Ave
278
Brooklyn-Queens Expwy
Brooklyn Heights (650m) (véase ampliación)
FORT GREENE
Myrtle-Willoughby Ave
Myrtle Ave
Myrtle Ave
Washington Ave
Clermont Ave
Carlton Ave
Willoughby Ave
Bedford Ave
Nostrand Ave
Fort Greene Park
Prospect Park (1,1km) (véase ampliación); Coney Island (12,4km) (véase ampliación)
Miss Ada
Colonia Verde
Sailor
DeKalb Avenue
Walter's
Karasu
Bedford-Nostrand Aves
Clinton-Washington Aves
Classon Ave
Dept of Culture

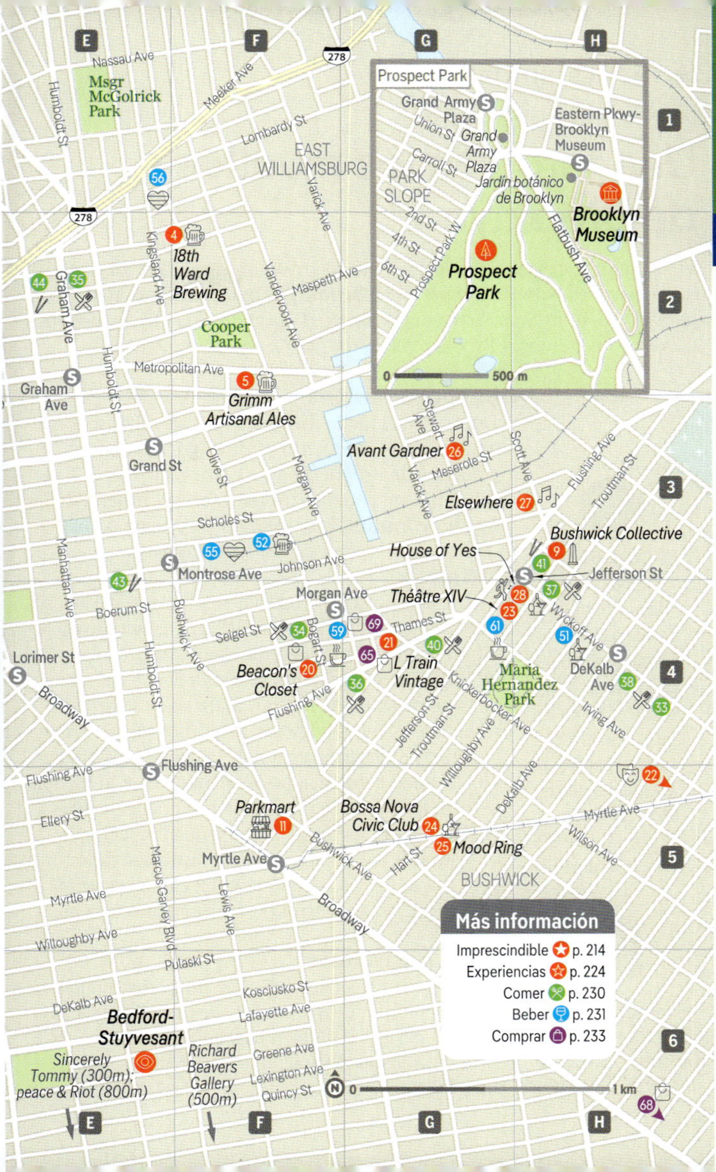

E
F
G
H
1
2
3
4
5
6
278
Nassau Ave
Msgr McGolrick Park
Humboldt St
Meeker Ave
Lombardy St
EAST WILLIAMSBURG
Varick Ave
56
4
18th Ward Brewing
Kingsland Ave
Vandervoort Ave
Maspeth Ave
44
35
Graham Ave
Cooper Park
Metropolitan Ave
5
Grimm Artisanal Ales
Graham Ave
Grand St
Olive St
Morgan Ave
Stewart Ave
Avant Gardner
26
Meserole St
Varick Ave
Scott Ave
Flushing Ave
Troutman St
Elsewhere
27
Scholes St
52
55
Johnson Ave
Montrose Ave
Manhattan Ave
43
Boerum St
Bushwick Ave
Morgan Ave
House of Yes
Bushwick Collective
9
41
Jefferson St
Théâtre XIV
28
37
23
61
Thames St
Wyckoff Ave
Seigel St
34
Bogart St
59
69
21
40
51
Lorimer St
Beacon's Closet
20
65
L Train Vintage
Knickerbocker Ave
Maria Hernandez Park
DeKalb Ave
38
33
36
Flushing Ave
Jefferson St
Troutman St
Irving Ave
Broadway
Willoughby Ave
Flushing Ave
Flushing Ave
22
DeKalb Ave
Ellery St
Parkmart
11
Bossa Nova Civic Club
24
Myrtle Ave
25
Mood Ring
Wilson Ave
Myrtle Ave
Bushwick Ave
Hart St
BUSHWICK
Myrtle Ave
Marcus Garvey Blvd
Lewis Ave
Broadway
Willoughby Ave
Pulaski St
Kosciusko St
DeKalb Ave
Lafayette Ave
Bedford-Stuyvesant
Sincerely Tommy (300m); peace & Riot (800m)
Richard Beavers Gallery (500m)
Greene Ave
Lexington Ave
Quincy St
N
0
1 km
68
Prospect Park
Grand Army Plaza
Union St
Grand Army Plaza
Eastern Pkwy-Brooklyn Museum
Carroll St
PARK SLOPE
Jardín botánico de Brooklyn
Brooklyn Museum
2nd St
4th St
6th St
Prospect Park W
Flatbush Ave
Prospect Park
0
500 m
Más información
Imprescindible p. 214
Experiencias p. 224
Comer p. 230
Beber p. 231
Comprar p. 233

★ IMPRESCINDIBLE

Una tarde en los muelles de Brooklyn

Vistas fantásticas, actividades recreativas, restaurantes al aire libre, tiendas y espacios para *perfomances:* el **Brooklyn Bridge Park** lo tiene todo para el asueto urbano. Este parque de 34 Ha pegado al río East, trasfondo verde de Dumbo y Brooklyn Heights, bien merece medio día.

PLANO: P. 212 **A5**

CONSEJO
Combinar la visita con un paseo por el puente de Brooklyn (p. 52): desde Brooklyn se puede entrar por una escalera en Washington St esq. Prospect St, o en Tillary St esq. Boerum Pl.

Escanea este código QR para información sobre el parque, con un plano y direcciones.

Un poco de historia

Para ir a los muelles históricos de Brooklyn se toma un ferri en 34th St, en el Midtown de Manhattan, o en el muelle 11 del FiDi, y se cruza el río como Walt Whitman en el s. XIX para atracar en el **muelle de ferris de Fulton,** con versos de su poema de 1856 *Cruzando en el ferri de Brooklyn* grabados en la barandilla.

Como suele ocurrir en esta ciudad, este paisaje se parece muy poco al que veía Whitman cuando escribió su poema. En las décadas siguientes, los puentes de Brooklyn y Manhattan se convirtieron en las vías de comunicación de la Gran Manzana y se levantaron en los muelles edificios de ladrillo rojo de compañías que fabricaban cajas de cartón y estropajos. La actividad comercial no duró mucho: en la década de 1970 los negocios cerraron y los muelles se convirtieron en un páramo. Todavía quedan fachadas industriales, calles empedradas y antiguos raíles, pero por lo demás los muelles han cambiado completamente tras un exitoso remozamiento urbano.

Vistas maravillosas

Las panorámicas del río East al norte del muelle de ferris de Fulton despiertan el romanticismo (se ven muchas parejas de recién casados sacándose fotos). Para unas vistas de 360° hay que montarse en el **Jane's Carousel** (foto), una joya de 1922 instalada

RESUL MUSLU/SHUTTERSTOCK ©

en un pabellón acrílico ganador del Pritzker. Ha llovido mucho desde que el tiovivo giraba en un parque de atracciones de Ohio con sus 48 caballos, dos carrozas y 1200 luces. Por el pan de oro en los caballos, las rayas pintadas a mano por un especialista de Mercedes-Benz y unos colores idénticos a los de 1922, el carrusel ha entrado en el Registro Nacional de Lugares Históricos.

Por detrás, los **Empire Stores** acogen el **Time Out Market** (un bullicioso conjunto de puestos de comida y bares) y comercios minoristas. Y para vistas memorables del puente de Brooklyn con el FiDi de fondo hay que ir a la terraza de la 5ª planta del Time Out Market o a la cercana **playa de Pebble.**

Fiesta en los muelles

El gentío disminuye al sur del muelle de Fulton, empezando por el **muelle 1,** un conjunto de exten-

ACCESO A BROOKLYN HEIGHTS

Para ir a Brooklyn Heights se sube por el **Squibb Park Bridge,** una pasarela que une el muelle 1 con su "explanada" (p. 211), o se sale cerca del muelle 5 en Joralemon St.

BARBACOA RIBEREÑA
En verano se reúnen grupos en las parrillas públicas cerca del muelle 5 y disfrutan de una barbacoa. Para unirse a la fiesta hay que llegar temprano, porque las parrillas se ocupan rápido.

RBLFMR/SHUTTERSTOCK ©

siones de césped enlazadas por caminos serpenteantes. En los muelles 2 y 5 se juega al baloncesto y al fútbol, respectivamente. De junio a septiembre, los voluntarios del Brooklyn Bridge Park Boathouse ofrecen en el **muelle 2** sesiones gratis de kayak de 20 min (reservas en bbpboathouse.org). Gorriones y estorninos revolotean por el **muelle 3,** con su frondosa explanada y pradera perfecta para ir de pícnic. Por su parte, cormoranes y patos chapotean en el **muelle 4,** una barra de arena lamida por las olas.

El movimiento peatonal se reanuda en el **muelle 6,** sobre todo en verano, con muchos sitios donde comer al aire libre. Si apetece un dulce, los helados de **OddFellows** (muelle 5) son ideales para disfrutarlos en un banco ante el sol poniente en el

río. En el **Fornino** tienen *pizzas* al horno de leña, sándwiches y bebidas, con mesas compartidas de merendero. Más lujoso es el **Pilot,** en una goleta de madera fondeada donde los pasajeros devoran ostras y sorben cócteles bajo el sol de mayo a octubre. Aquí la comida es buena y las vistas del FiDi y el río East, excepcionales.

Desvío al Dumbo

En la parte norte del parque, el Dumbo (acrónimo de "Bajo el paso elevado del puente de Manhattan") se extiende por 25 manzanas ideales para comprar y comer. El mejor momento para visitarlo es un domingo de mayo a diciembre, cuando los puestos del **Brooklyn Flea** (foto), instalados en 80 Pearl St, bajo uno de los colosales arcos del puente de Manhattan, venden desde antigüedades y ropa *vintage* hasta terrarios autosostenibles, escultóricas velas de cera de abeja y marroquinería artesana local. Aquí escasean las gangas –los precios son altos, como en toda la ciudad–, pero si se viene temprano o tarde, con menos gente, es un sitio divertido para curiosear 1-2 h.

Durante la visita al barrio conviene pasarse por **Hudson Wilder,** una elegante tienda de diseño, y por **Front General Store,** con los estantes cargados de ropa de trabajo, joyas y artículos de escritorio, tanto *vintage* como nuevos.

Muchos restaurantes del Dumbo son para turistas (caros y mediocres), pero quedan algunos dignos de conocer. Los selectos **Celestine** (mediterránea) y **River Cafe** (estadounidense) rozan casi el agua y merecen el dispendio. El **Em Vietnamese Bistro** es menos caro pero igual de recomendable, con una humeante *pho* perfecta en invierno. El **Butler Bakeshop** es más tranquilo, con sándwiches y pasteles para desayunar, y en el amplio interior de la **Evil Twin Brewing** se puede tomar un café o una cerveza.

¡QUÉ BUENA FOTO!

Un sitio perfecto en el Dumbo es el **cruce de Washington St y Water St,** con calles empedradas y edificios de ladrillo enmarcando el **puente de Manhattan** y el Empire State en la distancia.

OLAS MUSICALES

El **'Bargemusic',** una gabarra que transportaba café en grano, se ha convertido en en sala de conciertos cerca del muelle de ferris de Fulton que ofrece música de cámara al vaivén de las olas del East (bargemusic.org).

★ IMPRESCINDIBLE

Paseo por el Prospect Park

No faltan zonas verdes en Brooklyn, y la esmeralda de su corona es el Prospect Park, un parque de Olmsted y Vaux con 237 Ha de paseos arbolados, puentes ornamentales y bosquecillos donde se puede montar en bicicleta, pasear o asistir a un concierto.

PLANO: P. 212 **G2**

Perfeccionando los parques

No hace falta decírselo a los *manhattanitas* de pro: es archisabido que Frederick Law Olmsted y Calvert Vaux concibieron Central Park (p. 192) como una "práctica" y Prospect Park como el "perfeccionamiento". Los elementos fundamentales de ambos parques son los mismos: rasgos formales (un espacio para conciertos; los detalles arquitectónicos de Vaux) y placeres campestres (prados, arboledas y lagos). Pero el Prospect Park permitió al equipo aprender de sus errores y trazar un refugio bucólico sin obstáculos donde el territorio urbano parece un ensueño distante.

CONSEJO

Los que viajen con críos (o lleven un niño en el corazón) deben parar en el **Children's Corner,** con un tiovivo de 1912 y un zoo de 5 Ha.

Entrada por Grand Army Plaza

La entrada más señorial del parque es esta plaza monumental de aire parisino con un émulo del Arco del Triunfo construido en la década de 1890 en memoria de los soldados de la Unión que lucharon en la Guerra de Secesión. Los sábados por la mañana, agricultores y pasteleros venden sus géneros en el parque: es el momento de comprar fruta o un dulce para el paseo.

Escanea este código QR para un plano del parque.

La parte salvaje

Al sur de Grand Army, el **Long Meadow** es un ondulante prado de 36 Ha que en días calurosos atrae como un imán a bañistas de sol, gente de pícnic y jugadores de *frisbee*. A eso de las 21.00 se convierte

LITTLENYSTOCK/SHUTTERSTOCK ©

en una fiesta de perros. Múltiples senderos entre más de 175 especies de árboles, y el último bosque de Brooklyn, permiten escapar de las aglomeraciones. En el **Midwood Trail** se alzan los árboles más antiguos, y para ver aves y demás fauna hay que bordear el **arroyo Lullwater** (foto). Los sábados, los guías del **Brooklyn Birding Club** llevan a los visitantes en una triunfante odisea ornitológica.

LeFrak Center at Lakeside, en el extremo sureste del parque, ofrece un sinfín de actividades recreativas: en verano se puede alquilar un kayak y rodear el lago, pedalear por el perímetro del parque o calzarse unos patines y vivir una fantasía de *roller-disco*. El **Bluestone Cafe** en el Chase Pavilion es un sitio muy práctico para comer algo.

MÚSICA EN LA CONCHA

El **Lena Horne Bandshell** acoge en verano conciertos gratis y de pago de distintos géneros musicales, para los que se forman colas desde temprano.

★ IMPRESCINDIBLE

Brooklyn Museum

El abuelo de los museos de Brooklyn nació en 1897, pese a lo cual este edificio *beaux arts* de 5200 m^2 es un pionero de las vanguardias artísticas. A las piezas clásicas (desde sarcófagos egipcios hasta interiores del s. XIX) se suma una excepcional colección de arte contemporáneo y fascinantes exposiciones temporales.

PLANO: P. 212 **H1**

CONSEJO

Informarse sobre las exposiciones temporales, que recientemente han abordado temas de Nueva York como el Studio 54 y el cine de Spike Lee.

Escanea este código QR para entradas e información.

Una pincelada por la historia de EE UU

Con poco tiempo lo mejor es ir directamente a la **5ª planta,** dedicada al arte americano desde el 4000 a.C. hasta finales del s. XX, y recorrer las galerías en sentido horario para ver la evolución del país a través del arte. La artesanía de las antiguas comunidades indígenas da paso al retrato de cuerpo entero de George Washington pintado por Gilbert Stuart. La salvaje *Tormenta en las Montaña Rocosas* de Albert Bierstadt se transforma en los edificios fabriles de *Conjuro* de Charles Sheeler. Cada pieza aislada merece contemplarse con detenimiento, pero el conjunto de la colección es lo que realmente fascina.

Experimentar la diversidad

Los museos convencionales parecen santuarios consagrados a hombres blancos muertos, eso mismo que este espacio de 770 m^2 procura evitar. Las obras de mujeres ocupan el lugar de honor en la 4ª planta del **Elizabeth Sackler Center for Feminist Art,** como la instalación *La cena* (1979) de Judy Chicago: una enorme mesa triangular con 39 cubiertos (los platos son vaginas de colores) reservados para iconos feministas como Hatshepsut –la primera faraona–, Virginia Woolf y otras mujeres míticas. No menos impresionante es la **colección africana** (3ª planta), con 4500 obras que abarcan un milenio de arte.

STUART MONK/SHUTTERSTOCK ©

Visitas especiales

Cada primer sábado de mes, la música en directo, los DJ y las actividades culturales convierten la 1ª planta del museo en una fiesta con celebraciones temáticas como el Mes del Patrimonio de los Americanos Asiáticos e Isleños del Pacífico, el Mes de Historia Negra o el del Orgullo; hay que inscribirse en línea y contar con tener que hacer cola.

Pasear por el jardín botánico de Brooklyn

Al oeste del museo se encuentra una de las tres entradas al **jardín botánico** del distrito, con 21 Ha y 365 días de floración. El acceso cuesta 18 US$, que los aficionados a la horticultura pagan gustosamente. Durante la floración de los cerezos (abr-may) acude muchísima gente al **Japanese Garden** y a la **Cherry Esplanade.** En la web se especifican las distintas floraciones por temporadas (bbg.org/bloom).

UNA PAUSA

Para comer, lo mejor es la pequeña cafetería de la 1ª planta; el restaurante **Norm** es muy caro. La tienda vende material promocional del museo, grabados, collares egipcios, tejidos keniatas, etc.

★ IMPRESCINDIBLE

Bailar y cenar en DeKalb Ave

DeKalb es la arteria principal del barrio de Fort Greene, entre Downtown Brooklyn y Clinton Hill. Un domingo de verano es ideal pasear por esta avenida mientras se disfruta de su diversidad, desde una multitudinaria fiesta callejera hasta algunos de los mejores restaurantes de estos contornos.

PLANO: P. 212 **A6**

CONSEJOS
Para sentarse en los mejores restaurantes de DeKalb, reservar una semana antes. Tomar algo en el **Dick & Jane** mientras se espera mesa para cenar.

Escanea este código QR para información sobre eventos en Fort Greene Park.

Fiesta en el parque

El corazón de Fort Greene es su **parque,** con 12 Ha de prados trazados por Olmsted y Vaux que en verano se convierten en el cuarto de estar del barrio. Los domingos por la tarde se celebra el **Soul Summit Music Festival,** una fiesta gratis con DJ, puestos de comida y vendedores de ropa; su primera edición fue en el 2002, cuando Fort Greene era el centro del Renacimiento negro de Brooklyn. Aunque el aburguesamiento reciente del barrio ha cambiado su composición demográfica, Soul Summit aún es una celebración apta para familias que rinde homenaje a la cultura negra (y *queer*).

Delicias de DeKalb

Cenar en DeKalb es como viajar por el mundo. Partiendo del extremo sureste del parque, se puede probar comida japonesa en **Karasu,** oculto tras una puerta al fondo del restaurante **Walter's.** Yendo hacia el norte aparecen sitios fantásticos en cuatro manzanas: el **Miss Ada,** con la mejor cocina mediterránea de la zona; el invernadero del **Colonia Verde,** donde sentirse transportado a Ciudad de México; y el **Sailor,** con el ambiente de un pueblo costero europeo (la línea de reservas para sus codiciadas mesas se abre a las 11.00).

★ IMPRESCINDIBLE

Haz lo que debas en Bed-Stuy

Manhattan tiene Harlem y Brooklyn tiene Bed-Stuy (abreviación de Bedford-Stuyvesant), un foco de la Nueva York negra desde la década de 1920. El barrio es un hervidero de cultura popular, con leyendas del *hip hop,* estrellas de cine y restaurantes creativos entre arquitectura victoriana.

Peregrinación cultural

PLANO: P. 212 **E6**

Elegir una estrella favorita de Bed-Stuy es como elegir un hijo. Aquí vivieron Lena Horne, Jay-Z y Jackie Robinson, por citar solo tres. Pero, ya puestos, dos reyes de la cultura popular destacan sobre el resto. La leyenda del rap Biggie Smalls quedó inmortalizada en St James Pl y Fulton St (hoy **"Christopher 'Notorious BIG' Wallace Way"**) y en murales del barrio (**'El rey de Nueva York'** en Quincy St esq. Bedford Ave es el más notable). Y Spike Lee rodó *Haz lo que debas* (1989), una película con fuerte carga racial, en una manzana de Bed Stuy llamada hoy **'Do the Right Thing Way'.**

Negocios de propietarios negros

La población afroamericana de Bed-Stuy ha menguado en los últimos años por el alza del precio de los alquileres y las recalificaciones de suelo, pero la comunidad todavía prospera en muchos sitios. La **Richard Beavers Gallery** es una galería de arte moderno que prima a creadores negros. En **Sincerely Tommy** se puede comprar ropa de mujer o tomar un café; el cercano **peace & RIOT** vende objetos decorativos divertidos. Para comida asequible está el picoteo de Trinidad del **A&A Bake Doubles and Roti,** y para una cena con alta cocina de África Occidental, el **Dept of Culture** (mejor reservar).

CONSEJO
Como mejor se llega a Bed-Stuy es con el metro. Desde Manhattan se toma la línea A/C hasta Nostrand Ave; y en Brooklyn, la G hasta Bedford-Nostrand Ave.

Escanea este código QR para la lista de *Rolling Stone* con las mejores canciones de Biggie Small.

EXPERIENCIAS

Entretenerse con objetos raros

GABINETE DE CURIOSIDADES

PLANO: 1 P. 212 **D3**

Un torniquete antiguo del metro da acceso al **City Reliquary,** un abigarrado museo con recuerdos de la Gran Manzana en sus tres salas: estatuillas de la Estatua de la Libertad, letreros de Second Ave Deli, una putrefacta tarta de boda de una pastelería del barrio y un altar a Jackie Robinson, la estrella de los Brooklyn Dodgers. Visitar este abarrotado espacio lleva 20 min como mucho, así que los 10 US$ de la entrada se antojan algo caros, pero vale la pena si se tiene querencia por lo extravagante. La web trae información sobre lecturas, espectáculos de cabaré y clases de artesanía en el jardín, lleno de obras de arte. También organizan el **Miss Subways Pageant** en Coney Island (p. 234), una versión de género neutro del histórico concurso de belleza.

Beber cerveza artesana de Brooklyn

RUTA DE BARES

Si se habla de química cervecera, Brooklyn es el laboratorio de referencia en Nueva York, con más de una docena de fábricas para todos los gustos, ya se prefieran IPA florales o *goses* ácidas. La siguiente es una posible ruta nocturna entre Williamsburg y Bushwick.

Brooklyn Brewery (PLANO: 2 P. 212 **C1**), en una antigua fábrica de pan ácimo, es un buen punto de partida y la decana del *boom* cervecero de Brooklyn, en activo desde 1996. Sus cervezas pueden probarse en la *taproom* o en un circuito de 45 min. Los circuitos nocturnos "Small Batch" de entresemana incluyen catas de variedades experimentales; los de los domingos, más cortos, excluyen las catas pero son gratis. Reservas en línea.

La siguiente parada es **Talea** (PLANO: 3 P. 212 **D2**), la primera cervecera neoyorquina dirigida por mujeres, con variedades afrutadas que se prueban entre los azulejos de sus instalaciones en Williamsburg.

UNA HISTORIA ESPUMOSA

La cerveza no es algo nuevo en Brooklyn. En el s. XIX, con la llegada a Nueva York de los alemanes, las fábricas de cerveza proliferaron por el distrito. A principios del s. XX había en Brooklyn casi medio centenar, y las 12 manzanas entre Williamsburg y Bushwick se conocían como la "avenida de los cerveceros" por la cantidad de establecimientos dedicados a la bebida lupulosa. Pero década tras década el negocio fue menguando, y en 1976 casi todos los cerveceros se habían marchado. Los grifos tardaron más de una década en abrirse de nuevo, pero hoy Brooklyn lidera otra vez la revolución cervecera de Nueva York.

18th Ward Brewing (PLANO: 4 P. 212 **F2**) se abarrota siempre que hay un concierto en el cercano Brooklyn Steel, pero vale la pena abrirse paso entre la multitud para probar sus muy notables *ales*.

Se termina con los sabores intensos de **Grimm Artisanal Ales** (PLANO: 5 P. 212 **F2**), donde resulta casi imposible decidir entre IPA experimentales, cervezas ácidas envejecidas en barrica y *lagers* achocolatadas.

Relamerse en el Smorgasburg MERCADO DE ABASTOS

Los sábados de abril a octubre, los *foodies* acuden al **Marsha P. Johnson State Park** (PLANO: 6 P. 212 **C1**) para degustar exquisiteces artesanales de la zona en este bazar culinario al aire libre: *dumplings* de pollo *jerk,* fritos de pasta *brick,* brochetas de frutas, barbacoa vegana, *yakitori,* dónuts... Un amplísimo muestrario tan pintoresco como el propio Brooklyn. Lo mejor es instalarse en una mesa de pícnic y pedir con la *app* Chow Now: así se evitan colas en los puestos. Saciada el hambre, hay que reparar en el entorno; este es el primer parque de Nueva York con el nombre de un icono LGTBIQ+, además de brindar vistas privilegiadas del Midtown de Manhattan. Conviene llegar temprano, con menos gentío, y llevar protector solar, ya que sombra no hay.

Pasar las páginas de Williamsburg LIBRERÍAS

A principios del s. XXI, las librerías independientes parecían al borde de la extinción, víctimas de los gigantes del sector. Pero hoy estos establecimientos no solo han sobrevivido, sino que gozan de buena salud, sobre todo en Williamsburg, con establecimientos bien surtidos que venden desde superventas hasta los fanzines más locos. Es fácil dedicar al menos 1 h a perderse entre las páginas de estas fantásticas tiendas.

Se empieza buceando en las montañas de libros nuevos y usados de **Spoonbill & Sugartown** (PLANO: 7 P. 212 **C2**), con gruesos volúmenes de arte y títulos recién salidos de la imprenta. Los aficionados al fanzine pueden hojear las publicaciones más raras, con una pequeña sección dedicada a la literatura infantil.

La librería más extravagante es **Quimby's** (PLANO: 8 P. 212 **D3**), vástago renegado de la de Chicago. Regentada por Steven Svymbersky y su simpático gato desde el 2016, se podrían pasar horas excavando en cajas repletas de fanzines neoyorquinos sobre los temas más inverosímiles, desde el subtexto *queer* de Barbie hasta citas inolvidables de Aleister Crowley.

Al lado de Quimby's, las estanterías de contrachapado de **Desert Island** (PLANO: véase 8 P. 212 **D3**) rebosan de cómics de todo tipo: famosos, casi desconocidos, para fetichistas, esotéricos...

Deambular entre los murales de Bushwick ARTE CALLEJERO

Aquí no hace falta comprar entradas caras como en los museos: el arte de Bushwick está a la vista de todos. Este emporio del arte callejero neoyorquino incluye manzanas enteras con vistosos murales.

El arte callejero ha evolucionado mucho desde las décadas de 1970 y 1980, cuando a los grafiteros se les consideraba vándalos por pintarrajear vagones del metro, muros de edificios. etc. Hoy, algunos artistas neoyorquinos que empezaron como forajidos del espray son figuras consagradas (Keith Haring, Jean-Michel Basquiat), y los negocios, aprovechando la moda, pagan para que decoren sus fachadas.

Buena parte de las pinturas de los muros de Bushwick se deben a **Bushwick Collective** (PLANO: 9 P. 212 **H3**), una galería al aire libre al cuidado de Joe Ficalora, un vecino del barrio que invita a los artistas callejeros más talentosos del mundo a pintar obras nuevas cada año. Para admirar la colección hay que pasear por Jefferson St y Troutman St entre Cypress Ave y Knickerbocker Ave. En las cercanías de la estación de metro Morgan Ave (línea L), principalmente Seigel St y Grattan St, hay más obras, tanto grafitis convencionales como adhesivos.

Comprar productos locales en mercadillos ARTESANÍA

Objetos únicos, artesanos y fabricados a pequeña escala: estos rasgos del comercio de Brooklyn transformaron el distrito en una marca con reputación internacional. Para conocer a los artífices de tan prestigioso caché hay que visitar los mercadillos que apoyan a creadores visionarios.

Los fines de semana, más de 40 vendedores se reúnen en **Artists & Fleas** (PLANO: 10 P. 212 **C2**), el mercadillo de Williamsburg que ya ha adquirido fama nacional, en un espacio industrial con joyas artesanas, vinilos usados, grabados antiguos y una colección de ropa *vintage* digna de un museo. El Chelsea Market (p. 117) se instala en un sitio aparte con otros vendedores y abre todos los días.

En el **Parkmart** (PLANO: 11 P. 212 **F5**), un mercadillo efímero mensual en 40 Melrose St, los artículos en venta son muy representativos de Bushwick, más toscos pero sin duda más vanguardistas que los del vecino Williamsburg. Aquí se instalan marcas, artistas y editoriales emergentes, mientras los DJ crean ambiente. El Instagram del mercado informa de las novedades (@parkmartnyc).

Elegir el 'taco truck' favorito RUTA GASTRONÓMICA AL AIRE LIBRE

La comida callejera no puede faltar en las aceras de Nueva York, y los *taco trucks* marcan la pauta en Williamsburg. Estas exquisitas tortillas de maíz no son sucedáneos para gringos: la cuarta población inmigrante más numerosa de Nueva York procede de México, una autenticidad transfronteriza que impregna cada bocado. Esta es una selección.

La primera parada es el **Don Panchito** (PLANO: 12 P. 212 **C2**) en Bedford Ave, donde hay que pedir el taco al pastor (cerdo asado y piña) y comérselo de camino al **Birria-Landia** (PLANO: 13 P. 212 **D2**). Este segundo *food truck* triunfó rápido tras abrir en Jackson Heights en el 2019; como su nombre indica, aquí se tiene que pedir el taco de *birria* (ternera en adobo) al estilo de Tijuana, mojándolo en la taza de caldo para potenciar su sabor.

De aquí se continúa en el **Tacos El Comal** (PLANO: 14 P. 212 **D1**), a 1,6 km de distancia –cerca del extremo noreste del McCarren Park– y con algún taco vegetariano. A la vuelta de la esquina, el **Rey de Reyes** (PLANO: 15 P. 212 **D1**) tiene deliciosas empanadas además de tacos. En cualquier caso, lo mejor es llevarse el pedido al parque.

Ver gente en el McCarren Park

Cuando llega el verano, este **parque** (PLANO: 16 P. 212 **D2**) que une Williamsburg con Greenpoint se pone hasta la bandera. Aquí se puede asistir a una *jam session* acústica, montar un pícnic romántico o bañarse en la piscina pública (temprano, para evitar colas y aglomeraciones). También se ven barbacoas familiares, mujeres en bikini al sol y muchos atletas corriendo por la pista, es decir, un paraíso para observar a la gente.

Para reponer fuerzas, en la **McCarren Parkhouse** (PLANO: 17 P. 212 **D1**) tienen sándwiches en **Club Club,** bebidas con alcohol en el **Park Bar** y café en el **Blank Street** (con aseos). Los sábados se instala en N 12th St y Union Ave un **mercadillo de granjeros** con

FESTIVALES Y CELEBRACIONES

Fiesta de barrio de Bushwick Collective

Artistas callejeros de renombre mundial pintan murales durante los días previos a esta fiesta de junio con comida y música en directo.

Afropunk Festival

Festival de agosto que celebra la cultura y la música negras con actuaciones, desfiles de moda y mercadillos artesanos.

Luces navideñas de Dyker Heights

Entre Acción de Gracias y Nochevieja da gusto pasear por Dyker Heights con un chocolate caliente en la mano, admirando su iluminación navideña.

Halloween en Brooklyn Heights y Cobble Hill

Esqueletos y lámparas de calabaza adornan los pórticos de South Brooklyn todo octubre (algunos de Garden Pl y Hicks St dan auténtico miedo).

productos del área metropolitana de Nueva York como frutas, verduras, carnes y lácteos.

Actualizar el armario con prendas 'vintage' ROPA USADA

A veces la línea L de Brooklyn parece una improvisada pasarela de moda. En Williamsburg y Bushwick viven muchos artistas, y los atuendos que se ven en el metro reflejan sus peculiares gustos. Si el armario se ha quedado desfasado, la solución es sencilla: comprar su ropa (un poco usada).

En Williamsburg, **Awoke Vintage** (PLANO: véase 7 P. 212 **C2**), en el minicentro comercial de N 5th St esq. Bedford Ave, vende prendas de *denim* deslumbrantes. Al fondo, **Rugged Road & Co** (PLANO: véase 7 P. 212 **C2**) es una tienda con ropa masculina *vintage* típicamente americana. De aquí se va a **Antoinette** (PLANO: 18 P. 212 **C2**), refinada tienda con ropa femenina selecta. La oferta sube de categoría en **Chickee's Vintage** (PLANO: 19 P. 212 **C2**), donde las clientas buscan trapitos de Armani, Gucci o Ralph Lauren. De paso se echa una mirada en Chickee's, su equivalente masculina, a la vuelta de la esquina.

En Bushwick hay que visitar **Beacon's Closet** (PLANO: 20 P. 212 **F4**), una cadena neoyorquina donde ordenan la ropa por colores. Si sigue rondando en la cabeza algo que se vio en el metro, en **L Train Vintage** (PLANO: 21 P. 212 **G4**), otra cadena de ropa usada, probablemente tendrán algo parecido.

Asistir a una 'performance' experimental ARTES ESCÉNICAS

Bushwick no es Broadway, y es bueno que así sea. Aquí las *performances* suelen tomar tintes delirantes.

Para los aficionados al programa *Drag Race,* el bar *queer* y espacio de *performances* 3 Dollar Bill (p. 232) es ideal para ver en directo a las *drags* de RuPaul. La ganadora del concurso Alaska Thunderfuck 5000 presenta espectáculos varias veces al año, y sus compañeras se dejan caer por allí durante sus giras para

TORRES DE AGUA

Al levantar la vista es imposibles pasarlas por alto. Como la presión es insuficiente para bombear agua a los últimos pisos, los edificios de más de seis plantas están obligados a instalar un tanque en la azotea: la gravedad hace el resto. La ciudad cuenta con unas 17 000 torres de agua, la mayoría de 19 000-38 000 l. Es difícil construirlas, pero alguien tiene que hacerlo, y principalmente se ocupan tres empresas familiares que pasan de padres a hijos. Hasta el 2009 una de ellas, Rosenwatch, estuvo en Williamsburg. Su antigua sede es hoy el Hoxton Hotel, al lado del Water Tower, un bar de azotea que copia estas construcciones tan típicas del perfil urbano.

ofrecer números de alto voltaje. Tampoco hay que desdeñar a los talentos del barrio: las *drag queens* de Brooklyn echan imaginación a sus espectáculos. Para la programación, visítese la web (3dollarbillbk.com).

También es interesante la compañía de teatro del Off-off-Broadway **Bushwick Starr** (PLANO: 22 P. 212 **H5**), donde han estrenado talentos como Jeremy O'Harris (*Emily in Paris* de Netflix); pero lo que se representa en esta modesta sala de barrio no tiene nada que ver con las lujosas producciones de Broadway: este es un refugio para rarezas de vanguardia.

Bushwick se viste al estilo *belle époque* para los espectáculos golfos del **Théâtre XIV** (PLANO: 23 P. 212 **G4**), que, con influencias de las variedades, el *ballet*, el circo y el cabaré, adaptan y subvierten todo el año material de obras archiconocidas. En diciembre, el *Nutcracker Rouge* es un antídoto feísta al *Cascanueces* del Lincoln Center (p. 162).

Sentir el latido de East Brooklyn VIDA NOCTURNA

Para bailar *techno* o *house* hay que ir a East Williamsburg y Bushwick, con muchos locales íntimos como **Bossa Nova Civic Club** (PLANO: 24 P. 212 **G5**) o **Mood Ring** (PLANO: 25 P. 212 **G5**) donde los BPM (latidos por minuto) aseguran el sudor en la pista, aunque si Brooklyn destaca entre los clubes nocturnos de Nueva York es por algo que escasea en Manhattan: espacio.

En los tres escenarios interiores del **Avant Gardner** (PLANO: 26 P. 212 **G3**), un palacio de la EDM de 7400 m², actúan DJ y cantantes todo el año, pero la joya del complejo es la sala de conciertos estacional Brooklyn Mirage: un recinto al aire libre con pantallas inmensas y pasarelas con vistas del perfil urbano de Manhattan.

Rap, *rock* y *rave* son algunos de los estilos que suenan en el **Elsewhere** (PLANO: 27 P. 212 **H3**), una fábrica de muebles reconvertida en sala de conciertos con un laberinto de pistas de baile (cada una con su DJ) y escenarios en sus tres pisos, más un espacio en la azotea que abre en verano para actuaciones más recogidas. Las entradas se sacan en línea con antelación.

Bailar toda la noche en el House of Yes CLUB

PLANO: 28 P. 212 **H4**

Espectáculos de variedades, *drags* y números circenses toman el escenario del House of Yes. Aquí, para no desentonar, hay que ponerse algo atrevido y bailar de todo, desde *disco* hasta *house*. Los vaqueros y las camisetas, mejor dejarlos en casa (a menos que se cubran de purpurina). Casi todas las fiestas de los viernes y sábados son temáticas, e inventarse el *look* es casi tan divertido como el jolgorio posterior.

Este es un espacio inclusivo y de libertad con el consentimiento como bandera. El "sí" que le da nombre es la regla suprema.

SUGERENCIAS

Lo mejor para...

$ Económico $$ Medio $$$ Alto

Localizaciones en el plano de la P. 212

Comer

Reserva imprescindible

Lilia $$$
29 D2
Este restaurante en un antiguo taller mecánico es un paraíso de los carbohidratos, con algunos de los mejores platos de pasta de la ciudad. Es dificilísimo conseguir mesa. *16.00-22.00*

Laser Wolf $$$
30 C1
Un verdadero festín en el Hoxton Hotel: *meze,* brochetas de estilo israelí y vistas de Manhattan. *17.00-23.00 do-mi, hasta 1.00 ju-sa*

Le Crocodile $$$
31 C1
La mutación de Williamsburg de barrio obrero al SoHo de Brooklyn a lo largo de 20 años se personifica en esta *brasserie* francesa del Wythe Hotel. *7.00-22.00 do-mi, hasta 23.00 ju-sa*

Diner $$$
32 B3
Era algo único en 1999, cuando servía comida de proximidad en un antiguo vagón-restaurante. Desde entonces, Brooklyn ha producido incontables copias, pero el Diner sigue siendo el número uno. *17.00-22.30 lu-do, 10.30-15.00 vi-do*

'Pizzas' perfectas

Ops $$
33 H4
Pizzas napolitanas de masa madre al horno de leña y regadas con vinos naturales. *17.00-22.00 do-ma y ju, hasta 23.00 vi y sa*

Roberta's $$
34 F4
La fama culinaria de Bushwick empezó con esta pizzería (después cadena) que ofrece imaginativas *pizzas* al horno de leña en su renovado almacén desde el 2008. *12.00-22.00 lu-ju, hasta 23.00 vi, 11.00-23.00 sa, 11.00-22.00 do*

Clásicos del barrio

Emily's Pork Store $
35 E2
Williamsburg ha cambiado mucho desde la década de 1970... menos por esta carnicería italiana que vende descomunales sándwiches. Ideal para hacer una parada de camino al McCarren Park (p. 227). *9.00-18.30 lu-sa*

Tina's Place $
36 G4
Antes de que aparecieran los *hipsters* por Bushwick, este típico *diner* neoyorquino llevaba ya más de 50 años sirviendo café en tazas desechables Anthora y los clásicos desayunos grasientos. *6.00-15.30*

Tacos

Tortilleria Los Hermanos $
37 H4
La composición demográfica de Bushwick ha cambiado desde que llamaban al barrio el "Triángulo de la Tortilla", pero esta fábrica con una cantina mexicana sigue ahí. Se puede llevar la

bebida. *11.00-22.30 lu-ju, hasta 23.30 vi-do*

Taqueria Al Pastor $

38 H4

El taco que da nombre a este sencillo establecimiento –tortilla de maíz con carne de cerdo y dados de piña– es igualito que los de Ciudad de México. *11.00-24.00 lu-sa, hasta 22.00 do*

Comida internacional

Llama Inn $$$

39 D2

Este espacio con platos peruanos (ceviches, carnes) se sitúa a medio camino entre "bar de barrio" y "lugar de citas". *17.30-23.00 lu-ju, desde 17.00 vi-do, 11.00-14.30 sa y do*

Bunna Cafe $$

40 G4

Nada de cubiertos: en este restaurante etíope vegetariano se utiliza una *injera* (tortita fermentada) como cuchara. *12.00-22.00 do y lu, mi y ju, hasta 24.00 sa*

Nowon $$

41 H3

Con hamburguesas y pollo frito, este sitio del East Village parece estadounidense hasta la médula, pero cada bocado es coreano, es decir, picante y fermentado. *17.00-23.00 do-ju, hasta 24.00 vi y sa, 11.00-15.30 sa y do*

Kokomo $$

42 C1

Cocina de inspiración caribeña para escapar de todo: el *"drunch"* de los domingos y la "hora Koko" con descuentos son como fiestas. *Horario variable*

China de fusión

Win Son Bakery $

43 E4

Las colas para desayunar se deben a los pasteles y sándwiches en versión taiwanesa. Se puede volver para cenar hamburguesas y pollo frito. *9.00-21.00 do-mi, hasta 22.00 ju-sa*

Bonnie's $$

44 E2

Fusión cantonesa-americana que combina, p. ej., *cacio e pepe* con tofu fermentado. El cóctel Long Island para ocho personas triunfa (y emborracha) en las bodas. *17.00-22.00*

Púsù $$

45 C3

Los platos chinos se presentan en delicadas versiones veganas en este restaurante New Age de diseño espacial-minimalista. *12.00-15.30 y 17.00-22.30 lu-ju, 12.00-22.30 vi y sa*

Veganos

Modern Love $$

46 D3

A este bastión vegano de Williamsburg no se va para tomar unas verduritas sanas (aunque las tienen), sino para rebañar platos colmados de comida reconfortante. *16.30-21.00 lu-ju, 11.00-22.00 sa, 11.00-21.00 do*

Terms of Endearment $

47 C2

Imaginativo y coquetísimo: así se podría describir a este café parisino vegano. *8.30-15.30 lu-vi, hasta 16.00 sa y do*

Beber

Vino y cócteles

Four Horsemen

48 C3

James Murphy, el líder de LCD Soundsystem, es el dueño de este bar de vinos naturales con una excepcional carta de comidas. Pedir medias copas permite probar más vinos. *17.30-23.00 lu-do, 11.00-16.00 vi y sa*

Maison Premiere

49 C2

Esta ostrería-coctelería parece sacada de la Nueva Orleans del s. XIX. La absenta mana de una fuente de mármol. *14.00-1.00 lu-vi, desde 12.00 sa y do*

Westlight

50 C1

Los cócteles que se sirven en la 22ª planta del hotel William Vale cuestan 18-25 US$, unos precios sensatos teniendo en cuenta las vistas desde la terraza al aire libre y el interior con ventanales de suelo al techo. *Horario variable*

Cherry on Top

51 H4

Motivos que hacen adorar este bar de vinos naturales de Bushwick: luces rojas de interior, copas asequibles, actuaciones semanales y terraza. *17.00-24.00 lu-vi, desde 14.00 sa y do*

Sake y 'kombucha'

Kato Sake Works

véase 23 G4

El mejor sitio de Bushwick para catas de esta bebida de arroz fermentado (solo hay dos fábricas de sake en Brooklyn y 25 en EE UU). *16.00-22.00 ma-vi, desde 12.00 sa y do*

BKE Kombucha

52 F3

La pareja de científicos que fundó esta marca de *kombucha* de Brooklyn explica los beneficios del té fermentado: las cartas informan sobre la influencia de los hábitos de vida en el sistema digestivo. *Horario variable*

Bares con personalidad

Mood Ring

véase 25 G5

Veinteañeros tatuados con afición por el zodíaco sudan en la pista de baile de esta coctelería temática inclusiva a ultranza. *18.00-2.00 do-mi, hasta 3.00 ju, hasta 4.00 vi y sa*

Pokito

53 C3

El espacio acogedor del coqueto Pokito se alegra con cuadros en las paredes, neones y una carta tropical asiático-latina. *17.00-24.00 lu, 17.00-2.00 ma-vi, desde 14.00 sa, hasta 24.00 do*

Radegast Hall & Biergarten

54 C2

En esta cervecería se apaga la sed con enormes jarras de cerveza, servidas en mesas corridas tipo merendero. *12.00-1.00 lu-ju, hasta 4.00 vi, 11.00-4.00 sa, hasta 1.00 do*

Bares LGTBIQ+

3 Dollar Bill

55 F3

El mayor "*queer* bar" de Brooklyn llena sus 930 m² con varias pistas de baile (una exterior) y *perfomances* multitudinarias. *Horario variable*

Mary's

56 E1

Piénsese en un clásico *pub* irlandés (informal, acogedor), pero vestido con unas cuantas banderas arcoíris, y el resultado es el Mary's, un bar de lesbianas de East Williamsburg. *17.00-cierre*

Exley

57 D2

Es el *Cheers* de los bares gais de Williamsburg, donde parece que todo el mundo se conoce, y con cócteles fantásticos. *16.00-3.00 lu-ju, hasta 4.00 vi-do*

Metropolitan

58 D3

Este bar tranquilo empezó a servir copas baratas a la comunidad LGTBIQ+ en el 2002, antes de que Williamsburg se convirtiera en uno de los barrios gais más populares de Nueva York. Los domingos de verano se hacen barbacoas al aire libre. *15.00-4.00*

Cafés 'cool'

SEY Coffee

59 F4

Los baristas de este tostadero de estilo nórdico se cuentan entre los mejores especialistas en café de la ciudad, con un cuidado científico por los detalles. *7.00-17.00, desde 8.00 sa y do*

Devoción

60 B2

Se está muy a gusto tomando un café colombiano en los sofás de cuero capitoné del local elegante y siempre abarrotado que tiene en Williamsburg esta fantástica cadena neoyorquina. *8.00-19.00*

Nook

61 G4

Un sitio de café y cerveza con confortables butacas donde arrellanarse. Los portátiles dominan la mesa común todo el día. *Horario variable*

Comprar

Decoración moderna y 'vintage'

BEAM

62 B2

Impresionante surtido de artículos para el hogar: modernos, divertidos y artísticos (jarrones, copas, muebles, objetos de arte), ideales para lucirlos en un *loft* de Williamsburg.

Leif

63 C2

Cojines bohemios, textiles, grabados enmarcados, tacos para notas y otros mil artículos de uso cotidiano.

Stella Dallas

64 D2

Tienda *vintage* con ropa de mujer que va desde el estilo campesino hasta lo más moderno, así como un elegante despliegue de alfombras, tapetes y cortinas.

Harlequin Vintage

65 G4

Seguramente no se querrá comprar una fabulosa silla de diseño de mediados del s. XX, pero también hay muchos objetos decorativos y ropa, frecuentemente de aire sesentero.

Tiendas especializadas

DS & Durga

66 C2

Esta tienda de fragancias nacida en Brooklyn ofrece un viaje olfativo por el mundo explorando el Oeste americano con el perfume de salvia Cowboy Gras o zambulléndose en un cenote mexicano con Jazmin Yucatan.

Heatonist

67 C2

Esta tienda de salsas picantes artesanas de Williamsburg disipa la duda de si la señal de "máximo peligro" en etiquetas como la de Psycho Hot Sauce tiene fundamento, porque se pueden probar en el bar de degustación.

photodom.

68 H6

Esta tienda de cámaras fotográficas analógicas (automáticas, polaroids, desechables...) remite a la época anterior a cuando los iPhones convirtieron en fotógrafos a todo quisqui; también se dan clases.

Nose Best

69 G4

La broma no acaba en los nombres de estas velas de cera de soja ("Envía Desnudos", "Siesta de Mediodía"): cada fragancia viene con una *playlist* en Spotify para completar el ambiente.

★ MERECE LA PENA

Un día en Coney Island

Sirenas tatuadas, montañas rusas *vintage* y puestos de comida grasienta aguardan en esta estación de recreo en la costa de Brooklyn entre envejecida y glamurosa. A 1 h del Midtown, **Coney Island** se convirtió en un destino habitual para excursiones en la Nueva York de principios del s. XX con la promesa de playas de arena y algodón de azúcar. Hoy sus encantos se admiran con asombro infantil.

PLANO: P. 212 **A2**

CONSEJOS
Para llegar a Coney Island, tomar las líneas D/F o N/Q hasta Coney Island-Stillwell Ave, la última parada; y para disfrutar, quedarse al menos medio día.

Escanea este código QR para más información, plano incluido.

Unirse al desfile

La temporada oficial de Coney Island va del Día de los Caídos (26 may) al Día del Trabajo (2 sept), y lo normal es que haya muchísima gente, sobre todo en plena canícula.

El momento ideal para ir es el **Mermaid Parade** (foto) de junio, una celebración del solsticio de verano en que las sirenas caminan en vez de nadar. El desfile recorre Surf Ave con carrozas caseras y atuendos náuticos; hay que tener la mente abierta y un disfraz extravagante. El **4 de Julio** es también multitudinario, con un concurso de tragar perritos calientes, fuegos artificiales y un partido de béisbol con los Brooklyn Cyclones.

De no asistir al desfile, se puede caminar por **Riegelmann Boardwalk** (1923), un paseo marítimo entablado de 4 km, para ver lo más interesante de la zona y a personajes como la sonriente y enigmática Steeplechase Funny Face, logotipo primero del derribado Steeplechase Park y hoy mascota de Coney Island y símbolo del lado alegre y transgresor de la histórica "Riviera" de Brooklyn.

Sube y baja

¿Qué tal salir proyectado al aire a más de 140 km/h? El **Sling Shot** espera en el **Luna Park.** O quizá se prefiera la carrera a 90 km/h alrededor del **Thunderbolt** de 680 m de largo. O acaso algo con sabor más antiguo: los neoyorquinos empezaron a montar

SERGE YATUNIN/SHUTTERSTOCK ©

en el **Cyclone,** una montaña rusa de madera de 26 m en 1927, y un siglo después siguen escuchándose alaridos.

En el **Deno's Wonder Wheel Park** se puede montar en la **Wonder Wheel** (las cabinas blancas no se mueven; las rojas y azules se balancean), la atracción más antigua de Coney Island (1920) y también la más emocionante: las vistas a 45 m de altura hacen palpitar el corazón.

Probar los sabores locales

En 1916, el inmigrante polaco Nathan Handwerker empezó a vender salchichas a cinco centavos en la esquina de Surf con Stillwell. Hoy, **Nathan's Famous** es una cadena internacional con su establecimiento insignia en el mismo sitio donde lo abrió Handwerker. Su gruesa salchicha (en pan tostado y bañada en kétchup y mostaza) es un clásico de Coney.

BAÑO FRÍO

Para recibir al nuevo año disolviendo en agua las penas del que termina, el 1 de enero el **Coney Island Polar Bear Club** organiza para los más osados un chapuzón en el gélido Atlántico.

Guía práctica

Perfil urbano de Manhattan desde Governors Island (p. 64).

Viajar en familia

Nueva York es ideal para los niños, con un sinfín de actividades asequibles: rodar por los prados de Central Park, asistir a un espectáculo familiar en Broadway o hacer un safari en un zoo de fama mundial. Ninguno se aburrirá.

Ver un espectáculo

En Nueva York el teatro no es solo para adultos. El **New Victory** (42nd St) ofrece espectáculos magníficos para jóvenes a precios módicos. En el Off-Broadway, los niños pueden ir al New World Stages en el Midtown y al **DR2** en Union Square. Si lo que se quiere es ir a Broadway, la *app* TodayTix busca entradas rebajadas para *Aladdin* o *El rey león*.

PARQUES INFANTILES

Nueva York cuenta con casi un millar de parques infantiles, algunos de los mejores en Governors Island (p. 64), el Prospect Park (p. 218) y Central Park (p. 192).

Escanea este código QR para un plano de las zonas recreativas de Central Park.

Cómo desplazarse

Los niños de hasta 44 pulgadas (111,76 cm) viajan gratis en el metro acompañados por un adulto con billete. Si se necesita carricoche, mejor que sea ligero, porque hay pocos ascensores y escaleras mecánicas; en este caso son mejores los autobuses. Los taxis no están obligados a llevar sillas infantiles, pero se pueden buscar vehículos de Uber y Lyft con ellas.

Lactancia

Para amamantar o usar un extractor, la *app* Mamava comparte espacios seguros avalados por familias.

Comida

Si la *pizza* no basta, en los mercados de abastos siempre se encuentra algo para cualquier niño.

Diversión gratis

Los menores de 11 años entran gratis en el jardín botánico de Brooklyn (p. 221) todos los días. El **zoo del Bronx** es gratis los miércoles; y el **Children's Museum de Brooklyn** y la exposición de Jim Henson del Museum of the Moving Image (p. 169), los jueves.

Alojamiento

Cada barrio de Nueva York es como una ciudad, así que lo mejor es instalarse en el que resulte más atractivo.

Si te gusta...

Rascacielos y lugares históricos

Lower Manhattan (p. 41) Desde la punta del One World Trade Center hasta la antorcha de la Estatua de la Libertad, quedarse en el Downtown es sumergirse en el viejo legado de Nueva York.

Arquitectura, arte y vistas de los muelles

West Village, Chelsea y Meatpacking District (p. 107) Calles encantadoras con fachadas de ladrillo, magníficas galerías de arte y el Hudson River Park, un modelo de regeneración urbana.

Luces y Broadway

Midtown (p. 143) Rascacielos, musicales y el bullicio incesante de Times Square: la Nueva York soñada, con luces de neón encendidas las 24 h.

Museos y mansiones

Upper East Side (p. 171) Los apartamentos grandes como palacios atraen a los Astor de hoy, y los extraordinarios museos de la Quinta Avenida, a todo el mundo. Un barrio un pelín aburrido, pero siempre elegante.

Bares, tiendas y arte callejero

Brooklyn (p. 209) Al otro lado del río East, clubes y bares siempre animados y una población con inquietudes culturales.

IMPRESCINDIBLE

Nos encanta...

East Village y Lower East Side (p. 87) Estos dos barrios limítrofes tienen un poco de todo: restaurantes clásicos, clubes abarrotados, bonitas tiendas, museos fascinantes y el típico batiburrillo cultural de Nueva York. Al SoHo y el Village se puede ir andando, y a Williamsburg, en metro. Los vestigios del pasado punk realzan sus encantos.

CUÁNTO CUESTA

Albergue **desde 100 US$**

Hotel-*boutique* en Brooklyn **desde 300 US$**

Hotel de lujo en Manhattan **desde 900 US$**

Comida, bebida y fiesta

Alergias e intolerancias

Las personas sensibles a determinados alimentos no pasarán hambre en Nueva York. Numerosos establecimientos (pastelerías sin gluten, restaurantes veganos) atienden dietas específicas, y otros muchos ofrecen al menos una alternativa a las restricciones dietéticas. En general, los cocineros pueden hacer apaños en el último momento, pero siempre es mejor llamar antes y preguntar.

COMER EN LA CALLE

Los *food trucks* que tanto abundan en las calles representan en pequeño los ideales democráticos de la ciudad: elaborados para las masas y disfrutados por toda la población. Lo más habitual: *pretzels*, frutos secos caramelizados y perritos calientes (la salchicha cocida, no asada), más una mareante oferta internacional, sobre todo en Jackson Heights (Queens).

DESCIFRAR LA CARTA

BEC
Sándwich de beicon, huevo y queso, normalmente en panecillo.

'Egg cream'
Leche, soda y sirope de sabor (con frecuencia chocolate).

'Cronut'
Híbrido de dónut y cruasán, inventado por Dominique Ansel.

'Bialy'
El primo polaco del *bagel:* un pan redondo relleno de cebolla y semillas de amapola.

Reservas en restaurantes

Muchos establecimientos conocidos exigen reserva, a veces con semanas de antelación, e incluso en los menos famosos conviene reservar para asegurarse la mesa, sobre todo las noches de fin de semana en barrios con mucho movimiento. Otras veces basta con apuntarse a la lista al llegar y esperar.

Cómo pagar la cuenta

A veces hay que pedir la cuenta (*bill* o *check*), pero normalmente llevan a la mesa una copia impresa o el datáfono. La mayoría de los restaurantes (que no todos) aceptan tarjetas de crédito, y no suele haber problema en dividir la cuenta entre dos (no más). Pedir cuentas por separado está mal visto.

Propinas Los camareros esperan un 18-25% de propina, salvo en casos de un pésimo servicio. En los bares se deja 1 US$ por cerveza y al menos 2 US$ por cada cóctel artesano. La mayoría de los restaurantes no incluyen la propina salvo para grupos de seis o más personas.

PRECIOS

Los siguientes baremos corresponden a un plato principal:

**$** Hasta 15 US$

**$$** 15-25 US$

**$$$** Desde 25 US$

HORARIOS

Café 7.00-19.00

Restaurante 11.00-22.00, más tarde los fines de semana.

Bar 17.00-24.00 o 4.00, hora límite para servir legalmente alcohol.

Salir

Adónde ir Al West Village, East Village y Lower East Side para las mejores coctelerías, bares y clubes pequeños. A Williamsburg, Bushwick y Queens para cerveza y fiestas en naves industriales.

'Happy hour' Algunos bares ofrecen una carta alternativa de *happy hour* entre 17.00 y 19.00 con descuentos en bebidas y picoteo.

Clubes Los clubes y locales de música en directo exigen con frecuencia pago de entrada o bien tique de prepago. Estos tiques se pueden comprar casi siempre en las *app* Dice o Resident Advisor, que son recursos fantásticos para localizar fiestas. Las entradas para fiestas con DJ conocidos suelen agotarse; si no se consigue una, la solución es hacer cola desde temprano.

Cuándo ir a bailar Los fines de semana, las 22.00 es demasiado pronto y las 2.00, demasiado tarde. Lo mejor es entremedias; a las 23.00 hay menos colas, y a la 1.00, más ruido.

CUÁNTO CUESTA

'Bagel'
1,75 US$

Porción de 'pizza'
3-5 US$

Café
2-5 US$

BEC en 'bodega'
4,50-6 US$

'Cronut'
7,50 US$

Pinta de cerveza
6-12 US$

Copa de vino
12-20 US$

Cóctel artesano
15-22 US$

YURIYT/SHUTTERSTOCK ©

Comunidad LGTBIQ+

No es que Nueva York celebre el Orgullo, es que empezó aquí. Stonewall es un lugar de peregrinación.

Barrios

West Village Donde se lanzó aquel mítico primer ladrillo en Stonewall (p. 118) que alumbró el movimiento por los derechos LGTBIQ+. Ya no es el epicentro de la comunidad, pero sigue encarnando su espíritu.

Chelsea Los primigenios "Chelsea Boys" del barrio son hoy abuelos, pero siguen divirtiéndose como en 1999, sobre todo en el Eagle NYC (p. 126).

Hell's Kitchen Veinteañeros y faranduleros festejan en pequeños bares de las Novena y Décima avenidas.

East Village El barrio más movido de Manhattan para ambiente LGTBIQ+ con veleidades artísticas.

Park Slope Las lesbianas de Brooklyn dividen el tiempo entre el *pub* Ginger's y el supermercado Park Slope Food Co-op. Aquí se conservan los Lesbian Herstory Archives.

Williamsburg Williamsburg (p. 232) lo tiene todo: el bar de lesbianas Mary's, la coctelería gay Exley y el 3 Dollar Bill (p. 232), el mayor bar *queer* de Nueva York.

IMPRESCINDIBLE

Por día de la semana

LUNES Cubbyhole Acogedor bar de lesbianas.

MARTES Julius' *Happy hour* en un sitio histórico.

MIÉRCOLES Eagle NYC La noche de los suspensorios; hay que ir preparado.

JUEVES Club Cumming Cánticos con el pianista.

VIERNES Henrietta Hudson Billar con las chicas.

SÁBADO 3 Dollar Bill Bailar hasta caer rendido.

DOMINGO Battle Hymn *Rave* mensual de Ladyfag.

AL AIRE LIBRE

En verano la gente LGTBIQ+ va a la **Peoples' Beach** en el **Jacob Riis Park,** en Queens, y a la nudista **Gunnison Beach** en Sandy Hook. La **Fire Island** y el **Asbury Park** son lugares habituales para escapadas de fin de semana.

Recursos

- **The Center** El núcleo de la comunidad LGTBIQ+ de Nueva York, con multitud de programas.
- **Ty Sunderland** Promueve fiestas en Manhattan, en Brooklyn y en barcos.
- **NYC LGBT Historic Sites Project** Mapa digital de la historia *queer* de Nueva York (s. XVII-año 2000).

ORGULLO

Dura un mes en los cinco distritos y culmina el último domingo de junio con uno de los mayores desfiles LGTBIQ+ del mundo.

Salud y seguridad

Esta es una de las ciudades más seguras de EE UU, pero no hay que olvidar atender al sentido común y permanecer alerta.

ASEOS

Los baños públicos escasean. Algunos sitios socorridos son parques, bibliotecas públicas y estaciones (Grand Central, Penn). Si se paga una consumición, los cafés también sacan del apuro. En *@got2gonyc* se encuentran reseñas de baños públicos con vídeos, así como una lista de Google Maps con más de 2000 aseos.

Seguridad en el metro

Mientras se espera, apartarse del borde del andén, sobre todo cuando llegan y salen trenes. Evitar los vagones vacíos: puede que no haya nadie por un motivo apestoso. No abordar a pasajeros agresivos (ni mirarlos); de sentirse incómodo, cambiar de vagón en la siguiente parada. El metro suele ser seguro las 24 h, pero si se viaja en solitario pasada la medianoche es prudente tomar un taxi.

Hurtos

Los carteristas actúan sobre todo en el metro y en Times Square. Los bolsos deben vigilarse en todo momento.

Seguro y medicamentos

Los extranjeros deben contratar un seguro de viaje. La asistencia médica y la prescripción de medicamentos salen caras en EE UU, y las visitas a urgencias pueden ascender a miles de dólares. La póliza debe cubrir también casos de robo, pérdida de equipaje y retrasos en los viajes. Farmacias como Duane Reade, CVS o Walgreens dispensan medicamentos sin receta.

PASOS DE PEATONES

Para los neoyorquinos, los semáforos parecen solo indicaciones: hay que mirar siempre a ambos lados antes de cruzar (y cuidado con las bicis).

A TENER EN CUENTA

Marihuana
Los mayores de 21 años pueden consumirla. Es ilegal fumar en parques públicos.

Alcohol
Está prohibido beber alcohol en lugares públicos, aunque mucha gente se salta la norma en los parques.

Seguridad
Las bicicletas sin candado son objetivo fácil.

Turismo responsable

Estas recomendaciones van dirigidas a reducir la huella de carbono, apoyar lo local y beneficiar a los autóctonos.

Montar, pedalear y caminar

Reducir la huella de carbono eligiendo alternativas al taxi y al coche. Tomar el metro: el de Nueva York es uno de los más extensos y fiables del mundo. Pedalear: usar una Citi Bike, alquilar una bici por un día o unirse a un circuito ciclista para ver los puntos de interés. Caminar: las aceras son perfectas para los peatones; se circula por la derecha.

IMPRESCINDIBLE

Familias necesitadas

En una ciudad tan desigual como Nueva York, la brecha salarial de Manhattan es la mayor entre los condados grandes del país. **City Harvest** (cityharvest.org/ways-to-give) ayuda al sustento de familias con ingresos bajos.

Rellenar la botella

El agua del grifo es potable en Nueva York. Llevar una botella con agua en vez de comprar varias es mejor para el medioambiente y ahorra dinero.

DESDE IZDA.: PIXELSQUID3D/SHUTTERSTOCK ©, MECHANIC3D/SHUTTERSTOCK ©, ALEX LAKIN/SHUTTERSTOCK ©

Alimentación sostenible

El impacto medioambiental se reduce eligiendo restaurantes que primen los vegetales (el vegano **Dirt Candy**; p. 103), no dejen residuos (el **Rhodora Wine Bar** practica la sostenibilidad) o empleen ingredientes de proximidad (el elegante **Blue Hill**). Mejor aún es pagar directamente a los granjeros en los más de 50 mercadillos de la ciudad, con productos fresquísimos; el de **Union Square** (p. 133) es el mejor.

Recursos

- **citibikenyc.com/how-it-works** El programa de bicis compartidas de Nueva York.
- **wildmanstevebrill.com** Circuito por los parques de la ciudad para buscar comida.

RECICLAJE

En Nueva York los residuos se dividen en cuatro categorías marcadas en distintos colores: azul para plásticos, metal y cristal; verde para papel; negro para desechos; y marrón (menos habitual) para compostaje.

Comercio sostenible

La ropa ecológica triunfa en Nueva York. En **Lower East Side** (p. 99) y **Williamsburg** (p. 226) se encuentran prendas *vintage*. **Grand Bazaar NYC** (p. 207) y **Artists & Fleas** (p. 226) ofrecen surtidos de ropa usada.

Zero Waste Daniel, una tienda de ropa de East Williamsburg, practica la sostenibilidad usando retales sobrantes de la industria textil de la zona.

En **A Sustainable Village,** en el East Village, se pueden rellenar envases con champú, pasta de dientes, lociones y mucho más, evitando así la compra de plásticos de un solo uso. Tanto en ropa como en alimentación, mejor comprar en establecimientos independientes que en cadenas.

PEDAGOGÍA VERDE

Modelo de sostenibilidad en el Midtown, la cubierta vegetal del **Javits Center** es la mayor de Nueva York, refugio de aves, abejas y murciélagos, y con un huerto de 0,4 Ha.

Escanea este código QR para un circuito por el Javits Center.

El cambio climático y los viajes

Es imposible ignorar el impacto de nuestros viajes y la importancia de hacer cambios. Lonely Planet anima a todos los viajeros a involucrarse en su huella de carbono. Muchas webs de líneas aéreas y sitios de reservas ofrecen la opción de compensar el impacto de los gases de efecto invernadero realizando donaciones para iniciativas respetuosas con el clima en todo el mundo.

Hay muchas calculadoras de carbono en línea que permiten estimar las emisiones de carbono generadas por el viaje; escanea el código QR para probar **resurgence.org.**

Accesibilidad

Transporte público

El medio de transporte más cómodo para usuarios de silla de ruedas son los autobuses, equipados con elevadores y asientos especiales. Solo el 25% de los trenes disponen de elevadores, que además no siempre funcionan. Los taxis pueden transportar sillas de ruedas manuales y motorizadas; con la *app* Curb se piden taxis accesibles.

Restaurantes

Por muchos restaurantes de Nueva York es casi imposible moverse en silla de ruedas. Por suerte, en el **Contento,** un local de comida peruana en East Harlem, se toman la inclusión muy en serio, y no es raro ver perros lazarillos y sillas motorizadas.

AVENTURA OLFATIVA

Para los invidentes y discapacitados visuales, el **jardín botanico de Brooklyn** (p. 221) es lo más sensorial. El diseño del **Alice Recknagel Ireys Fragrance Garden** permite a estos visitantes tocar y oler la flora.

Diversión multisensorial

En el **Met Museum of Art** (p. 176) hay talleres para personas con discapacidad cognitiva. El **Intrepid Sea, Air & Space Museum** (p. 160) abre por las mañanas para niños autistas. El Theatre Development Fund programa **funciones para autistas de espectáculos** de Broadway.

IMPRESCINDIBLE

El mirador al aire libre del Edge (p. 154) es el más alto del hemisferio occidental. Además de accesible en silla de ruedas (baños incl.), los viajeros con discapacidad auditiva pueden utilizar dispositivos de asistencia en una sección de la visita. En 52 s se sube al piso 100, con una terraza acristalada -parece suspendida en el aire- que ofrece una extraordinaria panorámica de 360°. De vuelta en la calle, los usuarios de sillas de ruedas pueden seguir el paseo por la vecina High Line (p. 114).

COMERSE EL COCO

El 80% de los adultos de EE UU con discapacidad cognitiva no tiene trabajo. Comer en el **Café Joyeux** contribuye a reducir esta estadística.

Recursos

- **nyctourism.com/accessible-nyc** La web del departamento de turismo de Nueva York trae otras guías para vivir aventuras accesibles por toda la ciudad.

Lo esencial

Horario comercial

Los horarios se mantienen todo el año, con independencia de la estación.

Bancos 9.00-18.00 lu-vi; algunos 9.00-12.00 sa

Oficinas de correos 9.00-17.00 lu-vi, hasta 13.00 sa

Cafés 7.00-19.00

Restaurantes Desayuno 7.00-11.00, almuerzo 12.00-15.00 y cena 17.00-23.00; *brunch* fines de semana 10.00-16.00

'Pubs' y bares Normalmente 17.00-4.00

Clubes 22.00-4.00

Tiendas 10.00-19.00 entre semana, 11.00-20.00 sa; do variable

Tiendas de comestibles 8.00-22.00

A TENER EN CUENTA

Hora local
Hora estándar del Este (GMT/UTC -5 h)

Código de país
+1

Emergencias
911

Población
8,3 millones de hab.

ELECTRICIDAD
120V/60Hz

Internet

Hay conexión en estaciones de metro y espacios verdes como el Bryant Park y Union Square. Los puestos de LinkNYC proporcionan wifi gratis y recarga de dispositivos. Muchos restaurantes, hoteles y bares ofrecen wifi gratis; a veces hay que pedir la contraseña.

Fiestas oficiales

Nueva York tiene más de una docena de festivos oficiales. Muchos negocios siguen abiertos, pero con horarios sujetos a cambios. En esas fechas los precios de los hoteles se disparan, los sitios se llenan y para viajar hay que reservar con mucha antelación.

Año Nuevo 1 enero

Día de Martin Luther King Jr. 3er lunes enero

Día de los Presidentes 3er lunes febrero

Día de los Caídos Último lunes mayo

Día de la Emancipación 19 junio

Día de la Independencia 4 julio

Día del Trabajo 1er lunes septiembre

Día de los Veteranos 11 noviembre

Acción de Gracias 4° jueves noviembre

Navidad 25 diciembre

Idioma

Lo básico

Hola.
Hello.

Adiós.
Goodbye./Bye.

Hasta luego.
See you later.

Sí./No.
Yes./No.

Por favor.
Please.

Gracias.
Thank you.

De nada.
You're welcome.

Perdón.
Excuse me.

Lo siento.
Sorry.

Frases útiles

¿Hablas español? **Do you speak Spanish?**

No entiendo. **I don't understand.**

Quisiera... **I'd like...**
un café **a coffee**
el menú **the menu**
dos cervezas **two beers**
una mesa (para dos personas) **a table (for two people)**

La cuenta, por favor. **The bill, please.**

¿Cuánto cuesta? **How much is it?**

¿Podría hablar más despacio, por favor?
Could you please speak more slowly?

¿Dónde está... **Where's...**
la estación? **the station?**
el servicio? **the restroom?**
el cajero automático más cercano? **the nearest ATM?**

¿Podría darme un recibo, por favor?
Could I have a receipt, please?

Señalización

Entrance Entrada
Exit Salida
Open Abierto
Closed Cerrado
Information Información
Prohibited Prohibido
Restroom Servicio
Men Hombres
Women Mujeres

Avisos

Your passport, please.
Su pasaporte, por favor.

The train is delayed/cancelled. **El tren está retrasado/cancelado.**

Números

1	2	3	4	5	6	7	8	9	10
one	two	three	four	five	six	seven	eight	nine	ten

Índice

Puntos de interés p. 000
Págs. de los planos **p. 000**

Véanse también los subíndices:
Comer p. 251
Beber p. 253
Comprar p. 254

Comer

Beber

Comprar

La opinión del lector

Nos encanta escuchar a los viajeros, ya que con sus comentarios nos ayudan a mejorar nuestros libros. Podéis escribirnos a lonelyplanet.com/contact; leemos todos los mensajes y garantizamos que estos lleguen a los autores.

Nota: Es posible que algunos fragmentos de estos mensajes aparezcan en nuevas ediciones de las guías Lonely Planet, en la web o en productos digitales. Si preferís que vuestro contenido o nombre no sean publicados, por favor, indicadlo claramente. Para obtener una copia de nuestra política de privacidad, podéis visitar lonelyplanet.com/legal.

geoPlaneta
Av. Diagonal 662-664, 08034 Barcelona
www.geoplaneta.com – www.lonelyplanet.es

Lonely Planet Global Limited
Lonely Planet Global Limited, Digital Depot,
The Digital Hub, Dublín D08 TCV4, Irlanda
www.lonelyplanet.com
Contacta con Lonely Planet en: lonelyplanet.com/contact

Nueva York de cerca
9ª edición en español – febrero del 2025
Traducción de *Pocket New York*, 10ª edición – septiembre del 2024

1ª edición en español – enero del 2008

Editorial Planeta, S.A.
Av. Diagonal 662-664, 7º. 08034 Barcelona (España)
Con la autorización para la edición en español de Lonely Planet Global Limited, Digital Depot,
The Digital Hub, Dublín, D08 TCV4, Irlanda

ISBN: 978-84-08-29176-3
Depósito legal: B. 9.936-2024
Impresión y encuadernación: Estella
Printed in Spain – Impreso en España